"十四五"职业教育国家规划教材

高等职业教育校企"双元"合作开发教材

审计技能实训教程

（第二版）

SHENJI JINENG SHIXUN JIAOCHENG

新准则 新税率

主　编　喻　竹　杨　帆　赵德良

新形态
教材

·本书另配：教学课件
　　　　　教　案
　　　　　参考答案
　　　　　省级在线开放课程

中国教育出版传媒集团

高等教育出版社·北京

内容简介

本书是"十四五"职业教育国家规划教材。

本书以注册会计师审计为主线,按照"教、学、做"一体化的要求,基于审计岗位,根据典型工作任务设置教学内容。本书共有九个项目,分别为:初步业务活动、风险评估工作、采购与付款循环审计、工薪与人事循环审计、生产与仓储循环审计、销售与收款循环审计、筹资与投资循环审计、固定资产循环及货币资金循环审计、审计报告及底稿归档。为了利教便学,部分学习资源(如微课视频、操作录屏、审计准则)以二维码形式提供在相关内容旁,可扫描获取。此外,本书另配有教学课件、教案、参考答案等教学资源供教师教学使用,并配套有江苏省职业教育大数据与审计专业教学资源库课程资源。

本书既可作为高等职业院校财务会计类专业审计实训教材,也可作为全国大学生审计大赛(高职组)辅导用书。

图书在版编目(CIP)数据

审计技能实训教程/喻竹,杨帆,赵德良主编. —
2版.—北京:高等教育出版社,2024.1
ISBN 978 - 7 - 04 - 059683 - 0

Ⅰ.①审…　Ⅱ.①喻…　②杨…　③赵…　Ⅲ.①审计学
-高等职业教育-教材　Ⅳ.①F239.0

中国国家版本馆 CIP 数据核字(2023)第 082846 号

策划编辑	张雨亭　毕颖娟	**责任编辑**	张雨亭　钱力颖	**封面设计**	张文豪	**责任印制**	高忠富

出版发行	高等教育出版社	**网　　址**	http://www.hep.edu.cn
社　　址	北京市西城区德外大街 4 号		http://www.hep.com.cn
邮政编码	100120	**网上订购**	http://www.hepmall.com.cn
印　　刷	江苏德埔印务有限公司		http://www.hepmall.com
开　　本	787mm×1092mm　1/16		http://www.hepmall.cn
印　　张	14	**版　　次**	2024 年 1 月第 2 版
字　　数	334 千字		2019 年 11 月第 1 版
购书热线	010-58581118	**印　　次**	2024 年 1 月第 1 次印刷
咨询电话	400-810-0598	**定　　价**	32.00 元

本书如有缺页、倒页、脱页等质量问题,请到所购图书销售部门联系调换

版权所有　侵权必究
物　料　号　59683-00

编委会

第二版前言

本书是"十四五"职业教育国家规划教材。

在大数据环境下,审计工作发生了巨大的变化,大量的数据和多样的数据分析方法为审计界带来了许多机会,审计人员要掌握数据分析领域不断出现的方法、工具和技术。传统手工的审计实训可以增强学生对理论的理解,但是无法应对大数据时代信息数量巨大、种类繁多的审计工作。因此,编写与审计理论教材相配套的大数据审计技能实训教材成为解决这一问题的关键。

本书以注册会计师审计为主线,全面贯彻党的二十大精神,按照"教、学、做"一体化的要求,基于审计岗位,根据典型工作任务设置教学内容。本书共有九个项目,分别为:初步业务活动、风险评估工作、采购与付款循环审计、工薪与人事循环审计、生产与仓储循环审计、销售与收款循环审计、筹资与投资循环审计、固定资产循环及货币资金循环审计、审计报告及底稿归档。每个项目按照"项目引导—教学目标—知识导图—任务引例—知识准备—任务描述—业务操作—项目小结—项目技能训练"的结构编写,内容由浅入深,由易及难,循序渐进。为适应高等职业教育的教学特点和要求,各项目内容力求精练简明、突出重点,其中安排了完整的教学案例作为教学内容的重要组成部分,使学生对审计有正确、完整的认识,充分体会到审计的重要性和必要性。本书既可作为高等职业教育审计实训教材,也可作为全国大学生审计大赛(高职组)辅导用书。

本书具备以下特色:

(1)思政建设,立德树人。立德树人是人才培养的根本任务,本书系统地构建了素养目标要求,将思政元素与课程紧密结合。将"润物细无声"的课程思政内容,内化于教学过程。

(2)体例新颖,形式活泼。本书每个模块设有【项目引导】【教学目标】【知识导图】等经典栏目,此外,还设有【项目技能训练】等补充栏目。全书体例新颖,形式活泼,学做合一,有利于提高学生学习兴趣,更好地学习相关知识。

(3)案例典型,以案为鉴。本书遵循学生职业能力培养规律,以真实审计岗位工作任务为基础,融入了完整的审计案例。分析操作重"实战",操作对象为某公司审计业务,并贯穿始终。

(4)与时俱进,内容更新。本书贯彻高等职业学校专业教学标准新要求,将税收法规、企业会计准则、审计准则的新变化等有关内容融入各项目中,吸纳了行业新知识,同时补充介绍了内部控制方面的相关知识,以拓展学生的知识面。

(5)课赛融合,校企双元。本书对标全国大学生审计大赛(高职组),着眼于有效提高审计大赛的参赛人员水平;本书得到了广州市福思特科技有限公司的大力支持,书中所用案例由双方共同研发。

　　受竞赛时间和篇幅限制,本书实训部分仅指向社会审计的实质性程序环节以及企业内部控制环节。

　　在本书编写过程中,编者参考了大量的审计相关资料、审计准则和新颁布的企业会计准则。感谢各方人士提供的大力支持。由于审计信息技术不断推陈出新,书中难免存在遗漏和不足之处,敬请广大读者批评指正。

编　者

2023 年 8 月

目　录

资源导航

资源导航

项 目 背 景

绵阳有色金属制造有限公司（以下简称"绵阳有色"）是当地一家具有较强竞争力的民营企业，经营范围包括多种有色金属材料的生产制造，为绵阳市提供了大量就业机会。由于原事务所中勤会计师事务所（特殊普通合伙）服务年限到期，公司打算更换会计师事务所，故于2022年10月月底组织了审计招标工作。福思特会计师事务所（以下简称"福思特"）凭借多年的资本市场审计服务经验及相应资质成功中标。为贯彻事务所质量控制制度，福思特于2022年11月月初开始对绵阳有色进行初步业务接触，并在此基础上决定是否对绵阳有色2022年年度的财务报表进行审计。

中标后的第一时间，福思特通过公开渠道获得了绵阳有色如下基础背景信息。

（一）绵阳有色主营业务情况

绵阳有色，始建于2015年1月，位于四川绵阳高新工业园区迎宾路5号，占地20亩，工厂建筑面积12 000平方米，是一家集产品生产、加工、销售为一体的制造型民营企业，主要销售铝合金和镁合金。

（二）绵阳有色产品介绍

绵阳有色的产品及其原材料为：

（1）铝合金：原材料——铝和铜。

（2）镁合金：原材料——镁和铜。

（三）绵阳有色所处行业的基本情况

当前，我国有色金属行业正处于由数量和规模扩张向质量和效益提升转变的关键期，亟待与新一代信息技术在更广范围、更深程度、更高水平上实现融合发展。为切实发挥标准对有色金属行业智能制造发展的支撑和引领作用，规范和引导有色金属行业实现资源要素的数字化汇聚、网络化共享、平台化协同和智能化管控，工业和信息化部依据《"十四五"智能制造发展规划》《"十四五"原材料工业发展规划》《国家智能制造标准体系建设指南（2021版）》等，组织编制了《有色金属行业智能制造标准体系建设指南（2023版）》，以推动有色金属行业智能化升级为主线，围绕有色金属行业采选的本质安全与资源集约、冶炼的清洁环保与节能降耗、加工的质量稳定与柔性生产等实际需求，加快建立涵盖基础综合、装备与系统、智能工厂及评价等方面的智能制造标准体系，不断推进有色金属行业智能化发展。

（四）绵阳有色所处行业发展概况

国家统计局数据显示，2022 年规模以上有色金属企业工业增加值比上年增长 5.2%，增速比全国规模以上工业增加值增速高 1.6 个百分点；据有色金属工业协会（以下简称协会）统计，2022 年，我国精炼铜消费量为 1 415 万吨，比上年增长 4.8%；原铝消费量为 3 985 万吨，增长 0.5%；全铜人均年消费量 11.0 千克/人，比上年增长 4.5%。

电解铝用电结构调整的减排效果初步显现。近年来，电解铝企业积极落实"双碳"目标，主动把部分使用煤电的电解铝产能等量减量转移到水电较为丰富的云南等省区。

经过几十年的培育发展，中国航空、汽车制造产业已经初具规模，区域分工态势日趋明显。自 2012 年以来，国内有色金属市场进入平稳发展阶段，镁、铜、铝、锌、镍等主要有色金属价格平稳。随着国人的收入不断增加，未来几年全球航空、汽车需求空间巨大。制造全球化的背景下，这些订单将散落全球各地。随着中国航空和汽车工业的发展，国内航空和汽车零部件制造企业设计、生产和设备工艺等竞争力将会不断加强。因此，制造业发展势头正盛。

（五）国家宏观调控背景

工业和信息化部、科技部、自然资源部三部门编制发布了《"十四五"原材料工业发展规划》（以下简称"《规划》"），这是钢铁、有色金属、建材、石化等原材料行业未来发展的一件大事，对原材料工业的高质量发展具有重要指导意义。《规划》提出，"十四五"期间，包括有色金属在内的原材料工业要聚焦促进产业供给高端化、推动产业结构合理化、加快产业发展绿色化、加速产业转型数字化、保障产业体系安全化，到 2025 年，初步形成更高质量、更好效益、更优布局、更加绿色、更为安全的产业发展格局。

（六）行业的周期性特征

有色金属制造发展与下游行业的周期性关系较大，与宏观经济形势息息相关。在经济形势乐观时，市场需求较大，增长率较高；在经济低迷时，消费者及企业购买力下降，产品需求减少，本行业产销量减少。

（七）绵阳有色发展方向

（1）推进低成本 AZ、AM 系列镁合金压铸，低成本 AZ 系列镁合金挤压型材和板材产业化，开展镁合金轮毂、大截面型材、宽幅 1 500mm 以上板材、高性能铸锻件等应用示范。

（2）建设 20 万吨现代化镁铝项目。该工艺项目技术先进、产品质量好、劳动生产率高、综合能耗低、生产成本低，代表着世界镁铝工艺的最高水平和未来的发展趋势。

项目一 初步业务活动

◆ **项目引导**

    2022 年 12 月 16 日,某会计师事务所主任会计师张某和助理审计人员刘某应长江黄河公司的邀请,前往该公司洽谈业务,张注册会计师及刘助理对长江黄河公司委托审计的目的、审计业务的性质、审计收费、审计范围是否受到限制、审计的程序是否能够顺利进行、长江黄河公司提供的文件、协助的事项等方面进行了初步了解。洽谈过程中,长江黄河公司的总经理王某提出双方当即签订审计业务约定书的要求。张注册会计师则表示在未全面了解该公司基本情况的前提下,仅凭上述的初步了解不能签订审计业务约定书。

案例思考:

请回答张注册会计师拒绝立即签约是否正确？为什么？

提示:

    注册会计师在接受业务委托时,需要进行初步风险防范,即对被审计单位的情况和注册会计师的专业胜任能力进行了解和评估,以确定是否接受或者保持业务。

◆ **教学目标**

    1. 知识目标

（1）熟悉并掌握初步业务活动的主要内容。

（2）了解承接审计业务的基本流程和方法。

（3）掌握初步业务活动中相关审计工作底稿的编制方法。

    2. 技能目标

（1）能够在项目组成员的配合和支持下开展初步业务活动。

（2）能够编制初步业务活动相关工作底稿。

    3. 素养目标

（1）通过学习承接审计业务的相关操作,培养良好的学习能力与沟通能力,掌握新知识与技能。

（2）通过学习初步业务活动相关知识,培养独立思考能力与解决实际问题的能力。

1

◆ **知识导图**

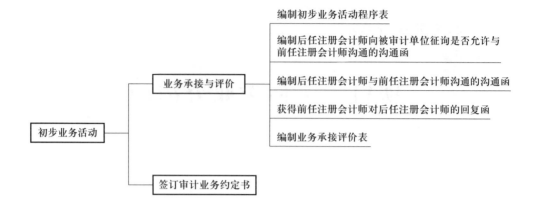

任务一　业务承接与评价

微课视频：
初步业务
活动

【任务引例】

福思特会计师事务所（以下简称"福思特"）于 2022 年 12 月月初开始对绵阳有色金属制造有限公司（以下简称"绵阳有色"）进行接触，以决定是否签约并对其 2022 年度报表进行审计。首先，该项目合伙人安排事务所高级审计助理李丽对绵阳有色开展前期的了解，即初步业务活动。李丽根据既定的必不可少的询问、观察、检查等审计程序对绵阳有色进行了了解，同时得知绵阳有色往年审计由中勤会计师事务所（特殊普通合伙）负责，于是除一般考虑外，还决定向前任注册会计师进行沟通了解。

【知识准备】

审计准则：
中国注册会
计师审计准
则第1201号

初步业务活动的目的：

（1）确定不存在因管理层诚信问题而可能影响注册会计师保持该项业务意愿的事项。

（2）确保具备执行业务所需要的独立性和专业胜任能力。

（3）确保与被审计单位之间不存在对业务约定条款的误解。

【任务描述】

（1）了解绵阳有色基本信息并做好记录。

（2）与绵阳有色前任注册会计师进行沟通，编制沟通函并发函。

（3）在前述了解的基础上编制业务承接评价表，以评估是否接受此项业务。

【业务操作】

步骤一：编制"初步业务活动程序表（AA-1）"。

李丽根据项目最基本信息及编制日期，填列对应信息，并根据初步业务活动程序，将对应信息结合底稿 AA-2 至 AA-7，填列完整后如图 1-1 所示。

二、审计工作核对表

初步业务活动程序	索引号	执行人
1. 与被审计单位面谈，讨论下列事项：	AA-5	李克
（1）审计的目标与范围	AA-4	王吉
（2）审计报告的用途	AA-4	李祈福
（3）管理层的责任，包括： ①按照适用的财务报告编制基础编制财务报表，并使其实现公允反映（如适用）； ②设计、执行和维护必要的内部控制，以使财务报表不存在由于舞弊或错误导致的重大错误； ③向注册会计师提供必要工作条件，包括允许注册会计师接触与编制财务报表相关的所有信息（如记录、文件和其他事项）。向注册会计师提供审计所需的其他信息，允许注册会计师在获取审计证据时不受限制地接触其认为必要的内部人员和其他相关人员	AA-5	
（4）适用的财务报告编制基础		

图 1-1 初步业务活动程序表

步骤二：编制"后任注册会计师向被审计单位征询是否允许与前任注册会计师沟通的沟通函"。

点击"后任注册会计师向被审计单位征询是否允许与前任注册会计师沟通的沟通函"，按照既定格式编制此函件，具体信息如图 1-2 所示。

后任注册会计师向被审计单位征询是否允许与前任注册会计师沟通的沟通函

索引号：_____AA-5_____

绵阳有色金属制造有限_____公司：

　　贵公司拟聘请本所执行 __2022__ 年度财务报表审计业务，按照《中国注册会计师审计准则第1153号——前任注册会计师与后任注册会计师的沟通》的规定，本所在接受委托之前，应当与贵公司的前任注册会计师—— 中勤会计师事务所（特殊普通合伙） 进行沟通，以确定本所是否能够接受委托。

　　为此，请贵公司同意本所与 _____中勤会计师事务所（特殊普通合伙）_____ 进行沟通，并授权 _中勤会计师事务所（特殊普通合伙）_ 对本所就贵公司事项的询问作出答复。

　　感谢贵公司对本所工作的支持！

　　如有任何问题，请及时与本所联系，以便我们与贵公司进一步沟通。

联系人：李祈福_____

联系电话：0816-88395676_____　　　　传真：0816-88395676_____

地址：四川省绵阳市湖东路自编117号201　　邮编：621000_____

（会计师事务所盖章）

_2022_ 年 _12_ 月 _01_ 日

图 1-2 后任注册会计师向被审计单位征询是否允许与前任注册会计师沟通的沟通函

步骤三：编制"后任注册会计师与前任注册会计师沟通的沟通函"。

获得支持后，点击"后任注册会计师与前任注册会计师沟通的沟通函"，按照既定的格式编制完成后，准备向前任注册会计师发函，具体填列信息如图 1-3 所示。

图 1-3   后任注册会计师与前任注册会计师沟通的沟通函

步骤四：获得"前任注册会计师对后任注册会计师的回复函"。

获得"前任注册会计师对此前征询信息的回复函"，具体如图 1-4 所示。

步骤五：编制"业务承接评价表"。

点击"业务承接评价表"，编制评价表，此表填列信息来源于执行的询问，检查留底资料等，并结合向前任注册会计师发函沟通所获得的信息，填列参与人，包括李丽、复核人郑和气、风险管理负责人李祈福（主要决定是否接受此项业务），如图 1-5 所示。

前任注册会计师对后任注册会计师的回复函

索引号： _____AA-7_____

_____福思特_____ 会计师事务所：

贵所发来的沟通函已收悉，现将我们所了解的有关 _____绵阳有色金属制造有限_____ 公司

(以下简称"该公司")的事实答复如下：

（一）该公司管理层的诚信情况
管理层是诚信的。
（二）我所与该公司管理层在重大会计、审计等问题上存在的意见分歧
无意见分歧。
（三）我所与该公司治理层沟通的管理层舞弊、违反法规行为以及内部控制的重大缺陷
无管理层舞弊和内部控制重大缺陷。
（四）导致该公司变更会计师事务所的原因
本会计师事务所分立。

会计师事务所盖章

_____2022_____ 年 _____12_____ 月 _____01_____ 日

图 1-4 前任注册会计师对后任注册会计师的回复函

预计收取的费用及可回收比率
预计审计收费： 1.7万元
预计成本(计算过程)：
本次业务属于年度审计。根据事务所计件收费档次标准，绵阳有色金属制造有限公司现有资产总额属于为1000万元~5000万元档次，收费标准为资产总额的万分之五，即16816.14元，预计成本16816.14元，实收费用按照千位数，四舍五入取整，即17000.00元。
可回收比率：
100%

21. 其他方面的意见：

无

项目负责合伙人：　　　　　　　　　　　风险管理负责人(必要时)：

基于上述方面，我们 ___接受___ (接受或不接受)此项业务。　　基于上述方面，我们 ___接受___ (接受或不接受)此项业务。

签名 _____郑和气_____　　　　　　签名 _____李析福_____

日期 _____2022-12-02_____　　　　　日期 _____2022-12-02_____

最终结论：
我们接受此项业务。

签名： ___郑和气___ 日期： ___2022-12-02___

图 1-5 业务承接评价表

1

任务二　签订审计业务约定书

【任务引例】

在通过开展各种前期工作对绵阳有色进行了解之后,福思特决定与绵阳有色签订审计业务约定书。

【知识准备】

一、审计业务约定书的基本内容

如果决定签约,审计业务约定书应当包括以下基本内容:

(1)财务报表审计的目标与范围。

(2)注册会计师的责任。

(3)管理层的责任。

(4)适用的财务报告编制基础。

(5)审计报告的预期形式和内容以及对在特定情况下出具的审计报告可能不同于预期形式和内容的说明。

二、审计业务约定书的特定需要

审计业务约定书还应考虑特定需要,包括但不限于:

(1)说明审计和内部控制的固有限制。

(2)计划和执行审计工作的安排,如审计项目组的构成。

(3)收费的计算基础和收费安排。

(4)与前任注册会计师沟通的安排等。

【任务描述】

编制审计业务约定书并与绵阳有色签约。

【业务操作】

点击"审计业务约定书",开始签约,就审计目标及双方责任(即权利和义务)等进行明确约定,如图1-6所示。

1

兹由甲方委托乙方对 2022 年度财务报表进行审计，经双方协商，达成以下约定：

一、审计目标和范围

1. 乙方接受甲方委托，对甲方按照企业会计准则编制的 2022 年 12 月 31 日的资产负债表，2022 年度的利润表、所有者权益（或股东权益）变动表和现金流量表以及财务报表附注（以下统称"财务报表"）进行审计。

2. 乙方通过执行审计工作，对财务报表的下列方面发表审计意见：（1）财务报表是否按照企业会计准则的规定编制；（2）财务报表是否在所有重大方面公允反映甲方 2022 年 12 月 31 日的财务状况以及 2022 年度的经营成果和现金流量。

二、甲方的责任

1. 根据《中华人民共和国会计法》及《企业财务会计报告条例》，甲方及甲方负责人有责任保证会计资料的真实性和完整性。因此，甲方管理层有责任妥善保存和提供会计记录（包括但不限于会计凭证、会计账簿及其他会计资料），这些记录必须真实、完整地反映甲方的财务状况、经营成果和现金流量。

2. 按照企业会计准则的规定编制和公允列报财务报表是甲方管理层的责任，这种责任包括：（1）按照企业会计准则的规定编制财务报表，并使其公允反映；（2）设计、实施和维护与财务报表编制相关的内部控制，以使财务报表不存在由于舞弊或错误而导致的重大错报。

3. 及时为乙方的审计工作提供与审计有关的所有记录、文件和所需的其他信息（在 2023 年 03 月 01 日之前提供审计所需的全部资料，如果在审计过程中需要补充资料，亦应及时提供），并保证所提供资料的真实性和完整性。

4. 确保乙方不受限制地接触其认为必要的甲方内部人员和其他相关人员。

[下段适用于集团财务报表审计业务，使用时需根据客户/约定项目的特定情况而修改，如果加入此段，应相应修改本约定书第一项关于业务范围的表述，并调整下面其他条款编号。]

【5. 为满足乙方对甲方合并财务报表发表审计意见的需要，甲方须确保：

乙方和为组成部分财务信息执行相关工作的组成部分注册会计师之间的沟通不受任何限制。

乙方及时获悉组成部分注册会计师与组成部分治理层和管理层之间的重要沟通（包括就值得关注的内部控制缺陷进行的沟通）。

乙方及时获悉组成部分治理层和管理层与监管机构就财务信息有关的事项进行的重要沟通。

在乙方认为必要时，允许乙方接触组成部分的信息、组成部分管理层或组成部分注册会计师（包括组成部分注册会计师的工作底稿），并允许乙方对组成部分的财务信息执行相关工作。】

5. 甲方管理层必要时，还包括治理层对其作出的与审计有关的声明予以书面确认。

6. 为乙方派出的有关工作人员提供必要的工作条件和协助，乙方将于外勤工作开始前提供主要事项清单。

图 1-6 签订审计业务约定书

项 目 小 结

如图 1-7 所示，本项目主要对"业务承接与评价""签订审计业务约定书"两个工作任务进行了理论要点的梳理和实操要点的说明。其中"业务承接评价表"和"审计业务约定书"值得大家重点关注。

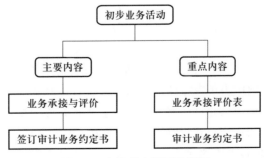

图 1-7 初步业务活动流程图

项目技能训练

第一部分：练习题

一、单项选择题

1. 下列各项中,不属于初步业务活动的目的的是(　　)。

A. 具备执行业务所需的独立性和能力

B. 不存在因管理层诚信问题而可能影响注册会计师保持该项业务的意愿的事项

C. 与被审计单位之间不存在对业务约定条款的误解

D. 评价遵守相关职业道德要求的情况

2. 下列有关审计的前提条件的说法中,错误的是(　　)。

A. 执行审计工作的前提是管理层已认可并理解其承担的责任

B. 在确定财务报告编制基础的可接受性时,需要考虑被审计单位是企业、公共部门实体还是非营利组织

C. 适用的审计准则为注册会计师提供了用以审计财务报表的标准

D. 如果管理层不认可其责任,或不同意提供书面声明,注册会计师将可视为不能获取充分、适当的审计证据,此时承接该审计业务是不恰当的,除非法律法规另有规定

3. 下列各项中,不属于审计业务约定书基本内容的是(　　)。

A. 财务报表审计的目标与范围

B. 指出用于编制财务报表所适用的财务报告编制基础

C. 收费的计算基础和收费安排

D. 提及注册会计师拟出具的审计报告的预期形式和内容

4. 下列有关变更审计业务约定条款的说法中,正确的是(　　)。

A. 注册会计师不需要评估变更业务对法律责任或业务约定的影响

B. 变更业务的任何情况下,都不得提及原审计业务中已执行的程序

C. 如果变更要求与错误的、不完整的或者不能令人满意的信息有关,则注册会计师应同意变更

D. 变更业务不允许提及原审计业务的原因是避免报告使用者误解

二、多项选择题

1. 在确定执行审计工作的前提时,下列有关被审计单位管理层责任的说法中,注册会计师认为正确的有(　　　　)。

A. 被审计单位管理层应当允许注册会计师查阅与编制财务报表相关的所有文件

B. 被审计单位管理层应当负责按照适用的财务报告编制基础编制财务报表

C. 被审计单位管理层应当允许注册会计师接触所有必要的相关人员

D. 被审计单位管理层应当负责设计、执行和维护必要的内部控制

2. 下列各项中,会计师事务所在执行客户接受与保持程序时应当获取相关信息的有(　　　　　)。

A. 具有执行业务必要的素质和专业胜任能力

B. 没有信息表明客户缺乏诚信

C. 能够遵守相关职业道德要求

D. 具有执行业务必要的时间和资源

3. 下列各项中,在确定编制财务报表所采用的财务报告编制基础的可接受性时应当考虑的因素有(　　　　　)。

A. 财务报表的目的

B. 被审计单位的性质

C. 财务报表的性质

D. 法律法规是否规定了适用的财务报告编制基础

4. 在注册会计师完成审计业务前,被审计单位提出将审计业务变更为保证程度较低的业务。下列各项变更理由中,注册会计师通常认为合理的有(　　　　　)。

A. 环境变化对审计服务的需求产生影响

B. 对原来要求的审计业务的性质存在误解

C. 管理层对审计范围施加限制

D. 由于超出被审计单位控制的情形导致审计范围受到限制

三、综合题

ABC 会计师事务所首次接受委托审计甲公司 2022 年度财务报表,委派 A 注册会计师担任项目合伙人。DEF 会计师事务所审计了甲公司 2020 年度财务报表;XYZ 会计师事务所接受委托审计甲公司 2021 年度财务报表,但未完成审计工作。A 注册会计师将 DEF 会计师事务所确定为前任注册会计师,与其进行了沟通。

要求: A 注册会计师的做法是否恰当? 简要说明理由。

第二部分:实训题

以福思特审计人员的身份登录审计之友平台,选择"绵阳有色金属制造有限公司"案例实训,完成该公司初步业务活动的实操任务。

项目二　风险评估工作

◆ 项目引导

2019 年 11 月 20 日,中国证监会对北京某会计师事务所、宜某、刘某等 3 名责任主体作出行政处罚决定,处罚依据事实之一是其风险评估程序不到位,导致未能识别和评估财务报表重大错报风险,具体如下:

第一,财务报表层次舞弊风险评估程序不到位。经查,注册会计师在编制舞弊风险评价底稿时,在"管理层为满足第三方要求或预期而承受过度的压力"所列各项中均填写"不存在"。

第二,账户余额认定层次的风险评估程序不到位。经查,注册会计师在执行应收账款和预付账款函证程序时,未对重要客户和供应商函证回函为复印件的情况予以考虑。

案例思考:

1. 注册会计师在风险评估中应保持职业审慎,宜某、刘某否遵守这一职业规范? 其所在事务所是否保持了应有的质量控制?

2. 如果注册会计师的风险评估不到位,会造成什么后果呢?

提示:

1. 注册会计师对认定层次重大错报风险的识别或评估,可能随着审计过程中获取的审计证据而作出相应的变化。

2. 如果通过实施进一步审计程序获取的审计证据与初始识别或评估获取的审计证据相矛盾,注册会计师应当修正风险识别或评估结果,并相应修改原计划实施的进一步审计程序。

3. 识别或评估重大错报风险与了解被审计单位及其环境等方面情况一样,也是一个连续和动态地收集、更新与分析信息的过程,贯穿审计过程的始终。

◆ 教学目标

1. 知识目标

(1)了解与治理层沟通的对象和事项。

(2)熟悉被审计单位的风险点。

(3)掌握总体审计策略的主要内容和确定审计重要性水平应考虑的因素。

2. 技能目标

(1)能够在项目组成员的配合和支持下开展风险评估工作,并编制风险评估底稿。

(2)能够独立与治理层展开沟通,并编制相关人员调查表。

（3）能够在项目组成员配合下开展风险评估，且能独立完成重要性水平的确定。

（4）能够在项目组成员配合下制订总体审计策略和具体审计计划。

3. 素养目标

（1）能够熟练执行风险评估审计工作，完成该项目的审计工作底稿，形成项目审计意见，培养审计专业判断能力。

（2）能够评估被审计单位内部控制风险点，制订总体审计策略，培养严谨、独立、一丝不苟的工作态度。

◆知识导图

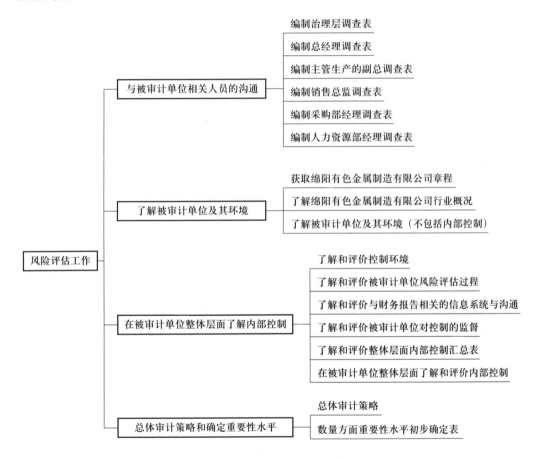

任务一　与被审计单位相关人员沟通

【任务引例】

审计业务约定书签订以后，福思特高级审计助理李丽通过询问绵阳有色执行董事罗振华了解治理层对管理层的评价；通过询问总经理朱嘉欣了解有色金属的行业状况、法律与监管环境、公司的经营活动、投资活动和筹资活动等；通过询问主管生产的副总彭楚月了解公司

2

的生产情况;通过询问销售总监张致恒了解公司的主要产品及其销售策略;通过询问采购部经理杨子健了解公司采购部门的内部控制,经调查,其采购内部控制存在缺陷,可能存在重大错报风险;通过询问人力资源部经理梁超了解公司的工薪水平和招聘辞退流程。

【知识准备】

与管理层和被审计单位内部其他合适人员沟通的事项包括:

(1)管理层所关注的主要问题。如新的竞争对手、主要客户和供应商的流失、新税收法规的实施以及经营目标或战略的变化等。

(2)被审计单位最近的财务状况、经营成果和现金流量。

(3)可能影响财务报告的交易和事项,或者目前发生的重大会计处理问题。如重大的并购事宜等。

(4)被审计单位发生的其他重要变化。如所有权结构、组织结构的变化,以及内部控制的变化等。

向被审计单位内部其他不同层级和职责的适当人员获取信息的具体情形如下:

(1)直接询问治理层,了解治理层对管理层编制财务报表的监督程度;

(2)直接询问负责生成、处理或记录复杂或异常交易的员工,评价被审计单位选择和运用某项会计政策的恰当性;

(3)直接询问内部法律顾问,了解如诉讼、遵守法律法规的情况、影响被审计单位的舞弊或舞弊嫌疑、产品保证、售后责任、与业务合作伙伴的安排以及合同条款的含义等事项的有关信息;

(4)直接询问营销人员,了解被审计单位营销策略的变化、销售趋势或与客户的合同安排等;

(5)直接询问风险管理职能部门或人员,了解可能影响财务报告的经营和监管风险;

(6)直接询问信息技术人员,了解系统变更、系统或控制失效的情况或与信息技术相关的其他风险;

(7)直接询问适当的内部审计人员,了解被审计单位及其环境以及内部控制体系。

【任务描述】

根据与有色金属相关人员的沟通编制相关调查表:

(1)编制"治理层调查表(BA-1)"工作底稿。

(2)编制"总经理调查表(BA-2)"工作底稿。

(3)编制"主管生产的副总调查表(BA-3)"工作底稿。

(4)编制"销售总监调查表(BA-5)"工作底稿。

(5)编制"采购部经理调查表(BA-6)"工作底稿。

(6)编制"人力资源部经理调查表(BA-7)"工作底稿。

【业务操作】

在左侧导航栏点击"风险评估工作底稿—调查表",如图2-1所示。进入调查底稿实训页面,如图2-2所示。

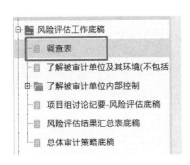

图 2-1　点击"风险评估工作底稿—调查表"

图 2-2　进入实训界面

步骤一：编制"治理层调查表（BA-1）"工作底稿。

点击"治理层调查表"，李丽根据与治理层的沟通，填列对应信息，编制工作底稿 BA-1，填列完整后如图 2-3 所示。

询问的内容	文字描述	不适用
治理层是否建立了审计委员会或类似机构	未建立审计委员会或类似机构，只设立了一名监事，由股东方依墨女士兼任	
治理层是否监督用于复核内部控制有效性的政策和程序设计是否合理，执行是否有效	有监事监督	
治理层是否监督被审计单位的会计政策	管理层监督，治理层定期巡查	
公司是否有未决诉讼	无未决诉讼	
是否存在管理层舞弊风险	不存在管理层舞弊风险	
治理层对管理层胜任能力的评价	管理层对有色金属行业有较深入的了解和认识，并且具有较强的事业心和进取心以及较强的执行力和领导力，治理层信任管理层的胜任能力	
治理层对管理层诚信的评价	管理层的人格值得信赖，不存在引起治理层对管理层诚信产生质疑的因素	
治理层与管理层的社会关系	治理层与管理层没有特殊社会关系	
公司内部控制是否存在重大缺陷	公司内部控制制度完善，治理层认为从管理层到一线工作人员能够严格执行，不存在内部控制重大缺陷	
为何更换会计师事务所	前任事务所分立，贵所同事主动联系了本公司，由于贵所在价格上更有优势，本公司选择了贵所	

注：治理层主要包括审计委员会、董事会、监事会以及股东大会的相关成员

受访人签字：　罗振华

审计说明：

经询问，未发现重大异常。

图 2-3　治理层调查表

> **小贴士：**
> 　　审计员李丽采取询问方式与绵阳有色执行董事罗振华进行谈话并形成访谈记录。
> 详情见"资料查看—其他资料—治理层访问记录"。

2

　　步骤二：编制"总经理调查表（BA-2）"工作底稿。

　　点击"总经理调查表"，李丽根据与总经理的沟通，填列对应信息，编制工作底稿 BA-2，填列完整后如图 2-4 所示。

询问的内容	文字描述	不适用
一、行业状况		
所处行业的市场与竞争	随着国人收入提高，未来几年航空、汽车需求空间巨大，市场的需求很高，未来航空和汽车行业的发展牵引着零部件制造企业的发展。目前国内有色金属市场进入平稳发展阶段，市场竞争较为激烈	
二、法律与监管环境		
对经营活动产生重大影响的法律法规及监管活动	环保法对公司有特别的要求，但是公司无违法之处	
对开展业务产生重大影响的政府政策，包括货币、财政、税收和贸易等政策	2021年工业和信息化部、科技部、自然资源部三部门编制发布了《"十四五"原材料工业发展规划》（以下简称《规划》），这是钢铁、有色金属、建材、石化等原材料行业未来发展的一件大事，对原材料工业的高质量发展具有重要指导意义。《规划》提出，"十四五"期间，包括有色金属在内的原材料工业要聚焦促进产业供给高端化、推动产业结构合理化、加快产业发展绿色化、加速产业转型数字化、保障产业体系安全化，到2025年，初步形成更高质量、更好效益、更优布局、更加绿色、更为安全的产业发展格局	
与被审计单位所处行业和所从事经营活动相关的环保要求	环保要求较高，环保要求较高，包括"清洁、节能、安全、低成本"	
三、其他外部因素		

图 2-4　总经理调查表

　　步骤三：编制"主管生产的副总调查表（BA-3）"工作底稿。

　　点击"主管生产的副总调查表"，李丽根据与主管生产的副总的沟通，填列对应信息，编制工作底稿 BA-3，填列完整后如图 2-5 所示。

　　步骤四：编制"销售总监调查表（BA-5）"工作底稿。

　　点击"销售总监调查表"，李丽根据与销售总监的沟通，填列对应信息，编制工作底稿 BA-5，填列完整后如图 2-6 所示。

　　步骤五：编制"采购部经理调查表（BA-6）"工作底稿。

　　点击"采购部经理调查表"，李丽根据与采购部经理的沟通，填列对应信息，编制工作底稿 BA-6，填列完整后如图 2-7 所示。

2

询问的内容	文字描述	不适用
贵公司生产原材料和主要生产的产品	原材料是铝、镁、铜，主要生产铝合金和镁合金	
贵公司的主要生产流程	通过高温冶金的方法混合制成。铝合金是铝和铜以9:1的比例浇铸制成，镁合金是镁和铜以9:1的比例浇铸制成	
能源供应与成本	能源供应充足，但成本略有提高	
贵公司在产品和产成品的分配情况	月末无在产品	
贵公司申请购买原材料的流程	公司申请购买原材料流程为： （1）采购部负责编制采购计划、填制请购单、询价与价格谈判、签订合同、采购物资等业务。 （2）财务部负责核定物资采购价格。 （3）财务部负责结算采购款项、登记存货及应付账款等。 （4）物流部负责根据采购计划和物资请购单办理物资入库，登记保管账等。 （5）物流部负责物资入库前的质量验收等。 （6）股东会负责定期审计检查采购业务的合规性、合理性和会计记录的正确性与及时性	
贵公司生产经营是否季节性和周期性	企业生产无明显季节性和周期性	
与被审计单位产品相关的生产技术和变化	生产技术包括铝合金挤压在线淬火技术，镁合金压铸生产技术等。公司生产技术一直精益求精，2022年尝试了以4004高硅铝合金铸造后再进行变形加工，与3003合金制成复合板材的技术，取得良好成果，大大改善了4004铝合金由于硅含量太高导致可塑性较低，加工性能较弱的缺点	

受访人签字：　彭楚月

图 2-5　主管生产的副总调查表

询问的内容	文字描述	不适用
2022年营销策略的变化	无重大变化	
本年度的销售趋势和未来的销售趋势预测	本年度销售额比2021年上涨20%，明年销售目标定为环比上涨25%	
贵公司有哪些关键客户	公司合作客户较多，并无关键客户，没有关联方交易	
贵公司主要产品及描述	生产、加工、销售铝合金和镁合金；主要产品为铝合金和镁合金	
贵公司销售地区与行业分布	均为国内销售，主要分布于广东、广西、四川、湖北、山东等地区，主要销售于一些机械制造、航空制造、汽车制造等企业	
贵公司有无线上销售或者委托外部机构销售	无	

受访人签字：　张致恒

审计说明：

销售状况无重大变化。

图 2-6　销售总监调查表

2

询问的内容	文字描述	不适用
贵公司的采购部门有无制定采购计划	有采购计划，根据销售生产情况制订采购计划和购买原材料	
贵公司的原材料供应的可靠性和稳定性	公司主要供应商是贵港市潘骏铝材有限责任公司和上海市德阳动力机械有限公司。公司一般都从这两家公司购买原材料，由于合作多年，签订了长期供应合同，原材料的价格稳定，不受市场影响	
贵公司的原材料采购是否经过审批	经过审批，采购员填写请购单，采购经理审批同意后，采购员与供应商取得联系并进行采购。公司与供应商签订了长期合同，供应商会根据公司的要求及时发货	
采购其他资产是否经过审批	是，审批后购买，凭相关凭证报销	
贵公司的采购流程是否严格按照制度执行	是，基本按照制度执行	

受访人签字：杨子健

审计说明：

经调查，采购内部控制存在缺陷，可能存在重大错报风险。

图 2-7 采购部经理调查表

步骤六：编制"人力资源部经理调查表（BA-7）"工作底稿。

点击"人力资源部经理调查表"，李丽根据与人力资源部经理的沟通，填列对应信息，编制工作底稿 BA-7，填列完整后如图 2-8 所示。

人力资源部经理调查表

客户名称：	绵阳有色金属制造有限公司	索引号：	BA-7
受访人：	梁超	会计期间：	2022-12-31
编制人：	李丽	复核人：	郑和气
日期：	2023-03-01	日期：	2023-03-01

询问的内容	文字描述	不适用
工薪水平，退休金和福利	公司为员工购买基本社会保险（养老失业生育工伤），工资按基本工资加岗位津贴、绩效奖金，每月31日左右发放。	
招工和辞退流程	严格按公司制度招聘	
与劳动用工相关的政府法规	劳动法	

受访人签字：梁超

审计说明：

经调查，未发现重大异常。

图 2-8 人力资源部经理调查表

任务二 了解被审计单位及其环境

审计准则：中国注册会计师审计准则第1151号

【任务引例】

李丽通过与治理层、管理层的沟通，了解绵阳有色金属制造有限公司的行业概况，并获取公司章程，了解被审计单位及其环境，针对了解到的具体情况实施风险评估程序。

【知识准备】

注册会计师应当从下列方面了解被审计单位及其环境：

（1）相关行业状况、法律环境和监管环境及其他外部因素。

（2）被审计单位的性质。

（3）被审计单位对会计政策的选择和运用。

（4）被审计单位的目标、战略以及可能导致重大错报风险的相关经营风险。

（5）对被审计单位财务业绩的衡量和评价。

（6）被审计单位的内部控制。

【任务描述】

（1）获取绵阳有色金属制造有限公司章程。

（2）了解绵阳有色金属制造有限公司行业概况。

（3）编制"了解被审计单位及其环境（不包括内部控制）（BB-1）"审计工作底稿。

【业务操作】

步骤一：获取绵阳有色金属制造有限公司章程。

审计员李丽向档案部获取了绵阳有色金属制造有限公司章程，如图 2-9 所示。

绵阳有色金属制造有限公司章程

第一章 总 则

第一条 为规范公司的组织和行为，根据《中华人民共和国公司法》（以下简称"《公司法》"）和有关法律、行政法规以及规范文件的规定，制定本章程。

第二条 公司类型：有限责任公司。

第三条 本章程为本公司行为准则，公司、股东、执行董事、监事和高级管理人员应当严格遵守。

第二章 公司名称、住所、经营范围、营业期限及注册资本

第四条 公司名称：绵阳有色金属制造有限公司。

第五条 公司住所：四川绵阳高新工业园区迎宾路，邮政编码：621000。

第六条 公司经营范围：生产、加工、销售铝合金和镁合金。

第七条 公司的营业期限为长期，自公司营业执照签发之日起计。

第八条 公司注册资本为人民币壹仟贰佰陆拾柒万元。

第九条 公司可以增加注册资本和减少注册资本。公司增加注册资本时，股东有权优先按照实缴的出资比例认缴新增资本的出资。全体股东另有约定的除外。

第三章 公司股东

图 2-9 绵阳有色金属制造有限公司章程

步骤二：了解绵阳有色金属制造有限公司行业概况。

审计人员李丽通过浏览绵阳有色官网和查找网上资料了解该公司行业概况,如图 2-10 所示。

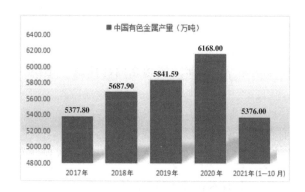

图 2-10 行业概况

步骤三：编制"了解被审计单位及其环境（不包括内部控制）（BB-1）"工作底稿。

点击"了解被审计单位及其环境（不包括内部控制）",李丽根据步骤一、步骤二了解的情况填列对应信息,编制工作底稿 BB-1,如图 2-11 所示。

小贴士:

审计人员李丽执行了一系列分析评估程序,从以下方面了解被审计单位及其环境,并评估相应重大错报风险:

（1）行业状况、法律环境与监管环境以及其他外部因素。

（2）被审计单位的性质。

（3）被审计单位对会计政策的选择和运用。

（4）被审计单位的目标、战略以及相关经营风险。

详情见"资料查看—其他资料—了解被审计单位及其环境（不包括内部控制）"。

三、被审计单位的性质

(一)实施的风险评估程序

风险评估程序	执行人	执行时间	索引号
向总经理询问被审计单位所有权结构、治理结构、组织结构、近期主要投资、筹资情况		2023-03-01	
向销售主管询问相关市场信息,如主要客户和合同、付款条件、主要竞争者、定价政策、营销策略等		2023-03-01	
查阅组织结构图、治理结构图、公司章程,主要销售、采购、投资、债务合同等		2023-03-01	
实地察看被审计单位主要生产经营场所		2023-03-01	

(二)了解的内容和评估出的风险

1.所有权结构

(1)所有权性质(属于国有企业、外商投资企业、民营企业还是其他类型): _____

(2)所有者和其他人员或单位的名称,以及与被审计单位之间的关系

所有者	主要描述(法人/自然人,企业类型,自然人的主要社会职务,企业所属地区、规模等)	与被审计单位之间的关系

图 2-11 了解被审计单位及其环境(不包括内部控制)

任务三 在被审计单位整体层面了解内部控制

【任务引例】

福思特在经过初步业务活动后,与绵阳有色签订审计业务约定书,正式开始对绵阳有色2022 年度报表进行审计。审计人员李丽对绵阳有色的内部控制进行了解和评价,进而方便后续的风险评估及审计计划的确定。

审计准则:
中国注册会
计师审计准
则第1211号

【知识准备】

一、了解内部控制及其环境程序

了解内部控制及其环境的程序主要有:

（1）询问。

（2）分析。

（3）观察。

（4）检查。

二、内部控制五要素

内部控制五要素主要包括:

（1）控制环境。

2

（2）风险评估过程。

（3）与财务报告相关的信息系统与沟通。

（4）控制活动。

（5）对控制的监督。

三、在整体层面了解内部控制

在整体层面了解内部控制主要包括：

（1）考虑与控制环境相关的各种因素。

（2）考虑与被审计单位整体相关的各种因素。

（3）考虑舞弊和管理层凌驾于内部控制之上的风险。

（4）了解信息系统的一般控制。

（5）了解财务报告流程的控制。

① 财务报告内部控制，是指公司的董事会、监事会、经理层及全体员工实施的旨在合理保证财务报告及相关信息真实、完整而设计和运行的内部控制，以及用于保护资产安全的内部控制中与财务报告可靠性目标相关的控制。

② 非财务报告内部控制，是指除财务报告内部控制之外的其他控制，通常是指为了合理保证经营的效率效果、遵守法律法规、实现发展战略而设计和运行的控制，以及用于保护资产安全的内部控制中与财务报告可靠性目标无关的控制。

【任务描述】

整体层面了解被审计单位内部控制及其环境，并编制审计工作底稿：

（1）编制"了解和评价控制环境（BD-3）"工作底稿。

（2）编制"了解和评价被审计单位风险评估过程（BD-4）"工作底稿。

（3）编制"了解和评价与财务报告相关的信息系统与沟通（BD-5）"工作底稿。

（4）编制"了解和评价被审计单位对控制的监督（BD-6）"工作底稿。

（5）编制"了解和评价整体层面内部控制汇总表（BD-2）"工作底稿。

（6）编制"在被审计单位整体层面了解和评价内部控制（BD-1）"工作底稿。

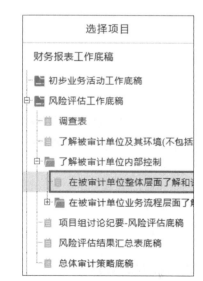

图 2-12 点击"在被审计单位整体层面了解和评价内部控制"

【业务操作】

在左侧导航栏依次点击"了解被审计单位内部控制""在被审计单位整体层面了解和评价内部控制"，即进入调查底稿实训页面，如图 2-12 所示。

任务三包括六个步骤，具体如下：

步骤一：编制"了解和评价控制环境（BD-3）"工作底稿。

　　点击"了解和评价控制环境",根据执行相应程序后的记录,将对应信息分解为控制目标,填列对应信息,编制工作底稿 BD-3,填列完整后如图 2-13 所示。

了解和评价控制环境

被审计单位:	绵阳有色金属制造有限公司	索引号:	BD-3
项目:	了解和评价控制环境	财务报表截止日/期间:	2022-12-31
编制:	李丽	复核:	郑和气
日期:	2023-03-02	日期:	2023-03-02

编制说明:
1. 本审计工作底稿中列示的被审计单位的控制目标和控制活动,仅为说明有关表格的使用方法,并非对所有控制目标和控制活动的全面列示。在执行财务报表审计业务时,注册会计师应根据被审计单位的实际情况予以填写。
2. 如果我们拟信赖以前审计获取的审计证据,应通过询问并结合观察或者检查程序,获取控制活动是否已经发生变化的审计证据予以记录。
3. "实施的程序"一列,应根据注册会计师针对控制目标计划采取的审计程序填写,包括询问、观察和检查; "被审计单位的控制"一列记录被审计单位实际采取的控制活动; "执行人及日期"一列应记录审计程序的执行人姓名及执行日期。
4. 注册会计师对控制的评价结论可能是: (1) 控制设计合理,并得到执行; (2) 控制设计合理,未得到执行; (3) 控制设计无效或缺乏必要的控制。

一、对诚信和道德价值观念的沟通与落实

控制序号	控制目标	被审计单位的控制	实施的程序	执行人及日期	工作底稿索引号
1	使员工行为守则及其他政策得到执行	公司制定了员工的行为守则,行为守则内容完备,涉及利益冲突、不法或不当支出、公平竞争的保障、内幕交易等问题; 员工定期承诺遵守这些制度; 行为守则可在公司的内网上查阅	询问: 2023年03月02日询问行政部经理周建军; 检查: 检查《公司员工行为守则》	执行人: 李丽 日期: 2023-03-02	
2	使员工能够清晰了解管理层的理念	将应当严格遵循诚信和道德规范的观念,通过行为守则和管理层实际行动有效地灌输给所有员工,鼓励员工行为端正,奖励诚实守信的员工	询问: 2023年03月02日询问行政部经理周建军	执行人: 李丽 日期: 2023-03-02	
3	与公司的利益相关者(如投资者、债权人等)保持良好的关系	管理层在处理交易业务时保持高度诚信,并要求其员工和客户同样保持诚信	询问: 2023年03月02日询问行政部经理周建军	执行人: 李丽 日期: 2023-03-02	

六、职权与责任的分配

控制序号	控制目标	被审计单位的控制	实施的程序	执行人及日期	工作底稿索引号
1	员工的岗位职责,包括具体任务、报告关系及所受限制等明确制定并传达到本人	公司制定管理层及负有监督责任员工的职务说明书以及各级员工的职务说明书; 职务说明书明确规定了与控制有关的责任	询问: 2023年03月02日询问人事部经理梁超	执行人: 李丽 日期: 2023-03-02	
2	在被审计单位内部有明确的职责划分和岗位分离	将业务授权、业务记录、资产保管和维护以及业务执行的责任尽可能地分离	询问: 2023年03月02日询问人事部经理梁超	执行人: 李丽 日期: 2023-03-02	
3	保持权力和责任的对等	完成工作所需权力与高级管理人员的参与程度保持适当的平衡,授予合适级别的员工纠正控制目标题或实施改进的权力,而且此授权也明确了所需的能力水平和明确的权限	询问: 2023年03月02日询问人事部经理梁超	执行人: 李丽 日期: 2023-03-02	
4	对授权交易及系统改善的控制有适当的记录,对数据处理的控制适当记录	建立授权交易及系统改善的控制制度	询问: 2023年03月02日询问人事部经理梁超	执行人: 李丽 日期: 2023-03-02	

七、人力资源的政策与实务

控制序号	控制目标	被审计单位的控制	实施的程序	执行人及日期	工作底稿索引号
1	建立授权交易及系统改善的控制制度	招聘业务主管需要具备执行任务、履行职责的知识及经验,对关键管理人员实施适当的培训	询问: 2023年3月02日询问人事部经理梁超	执行人: 李丽 日期: 2023-03-02	
2	人事政策中强调员工需保持适当的伦理和道德标准	评估业绩时将员工的操守和价值观纳入评估标准之中	询问: 2023年03月02日询问人事部经理梁超	执行人: 李丽 日期: 2023-03-02	
3	人力资源政策及程序清晰,定期发布和更新	每年检查人力资源政策及程序,不恰当的进行调整; 对更新的文件及时传达	询问: 2023年03月02日询问人事部经理梁超	执行人: 李丽 日期: 2023-03-02	

图 2-13　了解和评价控制环境

2

> **小贴士：**
>
> 　　审计员李丽通过访谈行政部经理周建军、人事部经理梁超、总经理朱嘉欣，了解到绵阳有色控制设计合理，并得到执行。
>
> 　　详情见"资料查看—其他资料—了解和评价控制环境底稿资料"。

步骤二： 编制"了解和评价被审计单位风险评估过程（BD-4）"工作底稿。

点击"了解和评价被审计单位风险评估过程"，编制方法同"了解和评价控制环境"，编制工作底稿 BD-4，编制完成后如图 2-14 所示。

图 2-14　了解和评价被审计单位风险评估过程

步骤三： 编制"了解和评价与财务报告相关的信息系统与沟通（BD-5）"工作底稿。

点击"了解和评价与财务报告相关的信息系统与沟通"，填列对应信息，编制工作底稿 BD-5，编制完成后如图 2-15 所示。

步骤四： 编制"了解和评价被审计单位对控制的监督（BD-6）"工作底稿。

点击"了解和评价被审计单位对控制的监督"，填列对应信息，编制工作底稿 BD-6，编制完成后如图 2-16 所示。

步骤五： 编制"了解和评价整体层面内部控制汇总表（BD-2）"工作底稿。

点击"了解和评价整体层面内部控制汇总表"，进行汇总编制，完成底稿 BD-2，如图 2-17 所示。

步骤六： 编制"在被审计单位整体层面了解和评价内部控制（BD-1）"工作底稿。

点击"在被审计单位整体层面了解和评价内部控制"，李丽根据步骤一至步骤五了解的情况填列对应信息，编制工作底稿 BD-1，如图 2-18 所示。

2

（一）信息系统与沟通

控制序号	控制目标	被审计单位的控制	实施的程序	执行人及日期	工作底稿索引号
1	向适当人员提供的信息充分、具体且及时，保证其能有效地履行职责	标明信息的有效期并经管理层认可； 定期监测企业的财务信息，并向财务总监汇报； 根据管理人员的级别，恰当确定需向其提供信息的详略程度； 适当进行信息汇总，既能提供相关的信息，又可在必要时进一步查阅相关细节； 有专人识别员工需要的信息并及时提供给员工	询问：2023年03月02日询问总经理朱嘉欣	执行人：李丽 日期：2023-03-02	
2	与财务报告相关的信息系统的开发及改善基于战略考虑，与被审计单位整体层面的信息系统紧密相关，有助于实现被审计单位整体层面和业务流程层面的目标	建立必要的机制（如信息系统指导委员会）识别新的信息需求； 由适当的人员确定对信息的需求及各项需求之间的优先次序； 制定与财务报告相关的信息系统的长期战略规划，且该计划随着被审计单位发展战略的及时更新，并与单位整体信息系统需求紧密相关	询问：2023年03月02日询问总经理朱嘉欣	执行人：李丽 日期：2023-03-02	
3	针对不恰当的事项和行为建立沟通渠道	员工手册说明就违反公司政策和行为守则的可疑行为沟通的方式； 建立恰当的信息沟通渠道，该渠道的信息接受者不是信息提供者的直接上司，如舞弊情况调查官员或者公司律师； 保障员工实际运用该沟通渠道； 向沟通员工反馈沟通事项的处理情况，并确保其不受打击报复	询问：2023年03月02日询问总经理朱嘉欣	执行人：李丽 日期：2023-03-02	
6	建立风险识别、应对机制以处理具有普遍影响的变化	设置能预期、识别和应对可能对整体目标和业务层次目标的实现产生影响的例行事件或作业活动的机制，将对日常变化的处理与风险分析程序联系；与变革相关的风险与机遇由足够高层次的管理层处理，以保证确认所有潜在的影响，并制定适当的行动计划；企业内部受变革严重影响的一切活动都纳入到程序之中	询问：2023年03月02日询问总经理朱嘉欣	执行人：李丽 日期：2023-03-02	
7	对于可能对被审计单位产生迅速、巨大并持久影响的变化，建立相应的识别和应对机制	增加员工；新增的或经过重新设计的信息系统；被审计单位的快速发展；新技术开发和应用；新增生产线、新产品、新设置的作业及新并购的企业；被审计单位重组；被审计单位开展海外经营活动	询问：2023年03月02日询问总经理朱嘉欣	执行人：李丽 日期：2023-03-02	
8	当被审计单位业务操作发生变化并影响交易记录的流程时，及时通知会计部门	当被审计单位业务操作发生变化并影响交易记录的流程时，召开部门会议进行讨论，会计部门必须参加	询问：2023年03月02日询问总经理朱嘉欣； 检查：检查部门会议记录等	执行人：李丽 日期：2023-03-02	
9	会计部门建立流程适应会计准则的重大变化	会计部门学习新准则法规以识别其重大变化；通过后续教育跟进会计准则的最新进展	询问：2023年03月02日询问总经理朱嘉欣； 检查：检查会计部门文件和制度	执行人：李丽 日期：2023-03-02	
10	政策和程序得到有效执行	管理层定期审查政策和程序的遵循情况	询问：2023年03月02日询问总经理朱嘉欣； 检查：检查相关考核文件	执行人：李丽 日期：2023-03-02	

图 2-15　了解和评价与财务报告相关的信息系统与沟通

2

了解和评价被审计单位对控制的监督

被审计单位：	绵阳有色金属制造有限公司	索引号：	BD-6
项目：	了解和评价被审计单位对控制的监督	财务报表截止日/期间：	2022-12-31
编制：	李丽	复核：	郑和气
日期：	2023-03-02	日期：	2023-03-02

编制说明：
1. 本审计工作底稿中列示的被审计单位的控制目标和控制，仅为说明有关表格的使用方法，并非对所有控制目标和控制的全面列示。在执行财务报表审计业务时，注册会计师应根据被审计单位的实际情况予以填写。
2. 如果拟信赖以前审计获取的审计证据，应通过询问并结合观察或者检查程序，获取控制活动是否已经发生变化的审计证据，并予以记录。
3. "被审计单位的控制"部分应记录被审计单位实际采取的控制；"实施的程序"部分应填写注册会计师针对上述控制计划采取的审计程序，包括询问、观察和检查等。
4. 注册会计师对控制的评价结论可能是：（1）控制设计合理，并得到执行；（2）控制设计合理，未得到执行；（3）控制设计无效或缺乏必要的控制

控制序号	控制目标	被审计单位的控制	实施的程序	执行人及日期	工作底稿索引号
1	经营业绩的对比监督	各部门负责人每月根据当月关键经营指标分析报告及与预算情况的对比监督其部门的经营成果，复核无误后签字确认其准确性，并提交财务部负责人和总经理审核	询问：2023年03月02日询问总经理朱嘉欣 检查：检查经营成果相关文件	日期：2023-03-02 执行人：李丽	
2	关键业绩指标的管理层复核	财务部每月编制财务快报并提交总经理复核，总经理对比审核财务快报和各部门的关键经营指标分析报告，以识别不寻常或未预期的趋势或关系	询问：2023年03月02日询问总经理朱嘉欣 检查：检查经营成果相关文件	日期：2023-03-02 执行人：李丽	
3	定期询问员工遵循公司行为守则的情况、重要控制活动执行的有效性	要求员工定期确认其切实遵循了行为守则的规定。 要求员工在执行重要控制工作（如调节指定账户金额）之后签名，留下执行证据。	询问：2023年03月02日询问总经理朱嘉欣	日期：2023-03-02 执行人：李丽	
4	内部控制制度对常规工作活动有效运行的保障程度能够评价	负责业务活动的管理人员将其在日常经营活动获得的生产、库存、销售或其他方面的信息与信息系统产生的信息相比较；将用于管理业务活动的经营信息与由财务报告系统所产生的财务资料相整合或者相比较，并分析差异。	询问：2023年03月02日询问总经理朱嘉欣	日期：2023-03-02 执行人：李丽	
5	管理层能够获得关于控制有效的反馈信息	通过培训课程、规划会议及其他会议，掌握提出的争议及问题；员工建议自下向上传递。	询问：2023年03月02日询问总经理朱嘉欣	日期：2023-03-02 执行人：李丽	
6	政策和程序得到有效执行	管理层定期审查政策和程序的遵循情况。	询问：2023年03月02日询问总经理朱嘉欣	日期：2023-03-02 执行人：李丽	

图 2-16   了解和评价被审计单位对控制的监督

了解和评价整体层面内部控制汇总表

被审计单位:	绵阳有色金属制造有限公司	索引号:	BD-2
项目:	了解和评价整体层面内部控制	财务报表截止日/期间:	2022-12-31
编制:	李丽	复核:	郑和气
日期:	2023-03-02	日期:	2023-03-02

1.整体层面内部控制要素

整体层面内部控制要素	是否进行了解?
控制环境	是
被审计单位的风险评估	是
与财务报告相关的信息系统与沟通	是
对控制的监督	是

2.了解整体层面内部控制

根据对整体层面内部控制的了解,记录如下:

(1)被审计单位是否委托服务机构执行主要业务活动? 如果被审计单位使用服务机构,将对审计计划产生哪些影响?

否,没有委托服务机构执行主要业务活动。

(2)在了解整体层面内部控制过程中是否进一步识别出其他风险? 如果已识别出其他风险,将对审计计划产生哪些影响?

否,经过进一步分析,未识别出其他风险。

3.相关的信息技术系统

智联系统。

图 2-17 了解和评价整体层面内部控制汇总表

在被审计单位整体层面了解和评价内部控制

被审计单位:	绵阳有色金属制造有限公司	索引号:	BD-1
项目:	被审计单位整体层面了解内部控制	财务报表截止日/期间:	2022-12-31
编制:	李丽	复核:	郑和气
日期:	2023-03-02	日期:	2023-03-02

在被审计单位整体层面了解和评价内部控制的工作包括:

1．了解被审计单位整体层面内部控制的设计,并记录所获得的了解。
2．针对被审计单位整体层面内部控制的控制目标,记录相关的控制活动。
3．执行询问、观察和检查等程序,评价控制的执行情况。
4．对被审计单位整体层面内部控制的设计和执行进行评价,记录内部控制要素存在的缺陷以及审计的影响。

了解被审计单位整体层面内部控制形成下列审计工作底稿:

索引号	底稿名称	
BD-2	了解和评价整体层面内部控制汇总表	
BD-3	了解和评价控制环境	
BD-4	了解和评价被审计单位风险评估过程	
BD-5	了解和评价与财务报告相关的信息系统与沟通	
BD-6	了解和评价被审计单位对控制的监督	

图 2-18 在被审计单位整体层面了解和评价内部控制

任务四　总体审计策略和确定重要性水平

2

审计准则:
中国注册会
计师审计准
则第1101号

【任务引例】

在对绵阳有色制定总体审计策略时,项目组成员就应确定本次审计的重要性水平。拿到未审报表后,项目组成员结合绵阳有色往期盈利水平,认为其利润比较稳定,遂选择以本年未审报表经常性业务的税前利润为基准,选择百分比为5%。按照财务报表整体的重要性 = 基准 × 百分比,得出报表整体重要性水平为440 000.00元。另考虑到此次为首次接受委托,将实际执行的重要性水平定为报表整体重要性水平的50%,即220 000.00元。

库存现金每日的限额是25 000.00元,重要性水平确定为限额的30%,即7 500.00元。应收账款比例较高,为制造类企业的重点审计项目,因此项目组成员将其实际执行的重要性水平定为30%。主营业务收入同样是制造类企业的审计重点,其实际执行的重要性水平定为30%。由于风险评估发现该企业在采购与付款循环内部控制存在缺陷,风险较大,因此项目组成员对存货和费用也执行较低的重要性水平。

【知识准备】

一、财务报表整体的重要性

财务报表整体的重要性水平的公式为:

$$财务报表整体的重要性水平 = 恰当的基准 × 经验百分比$$

恰当的基准取决于被审计单位的具体情况,注册会计师可根据被审计单位的业务性质和经营状况选择适用的基准,如表2-1所示。

表 2-1　被审计单位适用基准

被审计单位的业务性质或经营状况	恰当的基准
企业的盈利水平保持稳定	经常性业务的税前利润
企业近年来经营状况大幅度波动,盈利和亏损交替发生	过去三到五年经常性业务的税前利润或亏损绝对数的平均值
企业为新设企业,处于开办期,尚未开始经营,目前正在建造厂房及购买机器设备	总资产
企业处于新兴行业,目前侧重于抢占市场份额、扩大企业知名度和影响力	主营业务收入
某开放式基金,致力于优化投资组合、提高基金净值、为基金持有人创造投资价值	净资产
某国际企业集团设立在中国的研发中心,主要为集团下属各企业提供研发服务,并向相关企业收取成本	成本与营业费用总额
公益性质的基金会	捐赠收入或捐赠支出总额

以下举例说明对于几种常用的基准通常可能选择的百分比,如表 2-2 所示。

表 2-2　经验百分比

被审计单位的业务性质或经营状况	经验百分比
企业的盈利水平保持稳定	通常不超过税前利润的 5%,最高不超过 10%
企业近年来经营状况大幅度波动,盈利和亏损交替发生	通常不超过调整后税前利润的 5%,最高不超过 10%
企业为新设企业,处于开办期,尚未开始经营,目前正在建造厂房及购买机器设备	通常不超过资产总额的 0.5%,最高不超过 2%
企业处于新兴行业,目前侧重于抢占市场份额、扩大企业知名度和影响力	通常不超过主营业务收入的 1%,最高不超过 2%
某开放式基金,致力于优化投资组合、提高基金净值、为基金持有人创造投资价值	通常不超过净资产的 0.5%
某国际企业集团设立在中国的研发中心,主要为集团下属各企业提供研发服务,并向相关企业收取成本	通常不超过成本和费用总额的 1%,最高不超过 2%
公益性质的基金会	通常不超过捐赠收入或捐赠支出的 1%,最高不超过 2%

营业收入的百分比通常随基准金额大小发生变化。基准金额及对应的百分比如表 2-3 所示。

实际执行的重要性如表 2-4 所示。

表 2-3　不同基准适用百分比

基准金额（万元）	适用百分比
500 及以下	2.00%
501～1 000	1.50%
1 001～5 000	1.00%
5 001 及以上	0.50%

表 2-4　实际执行的重要性

接近财务报表整体重要性水平 50% 的情况	接近财务报表整体重要性水平 75% 的情况
（1）以前年度审计调整较多	（1）以前年度审计调整较少
（2）项目总体风险较高（如处于高风险行业,经常面临较大市场压力,首次承接的审计项目或者需要出具特殊目的审计报告等）	（2）项目总体风险较低（如处于低风险行业,市场压力较小等）

明显微小的错报如表 2-5 所示。

表 2-5　明显微小的错报

临界值低于报表整体重要性水平 5% 的情况	临界值高于报表整体重要性水平 5% 的情况
预计有较多审计调整	预计当年审计调整较少或金额不重大
以前年度调整较高或金额重大	以前年度调整较少或金额不重大
已识别出较多重大风险	风险评估结果为低
被审计单位的财务指标远高于监管机构的要求或投资者的期望	被审计单位的财务指标勉强达到监管机构的要求或投资者的期望
被审计单位希望知晓所有错报或低于财务报表整体重要性水平 5% 金额的错报	被审计单位希望仅沟通 >5% 的未更正错报

二、具体审计计划

（1）风险评估程序。

（2）进一步审计程序，包括：① 控制测试；② 实质性程序。

（3）其他审计程序，包括：① 舞弊；② 关联方交易；③ 法律法规考虑；④ 持续经营能力；⑤ 其他特殊事项。

【任务描述】

（1）制定总体审计策略并编制"总体审计策略（BI-1）"工作底稿。

（2）确定财务报表层次重要性水平和实际执行的重要性水平。

（3）确定特定类别、账户余额或披露的一个或多个重要性水平，并编制"数量方面重要性水平初步确定表（BI-2）"工作底稿。

【业务操作】

在左侧导航栏点击"风险评估工作底稿—总体审计策略底稿"进入调查底稿实训页面，如图 2-19 所示。

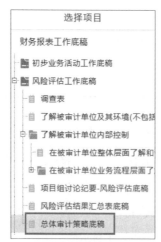

图 2-19　点击"总体审计策略底稿"

步骤一：编制"总体审计策略（BI-1）"工作底稿。

点击"总体审计策略底稿"，在项目经理及项目合伙人支持和安排下，依据经验判断和工作安排填列人员安排内容，如图 2-20 所示。

二、审计师时间安排

（一）报告时间要求

审计工作		时间	
1．提交审计报告草稿		2023-03-15	
2．签署正式审计报告		2023-03-15	

（二）执行审计工作的时间安排

审计工作		时间	
1．制定总体审计策略		2023-03-01	
2．制定具体审计计划		2023-03-01	

（三）沟通的时间安排

沟通		时间	
与管理层的沟通		2023-03-01	
与治理层的沟通		2023-03-01	
与其他人员的沟通		2023-03-01	

四、人员安排

（一）项目组成员

姓名	职级	主要职责	
王吉	项目合伙人	总体把握和协调	
郑和气	项目经理	总体把握和协调	
李丽	高级审计助理	资产类底稿和风险评估底稿、控制测试底稿	
马方	高级审计助理	负债类底稿和业务完成阶段底稿	
李克	高级审计助理	权益类和损益类底稿	

（二）质量控制复核人员

姓名	职级	主要职责	
郑和气	项目经理	项目组具体业务	
王吉	项目合伙人		
李祈福	福思特会计师事务所所长		

图 2-20　"总体审计策略（BI-1）"工作底稿

步骤二：编制"数量方面重要性水平初步确定表（BI-2）"工作底稿。

点击"数量方面重要性水平初步确定表"，以确定重要性水平的"基数"为例，根据绵阳有色往期报表以及与前任注册会计师沟通了解，绵阳有色近年来保持相对稳定的盈利水平，故选择其经常性业务的税前利润为基数。"百分比"方面，由于是首次接受委托，为保持职业谨慎,选取 50% 作为百分比,对于实际执行的重要性水平,按照本任务项下【知识准备】所述方法确定,如图 2-21 所示。

二、实际执行的重要性

财务报表整体的重要性	实际执行的重要性	说明
440000.00元	220000.00元	通常而言,实际执行的重要性通常为财务报表整体重要性的50%~75%。由于企业属于首次接受委托的审计项目,出于谨慎性考虑,将适用比例定为50%

三、特定类别的交易、账户余额或披露的重要性水平

是否存在特定类别的交易、账户余额或披露,其发生的错报金额虽然低于财务报表的整体重要性,但合理预期可能影响财务报表使用者依据财务报表作出的经济决策?		是

如是,完成以下内容:

交易、账户余额或披露	较低的重要性水平(元)	较低的实际执行的重要性水平(元)
库存现金	7500.00	5000.00
应收账款		132000.00
主营业务收入		132000.00
存货		132000.00
费用		132000.00

记录所考虑的因素

库存现金每日的限额是25000.00元,重要性水平确定为限额的30%,即7500.00元。

应收账款比例较高,为制造类企业的重点审计项目,因此将其实际执行的重要性水平定为30%。

主营业务收入同样是制造类企业的审计重点,其实际执行的重要性水平定为30%。

由于风险评估发现该企业在采购与付款循环内部控制存在缺陷,风险较大,因此对于存货和费用也执行较低的重要性水平。

四、明显微小错报的临界值

财务报表整体的重要性	明显微小错报的临界值	说明
440000.00元	13200.00元	财务报表整体重要性水平的3%

图 2-21 数量方面重要性水平初步确定表

小贴士:

如果合理预期错报(包括漏报)单独或汇总起来可能影响财务报表使用者的经济决策,则通常认为错报是重大的。

对重要性的判断是根据具体环境作出的,并受错报金额、性质或受两者共同影响。

考虑财务报表使用者整体共同的财务信息需求,不考虑错报对个别财务报表使用者可能产生的影响。

项 目 小 结

如图 2-22 所示,本项目对与被审计单位相关人员的沟通、了解被审计单位及其环境(不包括内部控制)、在被审计单位整体层面了解内部控制、总体审计策略和确定重要性水平四个工作任务进行了理论要点的梳理和实操要点的说明。其中,"总体审计策略"和"重要性水平"值得大家重点关注。

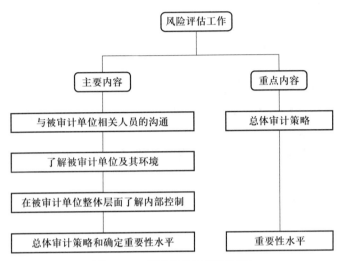

图 2-22　风险评估工作流程图

项 目 技 能 训 练

第一部分:练习题

一、单项选择题

1. 注册会计师为了评估风险和设计进一步审计程序,应当确定实际执行的重要性,实际执行的重要性跟重要性水平相比较的情况是(　　　)。

A. 实际执行的重要性更高

B. 实际执行的重要性更低

C. 两者相等

D. 实际执行的重要性略高

2. 下列关于重要性的说法中,错误的是(　　　)。

A. 重要性在计划审计工作和评价错报影响时都必须运用

B. 判断一项错报对财务报表是否重大,应当考虑对个别特定财务报表使用者产生的影响

2

C. 重要性水平是以财务报表使用者决策时对信息的需求为基础确定的

D. 不同环境下对重要性的判断可能是不同的

3. 在理解重要性概念时,下列表述中,错误的是（   ）。

A. 重要性取决于在具体环境下对错报金额和性质的判断

B. 如果一项错报单独或连同其他错报可能影响财务报表使用者依据财务报表作出的经济决策,则该项错报是重大的

C. 判断一项错报对财务报表是否重大,应当将使用者作为一个群体对共同性的财务信息的需求来考虑

D. 在重要性水平之下的小额错报,无需关注

4. 下列各项中,通常属于总体审计策略内容的是（   ）。

A. 对应收账款余额存在目标拟实施函证程序

B. 对存货余额存在目标拟实施监盘程序

C. 对审计资源的规划和安排

D. 对于被审计单位由专人核对发票上单价与商品价目表上单价的控制,拟选取部分发票与商品价目表进行核对

5. 甲企业是一个盈利水平比较稳定的企业,注册会计师在审计甲企业确定重要性时,通常选择的基准是（   ）。

A. 经常性业务的税前利润

B. 总资产

C. 营业收入

D. 净资产

6. 下列有关风险评估程序的说法中,错误的是（   ）。

A. 风险评估程序是注册会计师为了解被审计单位及其环境而执行的程序

B. 注册会计师执行风险评估程序,目的是识别和评估财务报表重大错报风险,无论该风险是由错误还是由舞弊导致的

C. 风险评估程序本身能为形成审计意见提供充分、适当的审计证据

D. 风险评估程序贯穿于审计过程始终

7. 下列有关应对重大错报风险的说法中,错误的是（   ）。

A. 如果认为仅通过实质性程序无法应对认定层次的重大错报风险,应当评价被审计单位针对这些风险设计的控制,并确定其执行情况

B. 高度自动化处理的情况下,注册会计师应考虑仅通过实施实质性程序不能获取充分适当审计证据的可能性

C. 当预期控制运行有效时,注册会计师应当实施控制测试

D. 应对重大错报风险时,注册会计师可以仅通过询问获取充分、适当的审计证据

8. 注册会计师在了解被审计单位采购业务的内部控制时发现了一项控制:经授权人员授权后对相关凭证进行注销以防止重复使用。该控制对采购业务的真实性非常重要,此时注册会计师的做法中正确的是（   ）。

A. 仅了解该项控制,而不再了解其他相关控制

B. 仍须了解与发生认定相关的其他控制

C. 需要对该控制进一步深入了解

D. 直接实施控制测试

9. 下列各项中,不属于内部控制环境内容的是（　　　）。

A. 对诚信和道德价值观念的沟通与落实

B. 管理层的理念和风格

C. 与财务报告有关的信息系统和沟通

D. 人力资源政策与实务

10. 下列需要了解的被审计单位及其环境的内容中,既属于内部因素又属于外部因素的是（　　　）。

A. 相关行业状况、法律环境与监管环境以及其他外部因素

B. 被审计单位对会计政策的选择和运用

C. 对被审计单位财务业绩的衡量和评价

D. 被审计单位的内部控制

二、多项选择题

1. 下列关于重大错报风险的说法中,正确的有（　　　　　）。

A. 在评估重大错报风险时,可以不考虑相关内部控制

B. 应当确定识别的重大错报风险是与财务报表整体相关,进而影响多项认定,还是与特定的各类交易、账户余额或披露的认定相关

C. 应当在了解被审计单位及其环境的整个过程中识别风险

D. 注册会计师应当将所了解的控制与特定认定相联系,以评估认定层次的重大错报风险

2. 注册会计师在对被审计单位内部控制进行初步的风险评估,评价业务流程层面的控制要素时,考虑的影响因素有（　　　　　）。

A. 管理层及执行控制的员工表现出来的胜任能力及诚信度

B. 员工受监督的程度及员工流动的频繁程度

C. 管理层凌驾于控制之上的潜在可能性

D. 所审计期间内部审计人员或其他监督人员测试控制运行情况的程度

3. 下列各项中,属于完整的财务报告流程应包括的要素有（　　　　　）。

A. 业务数据汇总计入总账的程序

B. 总账中生成、记录和处理分录的程序

C. 记录对财务报表常规和非常规调整的程序

D. 草拟财务报表和相关披露的程序

4. 下列选项中,属于风险评估中进行的工作有（　　　　　）。

A. 了解被审计单位及其环境

B. 确定需要特别考虑的重大错报风险

C. 识别和评估财务报表层次重大错报风险

D. 实质性分析程序

5. 下列关于风险评估程序的说法中,正确的有（　　　　　）。

A. 为了解被审计单位及其环境而实施的程序就是风险评估程序

B. 注册会计师实施风险评估程序是为了识别和评估财务报表重大错报风险

C. 注册会计师应当实施的风险评估程序包括询问管理层和被审计单位内部其他人员、分析程序、观察和检查

D. 注册会计师应当在了解被审计单位及其环境的每一个方面实施询问、观察、检查和分析程序

6. 以下对于注册会计师了解经营风险的说法中,恰当的有( )。

A. 经营风险可能源于不恰当的目标和战略

B. 所有经营风险均与财务报表重大错报风险相关

C. 多数经营风险最终都会产生财务后果,从而影响财务报表

D. 经营风险可能对某些交易、账户余额和披露认定产生重大而且直接的影响

7. 下列关于风险评估的说法中,错误的有( )。

A. 风险评估程序不能为形成审计意见提供充分、适当的审计证据

B. 注册会计师应当充分识别和评估财务报表层次重大错报风险,以设计和实施进一步审计程序

C. 注册会计师应当根据职业判断选择是否需要了解被审计单位及其环境以及需要了解的程度

D. 注册会计师仅需要在审计计划阶段了解被审计单位及其环境,以应对识别和评估的重大错报风险

8. 下列对于明显微小的错报的理解中,错误的有( )。

A. 明显微小即不重大

B. 注册会计师不需要累积明显微小的错报

C. 明显微小错报的临界值不得超过财务报表整体重要性的10%

D. 注册会计师需要在制定审计计划时预先设定明显微小错报的临界值

9. 下列因素中,属于注册会计师在评价财务报告编制基础的可接受性时,需要考虑的有( )。

A. 被审计单位的性质

B. 财务报表的目的

C. 法律法规是否规定了适用的财务报告编制基础

D. 财务报表的性质

10. 下列情形中,注册会计师可能认为需要在审计过程中修改财务报表整体的重要性的有( )。

A. 被审计单位情况发生重大变化

B. 注册会计师获取新的信息

C. 通过实施进一步审计程序,注册会计师对被审计单位及其经营情况的了解发生变化

D. 审计过程中累积错报的汇总数接近财务报表整体的重要性

三、综合题

ABC会计师事务所首次接受委托,审计甲公司2022年度财务报表,甲公司处于新兴行业,面临较大竞争压力,目前侧重于抢占市场份额,审计工作底稿中与重要性和错报评价相关的部分内容摘录如下:

（1）考虑到甲公司所处市场环境，财务报表使用者最关注收入指标，审计项目组将营业收入作为确定财务报表整体重要性的基准。

（2）经与前任注册会计师沟通，审计项目组了解到甲公司以前年度内部控制运行良好、审计调整较少，因此，将实际执行的重要性确定为财务报表整体重要性的75%。

（3）审计项目组认为无需对金额低于实际执行的重要性的财务报表项目实施进一步审计程序。

（4）在运用审计抽样实施细节测试时，考虑到评估的重大错报风险水平较低，审计项目组将可容忍错报的金额设定为实际执行的重要性的120%。

要求：逐项指出审计项目组的做法是否恰当，如不恰当，简要说明理由。

第二部分：实训题

以福思特审计人员的身份登录审计之友平台，选择"绵阳有色金属制造有限公司"案例实训，完成该公司风险评估工作的实操任务。

项目三　采购与付款循环审计

◆ **项目引导**

深圳某超市采购经理因收受了厂商大量的"好处费",大额采购某厂商的商品并压缩其他同类商品的采购量,被供应商揭露而导致该高层的盘底调查,最后东窗事发。该采购权的归口管理权由该采购经理来全权执掌。如果上层看出了品类结构或库存积压问题,他就以这个时期市场情况有变,竞争原因等搪塞。未出现特别重大的事故,上层是不会对采购经理进行盘底调查的,公司在制度上并没有这个规定,上层也不想在这一方面兴师动众多耗精力,这就给采购造成"黑洞"。

该案例暴露出公司采购环节存在诸多缺陷,例如,因为公司在采购过程中并无明确的计划安排,采购经理可以随意决定采购数量和进度,进而通过不合理的采购安排进行舞弊。

案例思考:

1. 采购与付款循环审计常见的审计风险有哪些?

2. 如何做好采购与付款循环审计?

提示:

1. 明确审计任务,确定审计重点。

2. 编制审计计划。

◆ **教学目标**

1. 知识目标

(1)了解采购与付款循环涉及的主要业务活动。

(2)熟悉采购与付款循环涉及的主要凭证、分录、报表项目。

(3)掌握采购与付款循环内部控制的关键环节及其控制措施。

(4)掌握原材料采购与付款循环内部控制测试。

(5)熟悉采购与付款循环涉及的相关账户的实质性审计程序。

(6)了解采购与付款循环中常见会计差错及其审计风险。

(7)掌握采购与付款循环中相关审计工作底稿的编制方法。

2. 技能目标

(1)能识别被审计单位采购与付款循环的主要业务活动。

(2)能正确运用审计方法和程序,获取采购与付款循环审计证据。

（3）能设计采购与付款循环审计控制测试和实质性测试程序。

（4）能识别采购与付款循环审计风险。

（5）能正确编制采购与付款循环业务的审计工作底稿。

3. 素养目标

（1）通过对采购与付款内部控制的了解,培育严谨、精益求精的工匠精神。

（2）通过对应付账款函证的学习,培养独立、一丝不苟的工作态度。

（3）通过具体研究、合理判断,确定采购合理性,培养审计专业判断能力。

◆ 知识导图

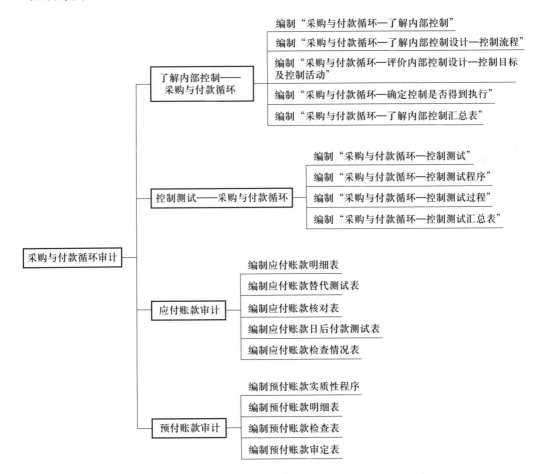

任务一　了解内部控制——采购与付款循环

【任务引例】

　　会计师事务所安排李丽、郑和气负责对采购与付款循环进行审计。审计师李丽了解到绵阳有色是一家生产和销售有色金属的制造业企业,其现行的采购政策和程序已经执行董事批准,如果需对该项政策和程序作出任何修改,均应经执行董事批准后方能执行。本年度该项政策和程序没有发生变化。

　　绵阳有色生产所需的原材料主要包括有色金属镁、铝、铜;与原材料供应商签订长期采购合同;该公司采用智联系统处理采购与付款交易,自动生成记账凭证和供应商清单,并编制应付账款明细账和总账。

【知识准备】

　　本任务主要了解采购与付款循环涉及的主要业务活动和相关的内部控制,执行穿行测试等程序,证实对业务流程和相关控制活动的了解,并确定相关控制是否得到执行。

一、采取的审计程序

　　采取的审计程序主要包括:询问、观察、检查。

二、涉及的主要业务活动及内部控制

（一）采购

　　（1）管理层必须核准所有采购订单。对非经常性和超过特定金额的采购,以及其他特殊的采购事项,应取得较高层次管理层的核准,并适当记录。

　　（2）由不负责输入采购订单的人员比较采购订单数据与支持性文件（如请购单）是否相符。

　　（3）采购订单连续编号,采购订单的顺序已被记录。

（二）记录应付账款

　　（1）对采购发票与验收单不符的事项进行调查;如果付款金额与采购发票金额不符,应经适当层次管理层核准。

　　（2）对已接受劳务的发票进行授权并附有适当的支持性文件。

　　（3）定期与供应商对账,如有差异应及时进行调查和处理。

　　（4）检查资产负债表日前后已接受的劳务以确保其完整并记录于适当期间。

（三）付款

　　（1）管理层在核准付款前复核支持性文件,在签发支票后注销相关文件。

　　（2）定期将日记账中的付款记录与银行对账单进行核对。

（四）维护供应商档案

　　（1）核对供应商档案变更记录和原始授权文件,确定已正确处理。

　　（2）对供应商档案变更应连续编号,确定编号顺序已被记录。

　　（3）管理层定期复核供应商档案的正确性并确保其及时更新。

三、执行穿行测试

　　对与采购材料有关的业务活动的控制执行穿行测试:

　　（1）采购:请购单编号—请购内容—请购单是否得到适当审批—采购订单编号。

　　（2）记录应付账款:供应商发票编号—验收单编号—供应商发票所载内容与采购订单、验收单的内容是否相符—记账凭证编号—是否记入应付账款贷方。

（3）付款:记账凭证编号—记账凭证是否得到会计主管的适当审批—电汇凭证订单号—收款人名称—汇款是否已支付给恰当的供应商。

【任务描述】

根据了解的绵阳有色采购与付款循环的内部控制编制相关工作底稿,包括:

（1）编制"采购与付款循环—了解内部控制（BE-1）"工作底稿。

（2）编制"采购与付款循环—了解内部控制设计—控制流程（BE-3）"工作底稿。

（3）编制"采购与付款循环—评价内部控制设计—控制目标及控制活动（BE-4）"工作底稿。

（4）编制"采购与付款循环—确定控制是否得到执行（BE-5）"工作底稿。

（5）在上述任务基础上编制"采购与付款循环—了解内部控制汇总表（BE-2）"工作底稿。

【业务操作】

步骤一:编制"采购与付款循环—了解内部控制"工作底稿（BE-1）和"采购与付款循环—了解内部控制设计—控制流程（BE-3）"工作底稿。

点击"了解内部控制",李丽根据与治理层的沟通,填列对应信息,编制工作底稿 BE-1、工作底稿 BE-3,填列完整后如图 3-1 和图 3-2 所示。

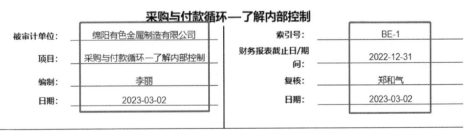

采购与付款循环—了解内部控制

被审计单位:	绵阳有色金属制造有限公司	索引号:	BE-1
项目:	采购与付款循环—了解内部控制	财务报表截止日/期间:	2022-12-31
编制:	李丽	复核:	郑和气
日期:	2023-03-02	日期:	2023-03-02

了解本循环内部控制的工作包括:

1. 了解被审计单位采购与付款循环中与财务报告相关的业务流程,并记录获得的了解。
2. 了解被审计单位与审计相关的内部控制,并记录相关控制活动及控制目标,以及受该控制活动影响的交易类别、账户余额和披露及其认定。
3. 执行穿行测试等程序,证实对业务流程和相关控制活动的了解,并确定相关控制是否得到执行。
4. 记录在了解和评价采购与付款循环的控制设计和执行过程中识别的风险,以及拟采取的应对措施。

了解本循环内部控制形成下列审计工作底稿:

BE-2	了解内部控制汇总表
BE-3	了解业务流程
BE-4	评价内部控制设计—控制目标及控制活动
BE-5	确定控制是否得到执行（穿行测试）

图 3-1 编制工作底稿 BE-1

采购与付款循环—了解内部控制设计—控制流程

被审计单位:	绵阳有色金属制造有限公司	索引号:	BE-3
项目:	采购与付款循环	财务报表截止日/期间:	2022-12-31
编制:	李丽	复核:	郑和气
日期:	2023-03-02	日期:	2023-03-02

(1)采购

1. 材料采购

生产部门填写请购单(一式三联),经生产经理杨静华签字审批。

采购部门收到请购单后,对金额在人民币5000元以下的请购单由采购经理杨子健负责审批;金额为人民币5000~50000元的请购单由总经理朱嘉欣负责审批;金额超过人民币50000元的请购单需经执行董事审批。

根据经恰当审批的请购单,采购信息管理员黄廷伟将有关信息输入智联系统,系统将自动生成连续编号的采购订单(此时系统显示为"待处理"状态)。每周,采购信息管理员黄廷伟核对本周内生成的采购订单,将请购单和采购订单存档管理,对任何不连续编号的情况将进行检查。

采购员罗宁杰根据系统显示的"待处理"采购订单信息,安排供应商发货、开具采购发票以及仓储验收等事宜。

每周,财务部门会计孟子航汇总本周内生成的所有采购订单并与请购单核对,编制采购信息报告。如采购订单与请购单核对相符,会计孟子航即在采购信息报告上签字。如有不符,会计孟子航将通知采购信息管理员黄廷伟,与其共同调查该事项。会计孟子航还需在采购信息报告中注明不符事项及其调查结果。

绵阳有色金属制造有限公司未发生退货交易。

2. 费用支出

需发生销售(管理)费用支出的部门填写费用报销单,其部门经理可以审批金额人民币5000元以下的费用;金额为人民币5000元~50000元的费用由总经理朱嘉欣负责审批;金额在人民币50000元以上的费用则需得到执行董事的批准。

注:1.此处应记录对被审计单位请购、审批、采购流程的了解。例如,请购与审批、询价、采购合同的订立和审批、采购合同管理等。
2.验收环节控制活动记录于生产与仓储循环的审计工作底稿(SCL)。

(2)记录应付账款

1. 材料采购

收到采购发票后,会计孟子航将发票所载信息和验收单、采购订单进行核对。如所有单据核对一致,会计孟子航在发票上加盖"相符"印戳并将有关信息输入系统,此时系统自动生成记账凭证过至明细账和总账,采购订单的状态也由"待处理"自动更改为"已处理"。

每月终了,如果采购的材料已经运达绵阳有色金属制造有限公司,供应商已提供采购发票,但材料尚未经验收入库,则会计孟子航将采购发票单独存放,待下一月份收到验收单时再按上述流程输入系统。

2. 费用支出

发生销售(管理)费用的部门收到费用发票后,其部门经理签字确认并交至会计孟子航。

会计孟子航对收到的费用发票、费用报销单和其他单据进行核对,核对内容包括有关单据是否经恰当人员审批,金额是否相符等。如所有单据核对一致,会计孟子航在发票上加盖"相符"印戳并将有关信息输入系统,此时系统自动生成记账凭证过至明细账和总账。

每月终了,对已经发生尚未收到费用发票的支出,绵阳有色金属制造有限公司不进行账务处理。

图 3-2　编制工作底稿 BE-3

小贴士:

1. 在了解控制的设计并确定其是否得到执行时,注册会计师通常通过询问被审计单位人员、观察特定控制的运用、检查文件和报告或追踪交易在财务报告信息系统中的处理(穿行测试),并记录所获取的信息和审计证据来源。

2. 如果拟利用以前审计获取的与控制运行有效性相关的审计证据,应当考虑被审计单位的业务流程和相关控制自上次测试后是否发生重大变化,以及这些变化是否会影响以前审计获取的审计证据的持续相关性。

步骤二:编制"采购与付款循环—评价内部控制设计—控制目标及控制活动(BE-4)"工作底稿。

点击"了解内部控制设计—控制流程",李丽通过访谈、实地查看绵阳有色采购与付款业务,记录对控制流程的了解,填列对应信息,编制工作底稿 BE-4,填列完整后如图 3-3 所示。

主要业务活动	控制目标	受影响的相关交易和账户余额及其认定	常用的控制活动	被审计单位的控制活动	控制活动对实现控制目标是否有效(是/否)
采购	只有经过核准的采购订单才能发给供应商	应付账款:存在 管理费用:发生 销售费用:发生	管理层必须核准所有采购订单,对非经常性和超过特定金额的采购,以及其他特殊的采购事项,应取得较高层次管理层的核准,并适当记录	采购部门收到请购单后,对金额在人民币5000元以下的请购单由采购经理杨子健负责审批;金额为人民币5000~50000元的请购单由总经理朱嘉欣负责审批;金额超过人民币50000元的请购单需经执行董事审批。需发生销售(管理)费用支出的部门填写费用报销单,其部门经理可以审批金额人民币5000元以下的费用;金额为人民币5000~50000元的费用由总经理朱嘉欣负责审批;金额在人民币50000元以上的费用则需要得到执行董事的批准	是
采购	已记录的采购订单内容准确	应付账款:计价和分摊 管理费用:准确性、分类 销售费用:准确性、分类	由不负责输入采购订单的人员比较采购订单数据与支持性文件(如请购单)是否相符	采购信息管理员黄廷伟将有关信息输入智联系统,系统将自动生成连续编号的采购订单(此时系统显示为"待处理"状态)。每周,财务部门会计孟子航汇总本周内生成的所有采购订单并与请购单核对,编制采购信息报告。如采购订单与请购单核对相符,会计孟子航即在采购信息报告上签字。如有不符,会计孟子航将通知采购信息管理员黄廷伟,请其调查该事项并提交调查结果。会计孟子航还需在采购信息报告中注明不符事项及其调查结果	是
采购	采购订单均已得到处理	应付账款:完整性	采购订单连续编号,采购订单的顺序已被记录	采购订单由智联系统按顺序的方式予以编号。每周会计孟子航在编制采购信息报告时,采购信息管理员黄廷伟亦会核对这些采购订单,对任何不符合连续编号的情况将会进行调查并将调查结果提交给会计孟子航,会计孟子航编制采购信息报告并附上调查结果	是

图 3-3 编制工作底稿 BE-4

步骤三:编制"采购与付款循环—确定控制是否得到执行(BE-5)"工作底稿。

点击"评价内部控制设计—控制目标及控制活动",李丽记录与实现控制目标相关并计划执行穿行测试的控制活动,填列对应信息,编制工作底稿 BE-5,填列完整后如图 3-4 所示。

询问的内容	文字描述	不适用
2022年营销策略的变化	无重大变化	
本年度的销售趋势和未来的销售趋势预测	本年度销售额比2021年上涨20%左右,明年销售目标定为环比上涨25%	
贵公司有哪些关键客户	公司合作客户较多,并无关键客户,没有关联方交易	
贵公司主要产品及描述	生产、加工、销售铝合金和镁合金。主要产品就是铝合金和镁合金	
贵公司销售地区与行业分布	都是在国内销售,主要分布于广东、广西、四川、湖北、山东等地区,主要销售于一些机械制造、航空制造、汽车制造等企业	
贵公司有无线上销售或者委托外部机构销售	无	

受访人签字:张致恒

审计说明:

销售状况无重大变化

图 3-4 编制工作底稿 BE-5

小贴士:

穿行测试是注册会计师通过追踪交易在财务报告信息系统中的处理过程,证实其对控制的了解、评价控制设计的有效性以及确定控制是否得到执行的一种审计程序。它是注册会计师了解被审计单位业务流程及其相关控制时经常使用的审计程序,但它不是单独的一种程序,而是将多种程序按特定审计需要进行结合运用的方法。其目的是确认对业务流程(包括相关书面记录)的了解是否准确和完整(借助交易轨迹来追查每个交易种类的某笔交易,与此同时,确认和观察有关的控制政策和程序);评价控制设计是否能及时预防或发现并纠正重大错报;确定控制是否得到执行(穿行测试更多地在了解内部控制时运用,检查内控是否得到相应的设计和执行)。

步骤四:编制"采购与付款循环—了解内部控制汇总表(BE-2)"工作底稿。

点击"确定控制是否得到执行",李丽通过访谈、实地察看,抽取样本,填列对应信息,编制工作底稿 BE-2,填列完整后如图 3-5 所示。

1.受本循环影响的相关交易和账户余额

应付账款、管理费用、销售费用

(注: 1.此处仅列示主要交易和账户余额,注册会计师应当根据被审计单位的实际情况确定受本循环影响的交易和账户余额。例如,受本循环影响的账户余额可能还包括预付账款。2.现金、银行存款等货币资金账户余额受多个业务循环的影响,不能完全归属于任何单一的业务循环。在实务中,在考虑与货币资金有关的内部控制对其实质性程序的影响时,注册会计师应当综合考虑各相关业务循环内部控制的影响;对于未能在相关业务循环涵盖的货币资金内部控制,注册会计师可以在货币资金具体计划中记录对其进行的了解和测试工作。)

2. 主要业务活动

主要业务活动	是否在本循环中进行了解?
采购	是
记录应付账款	是
付款	是
维护供应商档案	是

(注: 注册会计师通常应在本循环中了解与上述业务活动相关的内部控制,如果计划在其他业务循环中对上述一项或多项业务活动的控制进行了解,应在此处说明原因。)

3.了解交易流程

根据对交易流程的了解,记录如下:

(1)是否委托其他服务机构执行主要业务活动? 如果被审计单位使用其他服务机构,将对审计计划产生哪些影响?

否,被审计单位未委托服务机构执行主要业务活动。

(2)是否制定了相关的政策和程序以保持适当的职责分工? 这些政策和程序是否合理?

制定了相关的政策和程序以保持适当的职责分工,这些政策和程序合理。

图 3-5 采购与付款循环—了解内部控制汇总表(BE-2)

任务二 控制测试——采购与付款循环

【任务引例】

李丽和郑和气针对了解的被审计单位采购与付款循环的控制活动,确定拟进行测试的控制活动以此测试控制运行的有效性,记录测试过程和结论。根据测试结论,确定对实质性程序的性质、时间安排和范围的影响。

【知识准备】

对原材料采购与付款循环涉及的控制测试主要采取以下方法。

一、请购

抽取若干张请购单,检查摘要、数量、日期及相应文件的完整性和是否得到审批。

二、订购

主要审查订购单的日期、摘要、数量、价格、规格、质量及运输要求是否完整。

三、验收

检查验收单的编号及内容填写是否完整,是否附有相应的请购单和订购单,并且通过观察,了解验收人员的实际验收过程。

四、编制付款凭单、确认与记录负债

检查每张付款凭单与请购单、验收单和采购发票所载信息是否一致,发票上是否加盖了"相符"印戳,根据应付款凭证记录的内容,分别追查应付账款和存货明细账与总账是否平行登记,金额是否一致。

五、付款

检查审计付款是否审批;付款回单(支票)是否与应付凭单一致;支票是否由授权人签发;是否登记支票登记簿;编号次序是否正确;付款与相应的应付账款明细及银行存款日记账核对;金额是否一致;编制凭证和付款岗位是否分离。

【任务描述】

根据对绵阳有色采购与付款循环实施控制测试编制相关工作底稿,包括:
(1)编制"采购与付款循环—控制测试(BF-1)"审计工作底稿。
(2)编制"采购与付款循环—控制测试程序(BF-2)"审计工作底稿。
(3)编制"采购与付款循环—控制测试过程(BF-3)"审计工作底稿。
(4)在上述任务基础上编制"采购与付款循环—控制测试汇总表(BF-4)"工作底稿。

【业务操作】

步骤一：编制"采购与付款循环—控制测试（BF-1）"工作底稿。

通过"资料查看—其他资料"找到"采购与付款循环—了解内部控制"工作记录，确定采购与付款循环内部控制测试的主要内容及需要的审计工作底稿，根据编制说明，了解后续流程以及工作底稿的用途，并根据绵阳有色审计项目的具体安排填列基本信息，如图 3-6 所示。

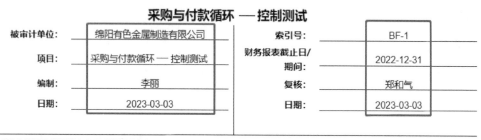

采购与付款循环 — 控制测试

被审计单位：	绵阳有色金属制造有限公司	索引号：	BF-1
项目：	采购与付款循环 — 控制测试	财务报表截止日/期间：	2022-12-31
编制：	李丽	复核：	郑和气
日期：	2023-03-03	日期：	2023-03-03

测试本循环控制运行有效性的工作包括：

1．针对了解的被审计单位采购与付款循环的控制活动，确定拟进行测试的控制活动。
2．测试控制运行的有效性，记录测试过程和结论。
3．根据测试结论，确定对实质性程序的性质、时间安排和范围的影响。

了解本循环内部控制形成下列审计工作底稿：

BF-4	控制测试汇总表
BF-2	控制测试程序
BF-3	控制测试过程

编制说明：

本审计工作底稿用以记录下列内容：

图 3-6 采购与付款循环—控制测试

步骤二：编制"采购与付款循环—控制测试程序（BF-2）"工作底稿。

执行并记录采购与付款循环控制测试的执行情况，针对采购与付款循环的主要业务活动分别设计拟执行的控制测试具体程序、有关控制的执行频率、拟测试的样本数量以及执行相关程序的工作底稿的索引等，编制审计工作底稿"采购与付款循环—控制测试程序（BF-2）"，如图 3-7 所示。

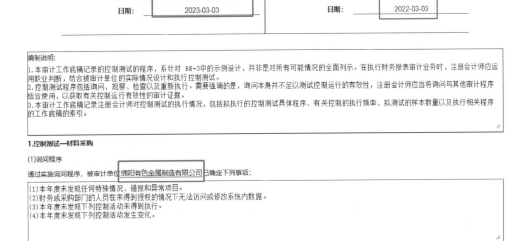

图 3-7 采购与付款循环—控制测试程序

小贴士:

1. 本审计工作底稿记录的控制测试的程序,系针对BE-3中的示例设计,并非对所有可能情况的全面列示。在执行财务报表审计业务时,注册会计师应运用职业判断,结合被审计单位的实际情况设计和执行控制测试。

2. 控制测试程序包括询问、观察、检查以及重新执行。需要强调的是,询问本身并不足以测试控制运行的有效性,注册会计师应当将询问与其他审计程序结合使用,以获取有关控制运行有效性的审计证据。

3. 本审计工作底稿记录注册会计师对控制测试的执行情况,包括拟执行的控制测试具体程序、有关控制的执行频率、拟测试的样本数量以及执行相关程序的工作底稿的索引。

步骤三:编制"采购与付款循环—控制测试过程(BF-3)"工作底稿。

点击"采购与付款循环—控制测试过程",开始记录并编写控制测试的过程:通过表内1至6项的业务活动控制,结合上一环节确定的控制测试程序,开始执行控制测试,并填写相关信息。以"1. 与采购材料有关的业务活动的控制"为例,选取编号为"202201001"的请购单和对应凭证,摘取相关信息并填于表中对应部分,其他业务活动的测试过程同理,具体填写后的结果信息,详见工作底稿BF-3,如图3-8所示。

图 3-8 采购与付款循环—控制测试过程

步骤四：编制"采购与付款循环—控制测试汇总表（BF-4）"工作底稿。

通过"资料查看—其他资料"查询到"采购与付款循环—了解内部控制汇总表"工作记录，了解到审计人员李丽将检查、观察、询问等程序结合运用，评价采购与付款循环的控制设计是否能及时预防或发现并纠正重大错报。汇总记录对了解采购与付款循环内部控制形成的初步结论和测试结论，进一步确定后续审计方案，将得到的结论填列在"采购与付款循环—控制测试汇总表（BF-4）"中，如 3-9 所示。

图 3-9 采购与付款循环—控制测试汇总表

任务三　应付账款审计

【任务引例】

马方和郑和气获取了绵阳有色应付账款明细表。对绵阳市供电局、绵阳市自来水公司、上海市德阳动力机械有限公司的应付账款进行替代测试,并核对了记账凭证和购货发票,对应付账款实施了实质性程序。

【知识准备】

本任务是在完成采购与付款循环内部控制了解和测试的审计基础上,根据审计结果完成应付账款的实质性审计。

一、审计目标

（1）资产负债表中记录的应付账款是存在的。

（2）应当记录的应付账款均已记录。

（3）记录的应付账款由被审计单位拥有或控制。

（4）应付账款以恰当的金额包括在财务报表中,与之相关的计价调整已恰当记录。

（5）应付账款已按照企业会计准则的规定在财务报表中作出恰当列报。

二、审计程序

（1）获取或编制应付账款明细表。

（2）根据被审计单位实际情况,对应付账款执行实质性分析程序。

（3）函证应付账款。一般情况下,并非必须函证应付账款,这是因为函证不能保证查出未记录的应付账款,况且注册会计师能够取得采购发票等外部凭证来证实应付账款的余额。但如果控制风险较高,某应付账款明细账户金额较大,则应考虑进行应付账款的函证。

（4）检查应付账款是否计入了正确的会计期间,是否存在未入账的应付账款。

① 检查债务形成的相关原始凭证,如供应商发票、验收报告或入库单等,查找有无未及时入账的应付账款,确认应付账款期末余额的完整性。

② 检查资产负债表日后应付账款明细账贷方发生额的相应凭证,关注其购货发票的日期,确认其入账时间是否合理。

③ 获取被审计单位与其供应商之间的对账单,并将对账单和被审计单位财务记录之间的差异进行调节,查找有无未入账的应付账款,确定应付账款金额的准确性。

④ 针对资产负债表日后付款项目,检查银行对账单及有关付款凭证,询问被审计单位内部或外部的知情人员,查找有无未及时入账的应付账款。

⑤ 结合存货监盘程序,检查被审计单位在资产负债日前后的存货入库资料（验收报告或入库单）,检查是否有大额货到单未到的情况,确认相关负债是否计入了正确的会计期间。

【任务描述】

根据对绵阳有色应付账款实施实质性程序,编制相关工作底稿,包括:

(1)编制"应付账款明细表(DD-3)"工作底稿。

(2)编制"应付账款替代测试表(DD-4)"工作底稿。

(3)编制"应付账款核对表(DD-5)"工作底稿。

(4)编制"应付账款日后付款测试表(DD-7)"工作底稿。

(5)编制"应付账款检查情况表(DD-10)"工作底稿。

【业务操作】

以审计助理李丽的身份在左侧导航栏依次点击"进一步审计工作底稿""实质性程序""采购与付款循环—应付账款",进入应付账款实质性程序底稿实训页面,如图 3-10所示。

图 3-10 进入应付账款审计实训界面

步骤一:编制"应付账款明细表(DD-3)"。

打开"应付账款明细表"标签页,通过"资料查看—账簿"查询到应付账款总账及明细账等资料,如图 3-11 和 3-12 所示。

会计科目名称:应付账款   本户页次 | 1

2022 月	日	凭证 字号	摘 要	借 方	贷 方	借或贷	余 额	核对分号
12	1		期初余额			贷	19905556	
	11	记-7	支付上月水电费	715303		贷	19190253	
	31	记-17	收到本月水电费缴款通知		718571	贷	19908824	
	31		本月合计	715303	718571	贷	19908824	
	31		本年合计	97321331	114172235	贷	19908824	

图 3-11 应付账款总账

图 3-12 应付账款明细账

点击"应收账款明细表",根据期末余额账明细填列,包括借方余额、贷方余额和合计数。编制"工作底稿 DD-3",填列完整后如图 3-13 所示。

图 3-13 应付账款明细表

步骤二:编制"应付账款替代测试表（DD-4）"。

马方对未回函或未发函客户实施替代性测试,通过"资料查看—账簿"查询到应付账款总账及明细账,抽取 2022 年 6 月上海德阳动力机械有限公司、2022 年 12 月绵阳市供电局和绵阳市自来水公司应付账款贷方发生额,检查对应的 2022 年 6 月记字第 17 号、2022 年 12 月记字第 17 号原始凭证内容是否完整,记账凭证与原始凭证是否相符,账务处理是否正确,同理抽取 2022 年 1 月、2022 年 7 月应付账款借方发生额,编制工作底稿 DD-4,填列完整后如图 3-14 所示。

应付账款替代测试表

被审计单位:	绵阳有色金属制造有限公司		索引号:	DD-4
项目:	应付账款替代测试表		财务报表截止日/期间:	2022-12-31
编制:	马方		复核:	郑和气
日期:	2023-03-07		日期:	2023-03-07

一、期初余额

二、贷方发生额

入账金额				检查内容(用"√"、"×"表示)			
序号	日期	凭证号	金额	①	②	③	④
1	2022-12-31	记17	6851.43	√	√	√	
2	2022-12-31	记17	334.28	√	√	√	
3	2022-06-26	记17	100005.00	√	√	√	
小计			107190.71				
全年贷方发生额合计				1148725.91			
测试金额占全年贷方发生额的比例				9.33%			

三、借方发生额

入账金额				检查内容(用"√"、"×"表示)			
序号	日期	凭证号	金额	①	②	③	④
1	2022-01-09	记10	6648.18	√	√	√	
2	2022-01-09	记10	314.02		√	√	

图 3-14 应付账款替代测试表(部分)

步骤三:编制"应付账款核对表(DD-5)"。

点击"应付账款核对表",通过"资料查看—账簿"查询到应付账款总账及明细账,审计员马方对2022年全年发生的应付账款抽样检查,核对明细账凭证、入库单、购货发票是否一致,确定会计处理是否正确。填列对应信息,编制工作底稿DD-5,编制完成后如图3-15所示。

图 3-15 应付账款核对表

3

步骤四：编制"应付账款日后付款测试表（DD-7）"。

点击"应付账款日后付款测试表"，通过"资料查看—账簿"查询到2023年1月支付上月应付账款金额，包括货款和水电费。马方针对资产负债表日后付款项目，检查银行对账单及有关付款凭证，询问被审计单位内部或外部的知情人员，查找有无未及时入账的应付账款。填列对应信息，完成底稿DD-7，如图3-16所示。

应付账款日后付款测试表

被审计单位：	绵阳有色金属制造有限公司		索引号：		DD-7
项目：	应付账款日后付款测试表		财务报表截止日/期间：		2022-12-31
编制：	马方		复核：		郑和气
日期：	2023-03-07		日期：		2023-03-07

从资产负债表日后的付款凭证中抽取若干张：

序号	金额	银行对账单日期	支票		明细账凭证		说明	截止是否适当
			编号	日期	编号	日期		
1	7185.71	2023-01-11	21456722	2023-01-11	记9	2023-01-11	支付上月水电费	是
2	18502.00	2023-01-13	10200021	2023-01-13	记11	2023-01-13	支付货款	是

审计说明：

经测试，日后付款无异常。

图3-16　应付账款日后付款测试表

步骤五：编制"应付账款检查情况表（DD-10）"。

通过"资料查看—账簿"查询到应付账款总账及明细账，审计员马方抽取2022年全年应付账款凭证，核对原始凭证是否齐全；记账凭证与原始凭证是否相符（如：经济业务内容、发生金额等）；账务处理是否正确；是否记录于恰当的会计期间。完成底稿DD-10后，如图3-17所示。

应付账款检查情况表

被审计单位：	绵阳有色金属制造有限公司		索引号：		DD-10
项目：	应付账款检查情况表		财务报表截止日/期间：		2022-12-31
编制：	马方		复核：		郑和气
日期：	2023-03-07		日期：		2023-03-07

记账日期	凭证编号	业务内容	对应科目	金额	核对内容(用"√"、"×"表示)					备注
					1	2	3	4	5	
2022-02-26	记21	购买贵港市潘骏铝材有限责任公司原材料入库	应交税费—应交增值税—进项税额	57420.00	√	√	√	√		
2022-03-03	记5	购买成都华力矿业有限公司原材料入库	应交税费—应交增值税—进项税额	46400.00	√	√	√	√		
2022-03-31	记32	购买原材料入库	应交税费—应交增值税—进项税额	78880.00	√	√	√	√		
2022-04-28	记23	购买原材料入库	应交税费—应交增值税—进项税额	90400.00	√	√	√	√		
2022-05-16	记17	购买产成品仓库的货架	固定资产、应交增值税进项	79100.00	√	√	√	√		
2022-05-24	记21	购买原材料入库	原材料、应交增值税进项	71190.00	√	√	√	√		
2022-05-25	记22	支付货款	银行存款	-160000.00	√	√	√	√		
2022-05-27	记25	支付货款	银行存款	-81200.00	√	√	√	√		

图3-17　应付账款检查情况表

小贴士:

1. 在执行应付账款的实质性程序中,通过对应付账款的单位发函进行核对,以核定应付账款事项是否真实存在且数额是否准确。对于无法通过函证证实情况是否属实或者收不到回函的情况,应该采取相应的替代性测试,来确定本期应付账款相应的审定数,并将其填在应付账款审定表及相关的工作底稿当中,与企业的资产负债表相对比,得出被审计单位的应付账款是否真实、准确的审计结论。

2. 项目组通过"数据分析—前期资料"功能查看上期审计报告,知道上期期末对绵阳市供电局的应付账款 6 648.18 元、对上海市德阳动力机械有限公司应付账款 24 244 元、对绵阳市自来水公司的应付账款 314.02 元,上期审定数合计为贷方 31 206.20 元。将其填在上期期末审定数处。

3. 项目组应付账款询证、替代性测试、抽查情况及其他应付账款、预付账款的审计情况未发现异常,不需要调整。

4. 项目组将上述信息填列在"应付账款审定表"。

任务四 预付账款审计

【任务引例】

李丽和郑和气编制预付账款明细表,选择预付账款的重要项目,函证其余额和交易条款,对未回函的再次发函或实施替代的检查程序,检查预付账款是否已按照企业会计准则的规定在财务报表中作出恰当列报。

【知识准备】

一、审计目标

(1)确定预付账款是否真实。

(2)预付账款的余额是否正确。

(3)预付账款和应付账款的分类是否正确。

(4)确定预付账款在会计报表上的披露是否恰当。

(5)确定该企业的资金在预付中的比例,从而了解企业的资产负债率。

二、审计程序

(1)获取或编制预付账款明细表,复核加计正确,并与报表数、总账数和明细账合计数核对相符。同时请被审计单位协助,在预付账款明细表上标出会计报表日至审计日止已收到货物并冲销预付账款的项目。

(2)分析预付账款账龄及余额构成,根据审计策略选择大额或异常的预付账款重要项目(包括零余额账户),验证其余额是否正确。

（3）结合应付账款明细账抽查入库记录，查核有无重复付款或将同一笔已付清的账款在预付账款和应付账款两个科目中同时挂账的情况。

（4）分析预付账款明细账余额，对于出现贷方余额的项目，应查明原因，必要时，建议进行重分类调整。

（5）检查预付账款长期挂账的原因。

（6）检查预付账款是否在资产负债表上恰当披露。如果被审计单位是上市公司，则其会计报表附注通常应披露预付账款账龄分析、欠款金额较大单位的名称、期末数额、欠款时间、欠款原因，以及持有5%（含5%）以上股份的股东单位账款等情况。

3

【任务描述】

根据对绵阳有色预付账款实施的实质性程序编制相关工作底稿，包括：

（1）编制“预付账款实质性程序（CE-1）”工作底稿。

（2）编制“预付账款明细表（CE-3）”工作底稿。

（3）编制“预付账款检查表（CE-4）”工作底稿。

（4）编制“预付账款审定表（CE-2）”工作底稿。

【业务操作】

步骤一：编制“预付账款实质性程序（CE-1）”工作底稿。

点击“预付账款实质性程序”，根据执行相应程序后的记录，将对应信息分解为审计目标和可供选择的审计程序，填列对应信息，编制工作底稿CE-1，填列完整后如图3-18所示。

二、审计目标与审计程序对应关系表

审计目标	可供选择的审计程序	索引号
D	1.获取或编制预付账款明细表： (1)复核加计是否正确，并与总账数和明细账合计数核对是否相符，结合坏账准备科目与报表数核对是否相符。 (2)结合应付账款明细账审计，查核有无重复付款或将同一笔已付清的账款在预付账款和应付账款两个科目中同时挂账的情况。 (3)分析出现贷方余额的项目，查明原因，必要的建议进行重新分类调整。 (4)对期末预付账款余额与上期期末余额进行比较，解释其波动原因	CE-3
ABD	2.分析预付账款账龄及余额构成，确定： (1)该笔款项是否根据有关购货合同支付。 (2)检查一年以上预付账款未核销的原因及发生坏账的可能性，检查不符合预付账款性质的是否需要调整至正确科目、因供货单位破产、撤销等原因无法再收到所购货物的预付款项是否已按管理权限批准后作为坏账，转销预付款项	CE-3
ACD	3.实施函证程序： (1)编制预付款项函证结果汇总表，检查回函。 (2)调查不符事项，确定是否表明存在错报。 (3)如果未回函，实施替代程序。 (4)如果认为回函不可靠，评价对评估的重大错报风险以及其他审计程序的性质、时间安排和范围的影响。 (5)如果管理层不允许寄发询证函： ① 询问管理层不允许寄发询证函的原因，并就其原因的正当性及合理性收集审计证据； ② 评价管理层不允许寄发询证函对评估的相关重大错报风险(包括舞弊风险)，以及其他审计程序的性质、时间安排和范围的影响； ③ 实施替代性审计程序，以获取相关、可靠的审计证据； ④ 如果认为管理层不允许寄发询证函的原因不合理，或实施替代性程序无法获取相关、可靠的审计证据，应与管理层进行沟通，并确定其对审计工作和审计意见的影响	CE-5
AB	4.检查资产负债表日后的预付账款、存货及在建工程明细账，并检查相关凭证，核实期后是否已收到实物并转销预付账款，分析资产负债表日预付账款的真实性和完整性	

图3-18　预付账款实质性程序（局部）

步骤二：编制"预付账款明细表（CE-3）"工作底稿。

点击"预付账款明细表"，根据期末余额账明细填列，包括期末未审数和期末审定数（如有调整事项），填列完整后如图 3-19 所示。

预付账款明细表

被审计单位：	绵阳有色金属制造有限公司	索引号：	CE-3
项目：	预付账款明细	财务报表截止日/期间：	2022-12-31
编制：	李丽	复核：	
日期：	2023-03-04	日期：	2023-03-04

项目名称	期末未审数					账项调整		重分类调整		期末审定数				
	1年以内	1年至2年	2年至3年	3年以上	合计	借方	贷方	借方	贷方	1年以内	1年至2年	2年至3年	3年以上	合计
一、关联方														
二、非关联方														
友谊保险公司	0.00				0.00					0.00				0.00
合计	0.00				0.00					0.00				0.00

编制说明：外币预付账款应列明原币金额及折合汇率。

审计说明：
其原始凭证齐全，业务发生金额准确，会计期间也恰当。支付财产保险费当日已开出发票不应再计入预付账款科目，而应当计入应付账款科目处理，但当月就进行了摊销处理，所以对预付账款科目总账余额没有产生影响，建议被审计单位调整财务处理科目。

图 3-19　预付账款明细表

小贴士：

获取或编制预付账款明细表：

1. 复核加计是否正确，并将总账数和明细账合计数进行核对，判断是否相符，结合坏账准备科目与报表数核对是否相符。

2. 结合应付账款明细账审计，查核有无重复付款或将同一笔已付清的账款在预付账款和应付账款两个科目中同时挂账的情况。

3. 分析出现贷方余额的项目，查明原因，必要时建议进行重新分类调整。

4. 将期末预付账款余额与上期期末余额进行比较，解释其波动原因。

步骤三：编制"预付账款检查表（CE-4）"工作底稿。

点击"预付账款检查表"，李丽抽取样本检查预付账款原始凭证与记账凭证是否相符。编制工作底稿 CE-4，填列完整后如图 3-20 所示。

步骤四：编制"预付账款审定表（CE-2）"工作底稿。

点击"应收账款审定表"，此表是通过底稿 CE-3 至 CE-4 执行的程序，对预付账款的各认定做出综合的判断以确定期末余额是否可以接受，如图 3-21 所示。

预付账款检查表

被审计单位:	绵阳有色金属制造有限公司	索引号:	CE-4
项目:	预付账款检查表	财务报表截止日/期间:	2022-12-31
编制:	李丽	复核:	郑和气
日期:	2023-03-04	日期:	2023-03-04

记账日期	凭证编号	业务内容	对应科目	金额	核对内容(用"√"、"×"表示)					备注
					1	2	3	4	5	
2022-06-13	记9	支付财产保险	银行存款-工行	36000.00	√	√	√	√		
2022-07-16	记10	摊销财产保险	管理费用-财产保险	-36000.00	√	√	×	√		

核对内容说明:

1. 原始凭证是否齐全。
2. 记账凭证与原始凭证是否相符(如:经济业务内容、发生金额等)。
3. 账务处理是否正确。
4. 是否记录于恰当的会计期间。

审计说明:

2022年7月16日,全部摊销保险费,贷记"预付账款——友谊保险公司"科目,并全部计入管理费用中,有购买保险时获得的增值税专用发票作为附件。但该保险费不应一次性全部摊销计入7月份的账中,因此判定7月份费用虚增;但只是账务处理有误,最后的摊销结果对整年损益无影响,故不对其进行调整。

图 3-20 预付账款检查表

预付账款审定表

被审计单位:	绵阳有色金属制造有限公司	索引号:	CE-2
项目:	预付账款审定表	财务报表截止日/期间:	2022-12-31
编制:	李丽	复核:	郑和气
日期:	2023-03-04	日期:	2023-03-04

项目名称	期末未审数	账项调整		重分类调整		期末审定数	上期末审定数	索引号
		借方	贷方	借方	贷方			
一、账面余额合计	0.00	0.00				0.00	0.00	
友谊保险公司	0.00	0.00				0.00	0.00	
二、坏账准备合计								
三、报表列报合计	0.00	0.00				0.00	0.00	
	0.00	0.00				0.00	0.00	

审计结论:

2022年7月16日,全部摊销保险费,贷记"预付账款——友谊保险公司"科目,并全部计入管理费用中,有购买保险时获得的增值税专用发票作为附件。但该保险费不应一次性全部摊销计入7月份的账中,因此判定7月份费用虚增;但只是账务处理有误,最后的摊销结果对损益无影响,故不调整。经审计,总账和报表数核对一致。

图 3-21 预付账款审定表

项　目　小　结

如图 3-22 所示,本项目主要对"了解采购与付款循环内部控制""采购与付款循环控制测试"以及"应付账款审计""预付账款审计"四个工作任务进行了理论要点的梳理和实操要点的说明。其中,"控制测试程序""应付账款的函证"以及"应付账款日后付款测试"等相关审计程序值得大家重点关注。

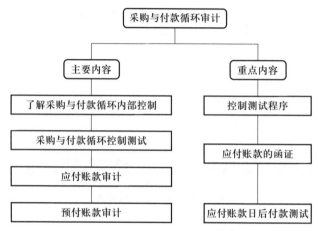

图 3-22　采购与付款循环审计流程图

项　目　技　能　训　练

第一部分:练习题

一、单项选择题

1. 一般而言,对凭证进行连续编号是被审计单位购货业务的一项重要的内部控制措施。但对于部门较多的被审计单位,一般不进行连续编号的凭证是(　　　)。

A. 请购单

B. 订购单

C. 验收单

D. 付款单

2. 以下控制活动中,与采购业务"完整性"认定最相关的是(　　　)。

A. 已入账的采购交易均有验收单

B. 订货单、验收单均连续编号

C. 采购的价格和折扣均经适当批准

D. 内部核查应付账款明细账的内容

3. 已发生的采购交易均已记录的关键内部控制不包括（　　）。

A. 采购经适当级别批准

B. 订购单均经事先连续编号并将已完成的采购登记入账

C. 验收单均经事先连续编号并已登记入账

D. 入库单均经事先连续编号并已登记入账

4. 下列关于采购与付款循环的控制测试的说法中,错误的是（　　）。

A. 注册会计师在实际工作中,需要对采购与付款交易整个流程的所有控制点进行测试

B. 如果某项控制不是直接对应某一特定认定,注册会计师不需要对其执行专门的控制测试

C. 控制测试的具体方法需要根据具体控制的性质确定

D. 如果某项控制是系统设置的,注册会计师可以选取系统生成的例外报告进行测试

5. 应付账款审计工作底稿中显示的以下准备实施的审计程序中,不恰当的是（　　）。

A. 由于对应付账款实施函证程序不能保证查出未记录的应付账款,因此决定不实施函证程序

B. 由于应付账款控制风险较高,决定仍实施应付账款的函证程序

C. 某一应付账款明细账户期末余额为零,决定仍然可能将其列为函证对象

D. 由于应付账款容易被漏记,应对其进行函证

6. 注册会计师如果对应付账款进行函证,通常采用的函证方式为（　　）。

A. 积极式

B. 消极式

C. 积极式和消极式的结合

D. 积极式或消极式均可

7. 注册会计师在测试乙公司与采购交易相关的内部控制时发现下列情况,其中最可能表明采购交易发生认定存在重大错报风险的是（　　）。

A. 订购单与验收单金额和数量不符

B. 缺失连续编号的验收单

C. 处理采购或付款的会计期间出现差错

D. 验收单重复

8. 被审计单位为防止采购交易被漏记,实施的控制无效的是（　　）。

A. 采购经过适当级别审批

B. 订购单均经事先连续编号并将已完成的采购登记入账

C. 验收单均经事先连续编号并已登记入账

D. 应付凭单均经事先连续编号并已登记入账

9. 以下程序中,属于测试采购交易与付款交易内部控制"发生"目标的常用控制测试程序的是（　　）。

A. 检查已入账的验收单是否有缺号

B. 检查付款凭单是否附有卖方发票

C. 检查卖方发票连续编号的完整性

D. 审核采购价格和折扣的标志

3

10. 对于应付账款项目,注册会计师常常将检查有无未入账的业务作为重要的审计目标。在以下程序中,难以达到这一目标的程序是(　　　　)。

A. 结合存货监盘,检查在资产负债表日是否存在有材料入库凭证,但未收到供应商发票的经济业务

B. 检查资产负债表日后收到的供应商发票,关注供应商发票的日期

C. 检查资产负债表日前应付账款明细账及现金、银行存款日记账

D. 检查资产负债表日后应付账款贷方发生额的相应凭证

二、多项选择题

1. 适当的职责分离有助于防止各种有意或无意的错误,采购与付款业务不相容岗位包括(　　　　)。

A. 询价与确定供应商

B. 请购与审批

C. 付款审批与付款执行

D. 采购合同的订立与审批

2. 注册会计师在对被审计单位的应付账款进行审计时,一般应选择的函证对象有(　　　　)。

A. 较大金额的债权人

B. 所有的债权人

C. 在资产负债表日金额不大甚至为零的债权人,而且不是企业重要供货人的债权人

D. 在资产负债表日金额不大甚至为零,但为企业重要供货人的债权人

3. 注册会计师在获取或编制应付账款明细账时,需同时执行的工作包括(　　　　)。

A. 复核加计是否正确,并与报表数、总账数和明细账合计数核对是否相符

B. 检查记账本位币应付账款的折算汇率及折算是否正确

C. 如果出现借方余额的项目,必须进行重分类调整

D. 结合预付账款、其他应付款等往来项目的明细余额,检查有无针对同一交易在应付账款和预付账款同时记账的情况

4. 被审计单位采购与付款循环中涉及的主要业务活动包括(　　　　)。

A. 请购商品和服务

B. 制订采购计划

C. 供应商认证及信息维护

D. 记录现金、银行存款支出

5. 下列关于采购与付款循环中记录现金、银行存款支出的说法中,正确的有(　　　　)。

A. 会计主管应独立检查记入银行存款日记账和应付账款明细账的金额一致性

B. 为检查入账的真实性应定期比较银行存款日记账记录的日期与支票副本的日期

C. 会计主管指定出纳员以外的人员定期编制银行存款余额调节表

D. 会计部门应根据已签发的支票编制付款记账凭证

6. 对"控制目标——所记录的采购都确已收到商品或接受服务"实施的实质性程序包括(　　　　)。

A. 检查卖方发票、验收单、订货单和请购单的合理性和真实性

B. 复核采购明细账、总账及应付账款明细账,注意是否有大额或不正常的金额

C. 从订货单、验收单追查至采购明细账

D. 追查存货的采购记录至存货永续盘存记录

7. 下列情形中,注册会计师应当设计和实施控制测试的有( )。

A. 控制设计合理,但可能没有得到执行

B. 仅通过实施实质性程序并不能够提供认定层次充分、适当的审计证据

C. 在评估认定层次重大错报风险时,预期控制的运行是有效的

D. 注册会计师拟信赖控制运行的有效性

8. 注册会计师对甲公司 2022 年的采购与付款交易实施截止测试,下列说法中正确的有( )。

A. 确定期末最后签署的支票的号码,确保其后的支票支付未被当作本期的交易予以记录

B. 追踪付款到期后的银行对账单,确定其在期后的合理期间内被支付

C. 询问期末已签署但尚未寄出的支票,考虑该项支付是否应在本期冲回,计入下一会计期间

D. 选择已记录采购的样本,检查相关的商品验收单,保证交易已经计入正确的会计期间

9. 针对除折旧、摊销、人工费用以外的一般费用,注册会计师拟实施的下列实质性程序中恰当的有( )。

A. 实质性分析程序

B. 获取一般费用明细表,复核其加计数是否正确并与总账和明细账合计数核对

C. 检查一般费用是否已按照企业会计准则及其他相关规定在财务报表中作出恰当的列报和披露

D. 抽取资产负债表日前后的凭证,实施截止测试,评价费用是否被记录于正确的会计期间

10. 以下审计程序中,有助于发现被审计单位年末未入账应付账款的有( )。

A. 检查资产负债表日后应付账款明细账贷方发生额的相应凭证,关注其验收单、供应商发票的日期,确认其入账时间是否合理

B. 获取并检查被审计单位与其供应商之间的对账单以及被审计单位编制的差异调节表,确定应付账款金额的准确性

C. 针对资产负债表日后付款项目,检查银行对账单及有关付款凭证,询问被审计单位内部或外部的知情人员,查找有无未及时入账的应付账款

D. 结合存货监盘程序,检查被审计单位在资产负债表日前后的存货入库资料,检查相关负债是否计入了正确的会计期间

三、综合题

ABC 会计师事务所的 A 注册会计师负责审计甲公司 2022 年度财务报表,审计工作底稿中与负债审计相关的部分内容摘录如下:

(1)基于对甲公司及其环境的了解,A 注册会计师发现管理层承受较高的盈利预期,拟重点关注以及应对相关负债的低估风险。

（2）甲公司财务人员将原材料订购单、供应商发票和入库单核对一致后，编制记账凭证（附上述单据）并签字确认。A注册会计师拟信赖该控制，抽取了若干记账凭证及附件，检查是否经财务人员签字，结果满意。

（3）甲公司各部门使用的请购单未连续编号，请购单由部门经理批准，超过一定金额还需总经理批准。A注册会计师认为该项控制设计有效，实施了控制测试，结果满意。

（4）甲公司有一笔账龄三年以上金额重大的其他应付款，因2022年未发生变动，A注册会计师未实施进一步审计程序。

（5）甲公司将经批准的合格供应商信息录入信息系统形成供应商主文档，生产部员工在信息系统中填制连续编号的请购单时只能选择该主文档中的供应商。供应商的变动需由采购部经理批准，并由其在系统中更新供应商主文档。A注册会计师认为该内部控制设计合理，拟予以信赖。

（6）为应对应付账款的低估风险，A注册会计师在实施函证程序时从采购部门获取了供应商清单，从中选取样本进行测试。

要求：针对上述第（1）至（6）项，逐项指出A注册会计师的做法是否恰当。如不恰当，简要说明理由。

第二部分：实训题

以福思特审计人员的身份登录审计之友平台，选择"绵阳有色金属制造有限公司"案例实训，完成该公司采购与付款循环审计的实操任务。

项目四 工薪与人事循环审计

◆ 项目引导

2020年年末和2021年年末,某光学器件制造企业年报显示"应付职工薪酬"余额分别为11亿元和10.9亿元,同期职工薪酬总额为20亿元。由于应付职工薪酬的期末余额占当期薪酬总额50%以上,引起了监管层深圳证券交易所的关注。

2022年深圳证券交易所对其发送了问询函,要求其对某研发中心筹建的资金往来、工程进度以及"应付职工薪酬"金额及其合理性进行说明答复。

案例思考:

1. 工薪与人事循环审计常见的审计风险有哪些?

2. 如何做好应付职工薪酬审计?

◆ 教学目标

1. 知识目标

(1)了解工薪与人事循环涉及的主要业务活动。

(2)熟悉工薪与人事循环涉及的主要凭证、分录以及报表项目。

(3)掌握工薪与人事循环内部控制的关键环节及其控制措施。

(4)掌握工薪与人事循环内部控制测试。

(5)掌握应付职工薪酬审计的实质性程序。

2. 技能目标

(1)能识别被审计单位工薪与人事循环的主要业务活动。

(2)能正确运用审计方法和程序,获取工薪与人事循环的审计证据。

(3)能设计应付职工薪酬审计的控制测试和实质性测试程序,获取充分、适当的审计证据。

(4)能正确编制工薪与人事循环业务以及货币资金审计的审计工作底稿。

3. 素养目标

(1)小组协调分工完成任务,培养良好的团队合作精神。

(2)养成独立思考能力与创造能力,能够灵活应对审计工作中的任务和困难。

(3)养成良好的学习能力与沟通能力,掌握审计实训新知识与技能,有效表达观点,培养独立、一丝不苟的工作态度。

◆ 知识导图

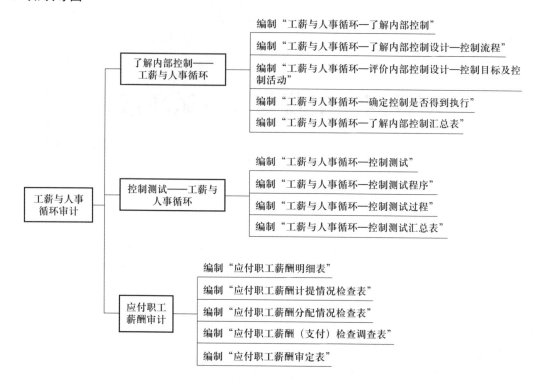

任务一 了解内部控制——工薪与人事循环

【任务引例】

福思特会计师事务所安排李丽和郑和气负责对工薪与人事循环进行审计。他们了解到绵阳有色建立了相关职责分工政策和程序。不相容职务相分离主要包括人事、工作时间记录、薪酬计算、薪酬支付、薪酬核算等职务相分离。各相关部门之间相互控制并在其授权范围内履行职责,同一部门或个人不得处理工薪与人事业务的全过程。

【知识准备】

本业务主要了解工薪与人事循环涉及的主要业务活动和相关的内部控制,执行穿行测试等程序,证实对业务流程和相关控制活动的了解,并确定相关控制是否得到执行。

一、涉及的主要业务活动及内部控制

(一)员工聘用与离职

(1)员工名册的变更与支持性文件核对一致以确保输入正确。

(2)员工名册变更连续编号,以确保所有变更都已处理。

(二)工作时间记录

(1)员工必须记录实际工作时间,并经适当管理层复核。

（2）核实所有员工工作时间均得以记录，如发现差异，应及时调查并处理。

（3）由不负责输入工作时间记录的人员比较输入数据与支持性文件是否相符。

（三）工资计算和记录

（1）以标准软件系统执行工资计算和记录。

（2）工资费用记录在正确的账户中，并经适当管理层复核。

（3）管理层定期复核工资变动情况。

（四）工资支付

工资支付需经适当管理层批准。

（五）常备数据维护

（1）常备数据变动应经适当管理层批准，并准确输入。

（2）只有经过适当授权的人员才能接触工薪数据。

二、评价内部控制设计是否合理

评价内部控制设计是否合理主要从以下方面进行：

（1）人事、员工工时（工作量记录）、薪酬计算、薪酬支付等职务相分离。

（2）按照规定的招聘程序录用员工，按照规定办理员工辞退手续。

（3）员工薪酬的变动经适当批准。

（4）员工工时（工作量记录）经适当批准后交与人力资源部门和财务部门。

（5）人力资源部门经适当批准根据薪酬标准和工时及工作量计算员工的薪酬并代扣代缴费用。

（6）财务部门按照审批的工资单发放工资后，核销相关单据。

（7）财务部门将薪酬支出按既定标准分配至相应账户。

（8）定期复核薪酬支出实际数额与预算数额。

（9）工资费用记录在正确的账户中，并经适当管理层复核。

（10）只有经过适当授权的人员才能接触员工薪酬数据。

（11）新增员工均确已记入员工名册。

（12）离职员工均确已从员工名册中删除。

三、执行穿行测试

（一）聘用

（1）员工姓名。

（2）拟用人员审批表是否得到适当审批。

（3）劳动合同编号。

（4）系统内是否已建立该员工档案。

（5）新入职员工通知单编号。

（6）新入职员工通知单是否得到适当复核。

（7）员工工资明细表中是否有该员工姓名。

（二）离职

（1）员工姓名。

（2）解除、终止劳动合同审批表是否得到适当审批。

（3）系统内是否已删除该员工档案。

（4）离职员工通知单编号。

（5）离职员工通知单是否得到适当复核。

（6）员工工资明细表中是否有该员工姓名。

【任务描述】

根据了解的绵阳有色工薪与人事循环的内部控制编制相应的工作底稿：

（1）编制"工薪与人事循环—了解内部控制（BE-6）"工作底稿。

（2）编制"工薪与人事循环—了解内部控制设计—控制流程（BE-8）"工作底稿。

（3）编制"工薪与人事循环—评价内部控制设计—控制目标及控制活动（BE-9）"工作底稿。

（4）编制"工薪与人事循环—确定控制是否得到执行（BE-10）"工作底稿。

（5）编制"工薪与人事循环—了解内部控制汇总表（BE-7）"工作底稿。

【业务操作】

在左侧导航栏依次点击"风险评估工作底稿—了解被审计单位内部控制—在被审计单位业务流程层面了解内部控制—工薪与人事循环"，即进入"了解工薪与人事循环内部控制底稿"实训页面，如图4-1所示。

| 工薪与人事循… ✕ | 工薪与人事循… ✕ | 工薪与人事循… ✕ | 工薪与人事循… ✕ | 工薪与人事循… ✕ |

审计准则　资料查看　数据分析　计算器　填写符号　存数据　取数据

图4-1　进入"了解工薪与人事循环内部控制底稿"实训界面

小贴士：

1. 在审计实操中，在执行与职工薪酬有关的审计实质性程序时，除了关注本身的科目余额之外，还要联系实际发生的业务，从不同的角度证明企业所偿付的职工工资是真实合理的。

例如，向职工支付的部分，除了正常的工资薪金之外，还要关注与之相关的税费。比如向职工支付的福利费、工会经费与职工教育经费以及按照国家规定缴纳的社会保险和住房公积金。

总结来说，在执行应付职工薪酬的实质性程序时，一是要与成本费用相关联，二是要注意跨期和计提与实际发放之间的时间差异。

2. 要充分了解工薪与人事循环的内部控制，执行适当的控制测试程序，关注审计风险，正确运用审计方法和程序。

步骤一：编制"工薪与人事循环—了解内部控制（BE-6）"。

了解被审计单位工薪与人事循环的内部控制，并记录了解的内容，编制"工薪与人事循环—了解内部控制（BE-6）"工作底稿，填列完整后如图 4-2 所示。

了解本循环内部控制的工作包括：

1. 了解被审计单位工薪与人事循环和财务报告相关的内部控制的设计，并记录获得的了解。
2. 了解被审计单位与审计相关的内部控制，并记录相关控制活动及控制目标，以及受该控制活动影响的交易类别、账户余额和披露。
3. 执行穿行测试等程序，证实对业务流程和相关控制活动的了解，并确定相关控制是否得到执行。
4. 记录在了解和评价工薪与人事循环的控制设计和执行过程中识别的风险，以及拟采取的应对措施。

了解本循环内部控制形成下列审计工作底稿：

BE-7	了解内部控制汇总表
BE-8	了解内部控制设计——控制流程
BE-9	评价控制的设计并确定控制是否得到执行
BE-10	确定控制是否得到执行（穿行测试）

编制说明：

1. 在了解控制的设计并确定其是否得到执行时，应当使用询问、检查和观察程序，并记录所获取的信息和审计证据来源。
2. 如果拟利用以前审计获取的有关控制运行有效性的审计证据，应当考虑被审计单位的业务流程和相关控制自上次测试后是否发生重大变化。
3. 审计工作底稿用以记录下列内容：

审计工作底稿用以记录下列内容：

BE-7	汇总对本循环内部控制了解的主要内容和结论
BE-8	记录通过询问、观察和检查程序了解到的本循环涉及的重要交易的控制流程
BE-9	记录与实现控制目标相关并计划执行穿行测试的控制活动
BE-10	记录穿行测试的过程和结论

图 4-2　工薪与人事循环—了解内部控制

步骤二：编制"工薪与人事循环—了解内部控制设计—控制流程（BE-8）"。

单击"工薪与人事循环—了解内部控制设计—控制流程"标签页，出现如图 4-3 所示界面，在该审计工作底稿中填制相关信息。

填列有关工薪与人事循环业务活动涉及的主要人员及职责分工的政策和程序，如图 4-4、图 4-5 所示。

工薪与人事循环-了解内部控制设计—控制流程

被审计单位:	绵阳有色金属制造有限公司	索引号:	BE-8
项目:	工薪与人事循环-控制流程	财务报表截止日/期间:	2022-12-31
编制:	李丽	复核:	郑和气
日期:	2023-03-02	日期:	2023-03-02

编制说明:

1.注册会计师应当采用文字叙述、问卷、核对表和流程图等方式,或几种方式相结合,记录对控制流程的了解。对重要业务活动控制流程的记录应涵盖自交易开始至与其他业务循环衔接为止的整个过程。记录的内容包括但不限于:
(1)交易如何生成,包括电子数据交换(EDI)和其他电子商务形式的性质和使用程度。
(2)内部控制采用人工系统、自动化系统或两种方式同时并存。
(3)控制由被审计单位人员执行、第三方(例如服务机构)执行或两者共同执行,涉及人员的姓名及其执行的程序。
(4)处理交易采用的重要信息系统,包括初次安装信息、已实施和计划实施的重大修改、开发与维护。
(5)与其他信息系统之间的链接,包括以计算机为基础的应用系统和以人工进行的应用系统之间衔接的时点以及任何相关的手工调节过程(如编制调节表)。
(6)与处理财务信息相关的政策和程序。
(7)会计记录及其他支持性信息。
(8)使用的重要档案和表格。
(9)主要输出信息(包括以纸质、电子或其他介质形式存在的信息)及用途。
(10)输入交易信息并过至明细账和总账的程序。
(11)会计分录的生成、记录和处理程序,包括将非标准会计分录过至明细账和总账的程序。

2.本审计工作底稿对工薪与人事循环控制流程的记录,涉及控制活动的内容应索引至工薪与人事循环控制测试(BF)的审计工作底稿。

3.如果被审计单位对不同类型的工薪与人事业务分别采用不同的控制流程和控制活动,应根据被审计单位的实际情况分别予以记录。

图4-3 工薪与人事循环—了解内部控制设计—控制流程

工薪与人事业务涉及的主要人员

职务	姓名
总经理	朱嘉欣
财务经理	张佳茹
会计主管	郭晓莹
出纳员	赖洁茹
应付职工薪酬记账员(会计)	孟子航
生产经理	杨静华
人事经理	梁超
薪资总管	杨子华
人事信息管理员	刘文慧

我们采用询问、观察和检查等方法,了解并记录了工薪与人事循环的主要控制流程,并已与 ___张佳茹、梁超___ 等确认下列所述内容。

图4-4 工薪与人事业务涉及的主要人员

1.有关职责分工的政策和程序

绵阳有色金属制造有限公司建立了下列职责分工政策和程序:
(1)不相容职务相分离。主要包括:人事、工作时间记录、薪酬计算、薪酬支付、薪酬核算等职务相分离。
(2)各相关部门之间相互控制并在其授权范围内履行职责,同一部门或个人不得处理工薪与人事业务的全过程。

图4-5 职责分工的政策和程序

小贴士：

　　此处应记录被审计单位建立的有关职责分工的政策和程序，并评价其是否有助于建立有效的内部控制。

　　了解并记录绵阳有色工薪与人事主要业务流程活动，如图 4-6 所示。

2.主要业务活动介绍

(1)员工聘用与离职

a. 聘用

　　每年11月，各部门根据下年度用人需求填写用人计划审批表，经人事经理梁超复核，交总经理朱嘉欣和执行董事审批。用人需求没有变化的可以不用写。

　　各用人部门和人力资源部共同负责招聘工作。对决定录用的人员填写拟用人员审批表，经人事经理梁超和总经理朱嘉欣签字批准，与新员工签订劳动合同书。

　　人事信息管理员刘文慧将新员工的信息输入智联系统的员工档案，系统自动生成连续编号的新入职人员通知单，由用人部门复核后交财务部，作为发放工资依据。

b. 离职

　　员工离职时，应填写解除、终止劳动合同审批表，经所在部门经理、人事经理梁超、总经理朱嘉欣签字后，与绵阳有色金属制造有限公司解除、终止劳动合同。

　　人事信息管理员刘文慧根据经适当审批的解除、终止劳动合同审批表，将离职员工的信息输入系统员工档案，并生成连续编号的离职人员通知单，由用人部门复核后交财务部，作为停止发放工资的依据。

(2)工作时间记录

　　生产工人每天进出厂区时必须将自己的考勤卡插入打卡机以便记录工作时间。人事信息管理员刘文慧将打卡机每天记载的每个工人的工时按照标准工时（每天8小时）和加班工时（超出8小时的工时）记录在用EXCEL编制的工时记录单，月末交给生产经理杨静华复核批准后输入智联系统，系统生成"工时统计表"。

　　管理人员每月填写当月工作时间表（包括出勤、休假等具体情况），由所在部门主管/经理审批签字后，在次月第一个工作日结束之前交给人事信息管理员刘文慧。如果当月管理人员加班，须填写加班申请表并由部门经理/主管审核批准，与当月的工作时间表一并交给人事信息管理员刘文慧，由其负责输入智联系统，系统生成"出勤统计表"。

　　在完成上述录入后，智联系统自动将已录入当月工作时间的员工名单和系统内员工档案名册自动核对。如有遗漏或不符，系统将进行提示。人事信息管理员刘文慧将解决该项问题。

　　人事信息管理员刘文慧将经生产经理杨静华签字的工时记录单以及经所在部门主管/经理签字的管理人员工作时间表交给薪资主管杨子华，薪资主管杨子华检查输入智联系统的工作时间是否与"工时统计表"和"出勤统计表"一致。

图 4-6　工薪与人事循环主要业务活动介绍

　　步骤三：编制"工薪与人事循环—评价内部控制设计—控制目标及控制活动（BE-9）"。

　　单击"工薪与人事循环—评价内部控制设计—控制目标与控制活动（BE-9）"标签项，填写相关信息，如图 4-7 所示。

　　了解被审计单位工薪与人事循环涉及的主要业务活动、控制目标、被审计单位的控制活动，并判断被审计单位的控制活动对实现控制目标是否有效等相关内容，填列完整后，如图 4-8 所示。

　　步骤四：编制"工薪与人事循环—确定控制是否得到执行（BE-10）"。

　　打开"工薪与人事循环—确定内部控制是否得到执行"标签项，与生产工人工作时间记录、管理人员工作时间记录以及工作时间记录核对有关的业务活动的控制如图 4-9 所示。

　　步骤五：编制"工薪与人事循环—了解内部控制汇总表（BE-7）"。

　　单击"工薪与人事循环—了解内部控制汇总表（BE-7）"，判断在工薪与人事循环的内部控制中相关业务活动（聘用与离职、工作时间记录核对、工作工资记录核对等）是否已得到了解，如图 4-10 所示。

了解并记录工薪与人事循环相关交易流程,如图 4-11 所示。

根据了解工薪与人事循环控制的设计并评估其执行情况所获取的审计证据,得出结论,如图 4-12 所示。

工薪与人事循环—评价内部控制设计—控制目标及控制活动

被审计单位:	绵阳有色金属制造有限公司	索引号:	BE-9
项目:	工薪与人事循环—控制目标及控制活动	财务报表截止日/期间:	2022-12-31
编制:	李丽	复核:	郑和气
日期:	2023-03-02	日期:	2023-03-02

编制说明:
1. 本审计工作底稿中列示的控制活动,仅为说明有关表格的使用方法,并仅针对 BE-8中的示例所设计,并非对所有控制目标、受该目标影响的交易和账户余额及其认定以及控制活动的全面列示。在执行财务报表审计业务时,注册会计师应运用职业判断,结合被审计单位的实际情况选择能够确保实现控制目标的控制活动。
2. 本审计工作底稿用以记录工薪与人事循环中主要业务活动的控制目标、受该目标影响的相关交易和账户余额及其认定、常用的控制活动以及被审计单位的控制活动。其中,"常用的控制活动"一栏列示了在实务中为实现相关控制目标常用的控制活动,在实际编写审计工作底稿时应予以删除;对"受影响相关交易和账户余额及其认定"一栏,注册会计师应根据被审计单位的实际情况分析填写。
3. 如果多项控制活动能够实现同一控制目标,注册会计师不必了解与该控制目标相关的每项控制活动。本审计工作底稿记录的控制活动,仅为实现有关控制目标可能采用的控制活动中的一种,被审计单位也可能采用其他控制活动达到有关控制目标,注册会计师根据被审计单位的实际情况进行填写。
4. 注册会计师应关注被审计单位采取的控制活动是否能够完全达到相关的控制目标。在某些情况下,某些控制活动单独执行时,并不能完全达到控制目标,这时注册会计师需要识别与该特定目标相关的额外的控制活动,并对其进行测试,以获取达到控制目标的足够的保证程度。
5. 一项控制活动可能可以达到多个控制目标。为提高审计效率,如存在可以同时达到多个控制目标的控制活动,注册会计师可以考虑优先测试该控制活动。
6. 如果某一项控制目标没有相关的控制活动或控制活动设计不合理,注册会计师应考虑被审计单位控制的有效性以及其对拟采用的审计策略的影响。
7. 如果注册会计师拟信赖前期审计获取的有关本循环控制活动运行有效性的审计证据,应通过询问并结合观察或者检查程序,获取该控制活动未发生变化的审计证据,并予以记录。

图 4-7　工薪与人事循环—评价内部控制设计—控制目标及控制活动

主要业务活动	控制目标	受影响的相关交易和账户余额及其认定	常用的控制活动	被审计单位的控制活动	控制活动对实现控制目标是否有效(是/否)
员工聘用与离职	员工名册新增项目均为真实有效的	应付职工薪酬:存在	员工名册的变更与支持性文件核对一致以确保输入正确	人事信息管理员刘文慧将新员工的信息输入智联系统的员工档案,系统自动生成连续编号的新入职人员通知单,由用人部门复核后交财务部,作为其工资发放依据	是
员工聘用与离职	新增员工均确已记入员工名册	应付职工薪酬:完整性	员工名册变更连续编号,以确保所有变更都已处理	人事信息管理员刘文慧将新员工的信息输入智联系统的员工档案,系统自动生成连续编号的新入职人员通知单,由用人部门复核后交财务部,作为发放其工资依据	是
员工聘用与离职	离职员工均确已从员工名册中删除	应付职工薪酬:存在	员工名册变更连续编号,以确保所有变更都已处理	人事信息管理员刘文慧根据经适当审批的解除、终止劳动合同审批表,将离职员工的信息输入系统员工档案,并生成连续编号的离职人员通知单,由用人部门复核后交财务部,作为停止发放工资的依据	是
员工聘用与离职	员工名册删除项目均为真实有效的	应付职工薪酬:完整性	员工名册变更与支持性文件核对一致,以确保输入正确	人事信息管理员刘文慧根据经适当审批的解除、终止劳动合同审批表,将离职员工的信息输入系统员工档案,并生成连续编号的离职人员通知单,由用人部门复核后交财务部,作为停止发放工资的依据	是

图 4-8　被审计单位工薪与人事循环涉及的控制活动

工薪与人事循环穿行测试—与生产工人工作时间记录有关的业务活动的控制

序号	生产工人考勤卡序号#	测试日期	工时记录单日期	生产工人考勤卡是否记录在工时记录单中(是/否)	工时记录单是否经过生产经理×××复核批准(是/否)	工时记录单是否包含在系统生成工时统计表中(是/否)
	不适用					

工薪与人事循环穿行测试—与管理人员工作时间记录有关的业务活动的控制

主要业务活动	测试内容	测试结果
管理人员	不适用	

工薪与人事循环穿行测试—与工作时间记录核对有关的业务活动的控制

主要业务活动	测试内容	测试结果
工作时间记录核对	不适用	

图 4-9　工薪与人事循环—确定控制是否得到执行（穿行测试）

2.主要业务活动

主要业务活动	是否在本循环中进行了解?
员工聘用与离职	是
工作时间记录	是
工资计算和记录	是
工资支付	是
常备数据维护	是

(注:注册会计师通常应在本循环中了解与上述业务活动相关的内部控制,如果计划在其他业务循环中对上述一项或多项业务活动的控制进行了解,应在此处说明原因。)

图 4-10　工薪与人事循环的主要业务活动

3.了解交易流程

根据对交易流程的了解,记录如下:

(1)是否委托其他服务机构执行主要业务活动? 如果被审计单位使用其他服务机构,将对审计计划产生哪些影响?

否。

(2)是否制定了相关的政策和程序以保持适当的职责分工? 这些政策和程序是否合理?

制定了相关的政策和程序以保持适当的职责分工,这些政策和程序合理。

(3)自前次审计后,被审计单位的业务流程和控制活动是否发生重大变化? 如果已发生变化,将对审计计划产生哪些影响?

业务流程和控制活动未发生重大变化。

(4)是否识别出本期交易过程中发生的控制偏差? 如果已识别出控制偏差,产生偏差的原因是什么,将对审计计划产生哪些影响?

未识别。

图 4-11　了解相关交易流程

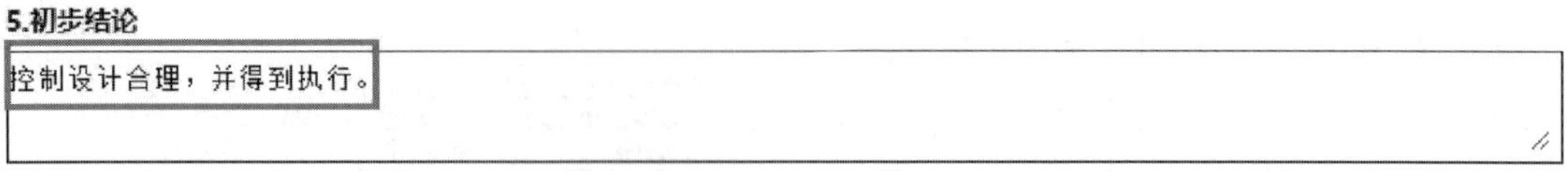

5.初步结论

控制设计合理，并得到执行。

图 4-12 初步结论

任务二 控制测试——工薪与人事循环

【任务引例】

李丽和郑和气针对了解的被审计单位工薪与人事循环的控制活动,确定拟进行测试的控制活动以此测试控制运行的有效性,记录测试过程和结论。根据测试结果,确定对实质性程序的性质、时间安排和范围的影响。

【知识准备】

一、控制目标

（一）聘用与离职

（1）员工名册新增项目均为真实有效的。

（2）新增员工均确已记入员工名册。

（3）离职员工均确已从员工名册中删除。

（二）工作时间记录

（1）用以计算工资的工作时间数据均为真实发生的。

（2）员工工作时间均已完整记录和输入。

（3）输入系统的时间记录均为准确的。

（三）工资计算与记录

（1）准确计算和记录工资费用。

（2）工资费用于适当期间进行记录。

（四）常备数据维护

（1）常备数据变动均为真实和准确的,并及时处理。

（2）只有经适当授权的人员才能接触工薪数据。

二、控制测试程序

（1）聘用时内部控制测试:抽取员工聘用资料检查员工信息变更是否真实且已被记录。

（2）离职时内部控制测试:抽取员工离职资料检查员工信息是否真实且已删除。

（3）工作时间记录内部控制测试:抽取工时记录单与工时统计表检查记录是否一致,抽取工作时间表,检查输入系统的工作时间是否与出勤统计表一致。

（4）工资计算与记录内部控制测试:选取员工工资汇总表和记账凭证,检查是否经适当审批。

（5）常备数据维护内部控制测试:选取"工资信息输入／更改申请单"并检查是否经适

当审批、复核以确保其正确。

【任务描述】

根据对绵阳有色实施的控制测试程序编制相关工作底稿,包括:

（1）编制"工薪与人事循环—控制测试（BF-5）"工作底稿。

（2）编制"工薪与人事循环—控制测试程序（BF-6）"工作底稿。

（3）编制"工薪与人事循环—控制测试过程（BF-7）"工作底稿。

（4）在上述任务基础上编制"工薪与人事循环—控制测试汇总表（BF-8）"。

【业务操作】

在左侧导航栏依次点击"进一步审计工作底稿""控制测试""工薪与人事循环",即进入"工薪与人事循环控制测试工作底稿"实训页面,如图 4-13 所示。

图 4-13 进入"工薪与人事循环控制测试工作底稿"实训界面

步骤一:编制"工薪与人事循环—控制测试（BF-5）"。

通过"资料查看—其他资料"找到"工薪与人事循环—了解内部控制"工作记录,确定工薪与人事循环内部控制测试的主要内容及需要的审计工作底稿,根据编制说明,了解后续流程以及工作底稿的用途,并根据绵阳有色审计项目的具体安排填列基本信息,如图 4-14 所示。

工薪与人事循环—控制测试

被审计单位:	绵阳有色金属制造有限公司	索引号:	BF-5
项目:	工薪与人事循环—控制测试	财务报表截止日/期间	2022-12-31
编制:	李丽	复核:	郑和气
日期:	2023-03-03	日期:	2023-03-03

测试本循环控制运行有效性的工作包括:

1. 了解被审计单位工薪与人事循环和财务报告相关的内部控制的设计,并记录获得的了解。
2. 了解被审计单位与审计相关的内部控制,并记录相关控制活动及控制目标,以及受该控制活动影响的交易类别、账户余额和披露。
3. 执行穿行测试等程序,证实对业务流程和相关控制活动的了解,并确定相关控制是否得到执行。
4. 记录在了解和评价工薪与人事循环的控制设计和执行过程中识别的风险,以及拟采取的应对措施。

了解本循环内部控制形成下列审计工作底稿:

BF-8	控制测试汇总表	
BF-6	控制测试程序	
BF-7	控制测试过程	

图 4-14 工薪与人事循环—控制测试

步骤二：编制"工薪与人事循环—控制测试程序（BF-6）"工作底稿。

执行并记录工薪与人事循环控制测试的执行情况，针对工薪与人事循环的主要业务活动分别设计拟执行的控制测试具体程序、有关控制的执行频率、拟测试的样本数量以及执行相关程序的工作底稿的索引等，编制审计工作底稿"工薪与人事循环—控制测试程序（BF-6）"，如图 4-15 所示。

(2)其他测试程序

控制目标(CGL-3)	被审计单位的控制活动(CGL-3)	控制测试程序	执行控制的频率	所测试的项目数量	索引号
员工名册新增项目均为真实有效的	人事信息管理员刘文慧将新员工的信息输入智联系统的员工档案，系统自动生成连续编号的新入职人员通知单，由用人部门复核后交财务部，作为发放其工资依据	抽取员工聘用资料检查员工信息变更是否真实	不定期	1	BF-6
新增员工均确已记入员工名册	人事信息管理员刘文慧将新员工的信息输入智联系统的员工档案，系统自动生成连续编号的人员变动通知单，由用人部门复核后交财务部，作为发放工资依据	抽取员工聘用资料检查员工信息是否被记录	不定期	1	BF-6
离职员工均确已从员工名册中删除	人事信息管理员刘文慧根据经适当审批的解除、终止劳动合同审批表，将离职员工的信息输入系统员工档案，并生成连续编号的离职人员通知单，由用人部门复核后交财务部，作为停止发放工资的依据。	抽取员工离职资料检查员工信息是否已删除	不定期	1	BF-6
员工名册删除项目均为真实有效的	人事信息管理员刘文慧根据经适当审批的解除、终止劳动合同审批表，将离职员工的信息输入系统员工档案，并生成连续编号的离职人员通知单，由用人部门复核后交财务部，作为停止发放工资的依据。	抽取员工离职资料检查员工信息变更是否真实	不定期	1	BF-6

图 4-15　工薪与人事循环—控制测试程序

小贴士：

1. 本审计工作底稿记录的控制测试的程序，系针对 BE-8 中的示例设计，并非对所有可能情况的全面列示。在执行财务报表审计业务时，注册会计师应运用职业判断，结合被审计单位的实际情况设计和执行控制测试。

2. 控制测试程序包括询问、观察、检查以及重新执行。需要强调的是，询问本身并不足以测试控制运行的有效性，注册会计师应当将询问与其他审计程序结合使用，以获取有关控制运行有效性的审计证据。

步骤三：编制"工薪与人事循环—控制测试过程（BF-7）"工作底稿。

通过"资料查看—其他资料"找到绵阳有色"工薪与人事循环—控制流程"工作记录，了解相关的业务活动控制，抽取几笔交易实施重新执行程序，测试该控制运行是否有效。应分别记录工薪与人事循环涉及主要业务活动的控制测试过程，并填制"工薪与人事循环—控制测试过程（BF-7）"工作底稿，如图 4-16 所示。

小贴士：

如果某一控制活动的发生频率通常为一年一次，在穿行测试中又已经检查，可以不再对该控制活动重新执行有效性测试。

6.与工资记录有关的业务活动的控制

主要业务活动	工资记录						
测试内容 测试期间	员工工资汇总表总额	其中：生产成本人员工资	辅助生产人员工资	销售人员工资	管理人员工资	记账凭证编号#	其中：生产成
2022年10月	386207.35	209230.28	35113.74	45524.91	96338.42	记20	

7.与编制员工变动及工资费用分析报告有关的业务活动的控制

测试期间	是否编制员工变动及工资费用分析报告(是/否)	人事经理是否复核该报告(是/否)	财务经理是否复核该报告(是/否)
	否	否	否

8.与工资支付有关的业务活动的控制

主要业务活动	工资支付				
测试内容 测试期间	财务经理是否复核员工工资明细表、员工工资汇总表以及工资支付申请表(是/否)	总经理是否复核员工工资明细表、员工工资汇总表以及工资支付申请表(是/否)	付款凭证编号#	付款凭证是否得到会计主管的适当审批(是/否)	有关支持性文件上是否盖"核销"印戳(是/否)
2022年	是	是	2022.03	是	

图 4-16　工薪与人事循环—控制测试过程

步骤四:编制"工薪与人事循环—控制测试汇总表(BF-8)"。

通过"资料查看—其他资料"查询到"工薪与人事循环—了解内部控制汇总表"工作记录,了解到审计人员李丽将检查、观察、询问等程序结合运用,评价工薪与人事循环的控制设计是否能及时预防或发现并纠正重大错报,并汇总记录对了解工薪与人事循环内部控制的形成初步的结论和测试结论,进一步明确后续审计方案,将得到的结论填列在"工薪与人事循环—控制测试汇总表(BF-8)"中,如图 4-17 所示。

控制目标(CZL-3)	被审计单位的控制活动(CZL-3)	控制活动对实现控制目标是否有效(是/否)(CZL-3)	控制活动是否得到执行(是/否)(CZL-4)	控制活动是否有效运行(是/否)(CZL-3)	控制测试结果是否支持实施风险评估程序获取的审计证据(支持/不支持)
员工名册新增项目均为真实有效的	人事信息管理员刘文慧将新员工的信息输入智联系统的员工档案,系统自动生成连续编号的新入职人员通知单,由用人部门复核后交财务部,作为其工资发放依据	是	是	是	支持
新增员工均已正确记入员工名册	人事信息管理员刘文慧将新员工的信息输入智联系统的员工档案,系统自动生成连续编号的新入职人员通知单,由用人部门复核后交财务部,作为其工资发放依据	是	是	是	支持
离职员工均已正确从员工名册中删除	人事信息管理员刘文慧根据经过适当审批的解除、终止劳动合同审批表,将离职员工的信息输入系统员工档案,并生成连续编号的离职人员通知单,由用人部门复核后交财务部,作为停止发放工资的依据	是	是	是	支持

图 4-17　工薪与人事循环—控制测试汇总表

小贴士:

　　如果本期执行控制测试的结果表明,本循环与相关交易和账户余额及其认定相关的控制不能予以信赖,应重新考虑本期拟信赖的以前审计获取的其他循环控制运行有效性的审计证据是否恰当。

任务三 应付职工薪酬审计

【任务引例】

李丽和郑和气针对了解的被审计单位工薪与人事循环的控制活动,确定拟进行测试的控制活动以测试此控制运行的有效性,记录测试过程和结论。根据测试结论,李丽认为被审计单位工薪与人事循环的控制是有效的,可以直接进行实质性程序。马方和郑和气获取了绵阳有色应付职工薪酬明细表,对应付职工薪酬实施了账项检查等实质性程序。

【知识准备】

一、审计目标与认定的对应关系

(1)资产负债表中记录的应付职工薪酬是存在的,存在认定。

(2)应当记录的应付职工薪酬均已记录,完整性认定。

(3)记录的应付职工薪酬是由被审计单位拥有或控制的,权利与义务认定。

(4)应付职工薪酬以恰当的金额包括在财务报表中,与之相关的计价调整已恰当记录,准确性、计价和分摊认定。

(5)应付职工薪酬已按照企业会计准则的规定在财务报表中作出恰当列报,列报认定。

二、可供选择的审计程序

注册会计师对应付职工薪酬的实质性测试程序主要有:

(1)获取或编制应付职工薪酬明细表,复核加计是否正确,并与报表数、总账数和明细账合计数核对是否相符。

(2)检查工资、奖金、津贴和补贴。

(3)检查社会保险费(包括医疗、养老、失业、工伤、生育保险费)、住房公积金、工会经费和职工教育经费等计提(分配)和支付(或使用)的会计处理是否正确,依据是否充分。

(4)检查应付职工薪酬是否已按照企业会计准则的规定在财务报表中作出恰当的列报。

【任务描述】

根据对绵阳有色应付职工薪酬实施实质性程序编制相关工作底稿:

(1)编制"应付职工薪酬明细表(DF-3)"。

(2)编制"应付职工薪酬计提情况检查表(DF-4)"。

(3)编制"应付职工薪酬分配情况检查表(DF-5)"。

(4)编制"应付职工薪酬(支付)检查情况表(DF-6)"。

(5)编制"应付职工薪酬审定表(DF-2)"。

【业务操作】

以审计助理李丽的身份在左侧导航栏依次点击"进一步审计工作底稿""实质性程序""工薪与人事循环—应付职工薪酬",进入应付职工薪酬实质性程序底稿实训页面,如图4-18所示。

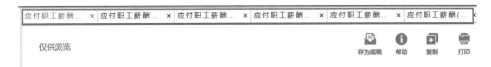

图4-18　进入应付职工薪酬审计实训界面

步骤一:编制"应付职工薪酬明细表(DF-3)"。

打开"应付职工薪酬明细表"标签页,通过"资料查看—账簿"查询到应付职工薪酬总账以及工资明细账等资料,如图4-19和图4-20所示。

会计科目名称: 应付职工薪酬　　　　　　本户页次　1

2022 月	2022 日	凭证 字号	摘　要	借　方	贷　方	借或贷	余　额	核对号
12	1		期初余额			贷	25699010	
	1	记-1	支付上月五险一金,工行手续费	16592510		贷	9106500	
	31	记-15-1/4	核算非生产车间人员本月工资及五险一金		34669735	贷	43776235	
	31	记-15-2/4	核算生产车间人员本月工资及五险一金		32887200	贷	76663435	
	31	记-15-3/4	结转代扣的个人所得税及保险金	11199584		贷	65463851	
	31	记-15-4/4	结转本月职工福利费		4550000	贷	70013851	
	31	记-16	发放本月工资福利	43614341		贷	26399510	
	31		本月合计	71406435	72106935	贷	26399510	

图4-19　应付职工薪酬总账

三栏式明细账

明细科目: 应付职工薪酬-工资

2022 月	2022 日	凭证 字号	摘　要	借　方	贷　方	借或贷	余　额	核对号
12	1		期初余额			平	0	
	31	记-15-1/4	核算非生产车间人员本月工资及五险一金		26263925	贷	26263925	
	31	记-15-2/4	核算生产车间人员本月工资及五险一金		24000000	贷	50263925	
	31	记-15-3/4	结转代扣的个人所得税及保险金	11199584		贷	39064341	
	31	记-16	发放本月工资福利	39064341		平	0	
	31		本月合计	50263925	50263925	平	0	
	31		本年累计	595531896	595531896	平	0	

图4-20　应付职工薪酬明细账

双击"应付职工薪酬总账"中"凭证字号"列的表格,查看相关原始凭证,对其具体的分类描述以及相关的凭证进行审核,并记录其是否齐全、正确,将其填在"应付职工薪酬明细表"中,如图 4-21 所示。

项目名称	期初数	本期增加	本期减少	期末数
一、工资	0.00	1318621.20	5955318.96	0.00
二、职工福利费	0.00	5955318.96	609700.00	0.00
三、社会保险费	109885.10	609700.00	1318621.20	109885.10
四、职工教育经费	14010.00	672480.00	0.00	98070.00
五、住房公积金	56040.00	84060.00	672480.00	56040.00
合计	179935.10	8640180.16	8556120.16	263995.10

审计结论:
经审计,明细账和总账核对一致。

图 4-21　应付职工薪酬明细表

步骤二:编制"应付职工薪酬计提情况检查表(DF-4)"。

点击"应付职工薪酬计提情况检查表"标签页,按照职工提供服务情况和工资标准计算职工薪酬(如工资),获取工资表,将工资标准与有关规定进行核对,选取样本进行测试,并检查是否按照国家规定的计提基础和比例计提了职工薪酬(如失业保险、工伤保险金等)。将审计结果填写在"应付职工薪酬计提情况检查表"中,如图 4-22 所示。

项目名称	已计提金额	应计提基数	计提比率	应计提金额	应提与已提的差异	备注
一、工资、福利	6565018.96	6581018.96	100%	6581018.96	16000	2022年2月7日记7号凭证,购买大米直接发放计入了管理费用,但购买大米福利应计入应付职工薪酬-福利费核算
二、社会保险费	1318621.20	5604000.00	23.53%	1318621.20	0	
三、住房公积金	672480.00	5604000.00	12%	672480.00	0	
四、职工教育经费	84060.00	5604000.00	1.5%	84060.00	0	
合计	8640180.16	23393018.96		8656180.16	0	

审计结论:
经检查,2022年2月7日记7号凭证中,购买大米福利直接发放计入了管理费用,没有通过"应付职工薪酬—福利费"核算,导致福利费应计提金额和已计提金额有差异,所以应该补提"应交职工薪酬—福利费"16000元,再进行分配。

图 4-22　应付职工薪酬计提情况检查表

步骤三:编制"应付职工薪酬分配情况检查表(DF-5)"。

检查应付职工薪酬的确认,与生产成本、制造费用、在建工程等相关账项进行核对,确定会计处理是否符合企业会计准则的规定。并且针对本期应付职工薪酬的减少,检查支持性文件,确定会计处理是否正确。将相应的信息填列在"应付职工薪酬分配情况检查表"中,如图 4-23 所示。

项目名称	生产成本	制造费用	营业费用	职工薪酬-应付福利费	管理费用	合计	差异原因
一、工资	2880000.00	348000.00	615387.16		2111931.80	5955318.96	
二、职工福利费	402000.00	33500.00	33500.00		140700.00	609700.00	
三、社会保险费	677664.00	81884.40	60707.40		498365.40	1318621.20	
四、住房公积金	345600.00	41760.00	30960.00		254160.00	672480.00	
五、职工教育经费	43200.00	5220.00	3870.00		31770.00	84060.00	
合计	4348464.00	510364.40	744424.56		3036927.20	8640180.16	

审计结论:

经抽凭,发现2月7日记7号凭证购买大米福利没有计入应付职工薪酬,应进行调整,生产成本、制造费用、销售费用(营业费用)、管理费用中的薪酬明细科目也需跟着一起调整。

图 4-23　应付职工薪酬分配情况检查表

步骤四:编制"应付职工薪酬(支付)检查调查表(DF-6)"。

点击"应付职工薪酬(支付)情况检查表"标签项,检查应付职工薪酬的期后付款情况,并关注在资产负债表日至财务报表批准报出日之间,是否有确凿证据表明需要调整资产负债表日原确认的应付职工薪酬事项,并将检查的结果填列在"应付职工薪酬(支付)检查调查表"中,如图 4-24 所示。

记账日期	凭证编号	业务内容	对应科目	金额	核对内容(用"√"、"×"表示)					备注
					1	2	3	4	5	
2022-01-29	记-28	发放1月工资	银行存款	-45500.00	√	√	√	√		
2022-02-28	记-25	发放2月份工资	银行存款	-370121.63	√	√	√	√		
2022-03-29	记-26	发放本月工资福利	银行存款	-428383.10	√	√	√	√		
2022-04-30	记-26	发放本月工资福利	银行存款	-431657.56	√	√	√	√		
2022-05-31	记-28	发放本月工资福利	银行存款	-458594.08	√	√	√	√		
2022-06-28	记-21	发放本月工资福利	银行存款	-437847.58	√	√	√	√		
2022-07-27	记-23	发放本月工资福利	银行存款	-435745.06	√	√	√	√		
2022-08-31	记-19	发放本月工资福利	银行存款	-433905.17	√	√	√	√		
2022-09-30	记-22	发放9月份工资福利	银行存款	-429642.57	√	√	√	√		
2022-10-31	记-20	发放本月工资福利	银行存款	-431707.35	√	√	√	√		
2022-11-30	记-19	发放本月工资福利	银行存款	-433714.77	√	√	√	√		
2022-12-31	记-16	发放本月工资福利	银行存款	-436143.41	√	√	√	√		
2022-01-02	记-3	支付上月五险一金,工行手续费	银行存款	-165925.10	√	√	√	√		由于五险一金是根据岗位工资算的,岗位工资不变,职工未变化,故"应付职工薪酬—社保/住房公积金"未变,每月按时交纳上月的,每月业务处理一致,因此只抽1月和12月的
2022-12-01	记-1	支付上月五险一金,工行手续费	银行存款	-165925.10	√	√	√	√		

图 4-24　应付职工薪酬(支付)检查调查表

步骤五:编制"应付职工薪酬审定表(DF-2)"。

通过"资料查看—账簿—应付职工薪酬总账"查询到绵阳有色工资、社会保险费、福利费等明细账资料。了解该公司应付职工薪酬各分类下的期初余额、本年增加、本年减少以及期末余额等详细资料,如图 4-25 所示。

三栏式明细账

明细科目：应付职工薪酬-住房公积金

2022 月	日	凭证字号	摘要	借方	贷方	借或贷	余额	核对号
12	1		期初余额			贷	5604000	
	1	记-1	支付上月五险一金，工行手续费	5604000		平	0	
	31	记-15-1/4	核算非生产车间人员本月工资及五险一金		2724000	贷	2724000	
	31	记-15-2/4	核算生产车间人员本月工资及五险一金		2880000	贷	5604000	
	31		本月合计	5604000	5604000	贷	5604000	
	31		结转下年					

图 4-25　住房公积金明细账资料

根据“资料查看—前期资料”可以找到“2021 年绵阳有色金属制造有限公司审计报告”，查询到应付职工薪酬上期审定数，如图 4-26 所示。

4

资产负债表

会企01表

编制单位：绵阳有色金属制造有限公司　　2021年12月31日　　单位：元

资产	期末余额	上年年末余额	负债和所有者权益	期末余额	上年年末余额
流动资产：			流动负债：		
货币资金	12216646.15	8089811.17	短期借款	950000.00	800000.00
交易性金融资产	500000.00	0.00	交易性金融负债	0.00	0.00
衍生金融资产			衍生金融负债		
应收票据	0.00	536415.75	应付票据	0.00	28085.58
应收账款	96017.50	0.00	应付账款	30579.20	0.00
应收款项融资			预收款项	0.00	0.00
预付款项	0.00	0.00	合同负债	50362.50	0.00
其他应收款	0.00	0.00	应付职工薪酬	179935.10	161941.59
存货	622271.59	560044.43	应交税费	419497.55	417494.11
合同资产	0.00	0.00	其他应付款	103674.00	93306.60

图 4-26　应付职工薪酬上期审定数

通过“资料查看—前期资料”找到“2022 年资产负债表”，查询到应付职工薪酬本期期末未审数，如图 4-27 所示。

资产负债表

会企01表

编制单位：绵阳有色金属制造有限公司　　2022年12月31日　　单位：元

资产	期末余额	上年年末余额	负债和所有者权益	期末余额	上年年末余额
流动资产：			流动负债：		
货币资金	15941096.55	12216646.15	短期借款	1500000.00	950000.00
交易性金融资产	0.00	500000	交易性金融负债	0.00	0.00
衍生金融资产		0	衍生金融负债		0.00
应收票据	0.00	0.00	应付票据	0.00	0.00
应收账款	2680258.98	96017.5	应付账款	199088.24	30579.20
应收款项融资		0	预收款项	0.00	0.00
预付款项	0.00	0.00	合同负债	-1373940.00	50362.50
其他应收款	0.00	0.00	应付职工薪酬	263995.10	179935.10
存货	663624.61	622271.59	应交税费	381628.66	419497.55
合同资产	0.00	0.00	其他应付款	167174.00	103674.00
持有待售资产	0.00	0.00	持有待售负债	0.00	0.00

图 4-27　应付职工薪酬本期期末未审数

随后,将收集、整理的信息填列在"应付职工薪酬审定表"中,填列完整后如图 4-28 所示。

项目名称	期末未审数	账项调整		重分类调整		期末审定数	上期期末审定数
		借方	贷方	借方	贷方		
一、社会保险费	109885.10	0.00	0.00			109885.10	109885.10
二、福利费	0.00	16000.00	16000.00			0.00	0.00
三、工资	0.00	0.00	0.00			0.00	0.00
四、住房公积金	56040.00	0.00	0.00			56040.00	56040.00
五、职工教育经费	98070.00	0.00	0.00			98070.00	14010.00
合计	263995.10	16000.00	16000.00			263995.10	179935.10

图 4-28 应付职工薪酬审定表

小贴士:

在审查管理费用时发现,2022 年 2 月 7 日购买大米福利应计入应付职工薪酬,因此作如下账项调整:

借:应付职工薪酬——福利费   16 000.00
 贷:管理费用——工资福利   16 000.00

借:管理费用——工资福利   4 480.00
 销售费用——工资福利   960.00
 制造费用——工资福利——铝合金车间   320.00
 制造费用——工资福利——镁合金车间   640.00
 生产成本——直接人工——铝合金车间   4 800.00
 生产成本——直接人工——镁合金车间   4 800.00
 贷:应付职工薪酬——福利费   16 000.00

项 目 小 结

本项目主要对"了解工薪与人事循环内部控制""工薪与人事循环控制测试"以及"应付职工薪酬审计"三个工作任务进行了理论要点的梳理和实操要点的说明。其中,"控制测试程序"以及"应付职工薪酬计提、分配及支付检查"等相关审计程序值得大家重点关注,如图 4-29 所示。

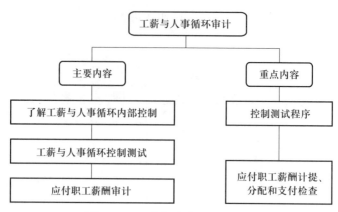

图 4-29 工薪与人事循环流程图

项目技能训练

第一部分：练习题

一、单项选择题

1. 下列各项中，属于应付职工薪酬审计的实质性测试程序的是( )。

A. 询问和观察人事、考勤、工薪发放、记录等职责执行情况

B. 复核人事政策、组织结构图

C. 对本期工资费用进行分析性复核

D. 检查工资分配表、工资汇总表、工资结算表，并核对员工工资手册、员工手册等

2. 为了防止向员工过量支付工薪，或向不存在的员工支付工薪，下列最有效的内部控制措施是( )。

A. 资产和记录的实物控制

B. 适当的凭证和记录

C. 适当的授权

D. 适当的职责分离

3. 下列关于工薪与人事循环的内部控制中，恰当的是( )。

A. 甲职员负责考勤制度的审核、工资的计算，乙职员负责工资的审核和发放

B. 甲职员负责考勤制度的管理、审核和工资的计算，同时对乙职员的工资发放过程进行监督

C. 甲职员负责工薪支付的批复，乙职员负责工薪总额的计算审核和扣除额审核，并批准该金额

D. 甲职员负责工资支付的全过程

4. 下列控制测试中( )可以证实记录的工薪为实际发生而非虚构。

A. 检查工薪分配表

B. 检查工时卡的核准说明

C. 检查工薪核算表

D. 检查工薪汇总表

5. 关于工薪与人事循环的内部控制和审计测试,以下说法中不正确的是( )。

A. 将工薪费用分配表、工薪汇总表、工薪结算表与有关费用明细账核对可以实现完整性

B. 支票应由有关专职人员签字,工薪应当由独立于工薪和考勤职能之外的人员发放

C. 有权雇佣和解雇员工的人员可兼管工薪的编制和记录

D. 在对工薪与人事循环实施审计时,管理层在实施监控程序时实施的高层次控制是注册会计师拟信赖的特别重要的控制

6. 与对本期工薪费用实施分析程序不相关的认定是( )。

A. 发生   B. 完整性

C. 准确性   D. 分类与列报

7. 下列属于对应付职工薪酬实施的实质性程序的是( )。

A. 检查工资卡的有关核准

B. 检查工薪记录中有关内部检查的标记

C. 检查人事档案中的授权

D. 将工时卡和工时记录等进行比较

二、多项选择题

1. 注册会计师测试被审计单位应付职工薪酬要实现的主要目标是( )。

A. 应付职工薪酬的计提是否正确

B. 应付职工薪酬是否记录在正确的会计期间

C. 确保不发生多计或虚构应付职工薪酬

D. 测试是否发生少报或漏报应付职工薪酬

E. 测试应付职工薪酬对利润的影响

2. 应付职工薪酬的核算内容包括( )。

A. 职工福利费

B. 现金结算的股份支付

C. 职工教育经费

D. 住房公积金

3. 工薪和人事循环主要涉及的业务活动有( )。

A. 批准招聘

B. 记录工作时间或产量

C. 计算工薪总额和扣除

D. 支付工薪净额

4. 下列可能导致工薪交易和余额产生重大错报风险的有( )。

A. 将工薪支付给错误的员工

B. 在工薪单上虚构员工

C. 在进行工薪处理过程中出错

D. 电子货币转账系统的银行账户不正确

5. 能证明应付职工薪酬以正确的金额在恰当的会计期间及时记录于适当的账户的实质性程序有( )。

　　A. 对本期工薪费用实施分析程序

　　B. 检查工薪的计提是否正确,分配方法是否与上期一致

　　C. 人事、考勤、工薪记录与发放等职务相互分离

　　D. 选取样本测试工薪费用的归集和分配

　　6. 注册会计师正在对被审计单位的应付职工薪酬实施分析程序,下列分析可能发现数据异常波动的有(　　　　　　)。

　　A. 比较被审计单位员工人数的变动情况,检查被审计单位各部门各月工资费用的发生额

　　B. 比较本期与上期工资费用总额

　　C. 结合员工社保缴纳情况,明确被审计单位员工范围

　　D. 比较本期应付职工薪酬余额与上期应付职工薪酬余额

　　7. 对本期工薪费用实施分析程序,检查工薪的计提是否正确、分配方法是否与上期一致,可以实现的审计目标有(　　　　　　)。

　　A. 完整性

　　B. 发生

　　C. 准确性

　　D. 准确性、计价和分摊

　　8. 注册会计师在审计甲股份有限公司(简称甲公司)2022年度财务报表时,为了确定甲公司所有应当记录的应付职工薪酬均已记录,下列拟实施的实质性程序中恰当的有(　　　　　　)。

　　A. 比较本期与上期工资费用总额,要求甲公司解释其降低的原因,并取得公司管理层关于员工工资标准的决议

　　B. 检查应付职工薪酬的期后付款情况

　　C. 获取或编制应付职工薪酬明细表,复核加计是否正确,并与报表数、总账数和明细账合计数核对是否相符

　　D. 检查应付职工薪酬是否已按照企业会计准则的规定在财务报表中作出恰当的列报

第二部分:实训题

　　以福思特审计人员的身份登录审计之友平台,选择“绵阳有色金属制造有限公司”案例实训,完成该公司工薪与人事循环审计的实操任务。

项目五　生产与仓储循环审计①

◆ **项目引导**

微课视频：守护"边城"绿水青山

守护好"边城"绿水青山

　　距离凤凰古城不远的湘西土家族苗族自治州花垣县锰矿和铅锌矿资源丰富，但由于历史上的粗放发展、滥采乱挖，生态宜人的"边城"一度成了污染严重的"黑城"。

　　2020年，审计署长沙特派办重点审计花垣县历史遗留的环境问题。初次来到花垣县时，有审计人员甚至发出了疑惑的声音，"这么美丽的地方，怎么会有前期了解到的环境污染隐患。莫非，我们的分析出现了偏差？"

　　审计人员来到了某冶炼企业的厂区，根据前期收集的资料，对大量危险废物转运联单进行比对分析。审计人员发现，同一时间段、同一接收处置利用企业在环保部门提供的危险废物转运联单上的盖章有差异，涉及数量巨大！审计组判断，这些联单中一定存在伪造的情况。

　　当时审计反映的问题属实，地方政府高度重视，马上整改。经过几个月落实整改，当审计人员再次来到这座美丽的"边城"小镇，经审计组现场核实，所有的超期贮存危险废物已全部合法转移，相关环境污染隐患已全部消除。

　　案例思考：

　　1. 为了进一步加深对习近平生态文明思想的理解，请同学们结合本案例，谈一谈"绿水青山是谁的金山银山？"

　　2. 请同学们思考审计组在审计过程中，当发现危险废物转运联单上的盖章有问题时，如何进行现场取证？

　　3. 作为审计人员，在进行生产成本与存货循环审计中要具有哪些职业素养？

　　提示：

　　生产与存货的循环审计是制造企业审计工作中一个重要的环节。如何做好生产与存货循环审计，主要是需要熟悉业务流程，做好内部控制测试，掌握产品成本与存货审计的方法。

---

　　① 注：本项目生产与仓储循环内容与CPA中生产与存货循环内容基本一致。

◆　教学目标

1. 知识目标

（1）熟悉生产与仓储循环内部控制活动。

（2）熟悉生产与仓储循环内部控制测试程序及方法。

（3）熟悉存货实质性程序，包括但不限于监盘程序。

2. 技能目标

（1）提高自我学习和分析问题、解决问题的能力，熟练掌握存货监盘以及其他相关账户审计的技能。

（2）能够编制生产成本、存货审计工作底稿。

3. 素养目标

（1）培养严谨细致的职业素养，能够完成各种生产成本情况检查表、费用明细表等；完成存货明细表、询证函、截止测试表、监盘报告表等。

（2）培养合规意识、理性的审计法律意识，拓展学习生产与仓储循环审计相关法律法规。

（3）学习生产成本与存货审计相关法律法规，培养诚实守信的品质，提高法治意识。

◆　知识导图

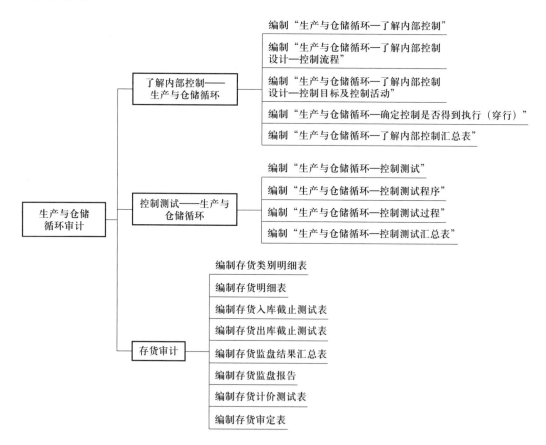

任务一　了解内部控制——生产与仓储循环

【任务引例】

在审计工作的计划阶段,审计人员李丽应当对生产与存货循环中的业务活动进行充分了解和记录,通过分析业务流程中可能发生重大错报的环节,进而识别和了解被审计单位为应对这些可能的错报而设计的相关控制,并通过诸如穿行测试等方法对这些流程和相关控制加以证实。

【知识准备】

本业务主要了解生产与仓储循环涉及的主要业务活动和相关的内部控制,执行穿行测试等程序,证实对业务流程和相关控制活动的了解,并确定相关控制是否得到执行。

企业生产与存货循环涉及的业务及内部控制如下。

一、计划和安排生产

生产计划部门的职责是根据客户订购单或者对销售预测和产品需求的分析来决定生产授权。如决定授权生产,即签发预先顺序编号的生产通知单。该部门通常应将发出的所有生产通知单顺序编号并加以记录控制。此外,通常该部门还需编制一份材料需求报告,列示所需要的材料和零件及其库存。

二、发出原材料

仓库部门的责任是根据从生产部门收到的领料单发出原材料。领料单上必须列示所需的材料数量和种类,以及领料部门的名称。领料单可以"一料一单",也可以"多料一单",通常需"一式三联"。仓库发料后,将其中一联连同材料交给领料部门,一联留在仓库登记材料明细账,一联交财务部门进行材料收发核算和成本核算。

三、生产产品

生产部门在收到生产通知单及领取原材料后,便将生产任务分解到每一个生产工人,并将所领取的原材料交给生产工人,据以执行生产任务。生产工人在完成生产任务后,将完成的产品交生产部门查点,然后转交检验员验收并办理入库手续;或是将所完成的产品移交下一个部门,做进一步加工。

四、核算产品成本

为了正确核算并有效控制产品成本,必须建立健全成本会计制度,将生产控制和成本核算有机结合在一起。一方面,生产过程中的各种记录、生产通知单、领料单、计工单、入库单等文件资料都要汇集到财务部门,由财务部门对其进行检查和核对,了解和控制生产过程中存货的实物流转;另一方面,财务部门要设置相应的会计账户,会同有关部门对生产过程中的成本进行核算和控制。成本会计制度可以非常简单,只是在期末记录存货余额;也可以是完善的标准成本制度,持续地记录所有原材料、在产品和产成品,并形成对成本差异的分析报告。完善的成本会计制度应该提供原材料转为在产品,在产品转为产成品,以及按成本中心、分批次生产下的任务通知单或生产周期内所消耗的材料、人工和间接费用的分配与归集的详细资料。

五、储存产成品

产成品入库,须由仓库部门先行点验和检查,然后签收。签收后,需将实际入库数量通知财务部门。据此,仓库部门确立了本身应承担的责任,并对验收部门的工作进行验证。除此之外,仓库部门还应根据产成品的品质特征分类存放,并填制标签。

六、发出产成品

产成品的发出须由独立的发运部门进行。装运产成品时必须持有经有关部门核准的发运通知单,并据此编制出库单。出库单一般为"一式四联":一联送交仓库部门;一联由发运部门留存;一联送交顾客;一联作为给顾客开发票的依据。

七、存货盘点

管理人员编制盘点指令,安排适当人员对存货实物(包括原材料、在产品和产成品等所有存货类别)进行定期盘点,将盘点结果与存货账面数量进行核对,调查差异并进行适当调整。

【任务描述】

根据了解的绵阳有色生产与仓储循环的内部控制编制相应的工作底稿,完成以下任务。

(1)编制"生产与仓储循环—了解内部控制(BE-11)"。

(2)编制绵阳有色生产与仓储循环控制流程底稿"生产与仓储循环—了解内部控制设计—控制流程(BE-13)"。

(3)编制"生产与仓储循环—了解内部控制设计—控制目标及控制活动(BE-14)",并评价绵阳有色生产与仓储循环内部控制设计的合理性。

(4)编制并评价绵阳有色生产与仓储循环内部控制是否得到执行的穿行测试底稿"生产与仓储循环—确定控制是否得到执行(穿行)(BE-15)"。

(5)在上述任务基础上编制生产与仓储循环"生产与仓储循环—了解内部控制汇总表(BE-12)"并完善底稿"生产与仓储循环—了解内部控制(BE-11)"。

【业务操作】

步骤一:编制"生产与仓储循环—了解内部控制(BE-11)"。

根据"其他资料—生产与仓储循环—了解内部控制"工作记录填列形成工作底稿,如图 5-1 所示。

生产与仓储循环—了解内部控制

被审计单位:	绵阳有色金属制造有限公司	索引号:	BE-11
项目:	生产与仓储循环—了解内部控制	财务报表截止日/期间:	2022-12-31
编制:	李丽	复核:	郑和气
日期:	2023-03-02	日期:	2023-03-02

了解本循环内部控制的工作包括:

1. 了解被审计单位生产与仓储循环中与财务报告相关的业务流程,并记录获得的了解。
2. 了解被审计单位与审计相关的内部控制,并记录相关控制活动及控制目标,以及受该控制活动影响的交易类别、账户余额和披露及其认定。
3. 执行穿行测试等程序,证实对业务流程和相关控制活动的了解,并确定相关控制是否得到执行。
4. 记录在了解和评价生产与仓储循环的控制设计和执行过程中识别的风险,以及拟采取的应对措施。

了解本循环内部控制形成下列审计工作底稿:

BE-12	了解内部控制汇总表
BE-13	了解内部控制设计—控制流程
BE-14	评价内部控制设计—控制目标及控制活动
BE-15	确定控制是否得到执行(穿行测试)

编制说明:

1. 在了解控制的设计并确定其是否得到执行时,应当使用询问、检查和观察程序,并记录所获取的信息和审计证据来源。
2. 如果拟利用以前审计获取的有关控制运行有效性的审计证据,应当考虑被审计单位的业务流程和相关控制自上次测试后是否发生重大变化。

图 5-1 生产与仓储循环—了解内部控制

步骤二: 编制"生产与仓储循环—了解内部控制设计—控制流程(BE-13)"。

根据"其他资料—生产与仓储循环—控制流程"工作记录和前期了解的信息,摘录并填列于对应部分,如图 5-2 所示。

步骤三: 编制"生产与仓储循环—了解内部控制设计—控制目标及控制活动(BE-14)"。

继续点击"生产与仓储循环—了解内部控制设计—控制目标及控制活动"标签,以"材料验收与仓储"活动为例,填列该活动所要达到的目标,然后根据"其他资料—生产与仓储循环—控制目标及控制活动"工作记录,查找对应控制活动,拆解为控制活动单元后填列在本底稿中与控制目标对应的"被审计单位的控制活动"栏,并填列在"受影响的相关交易和账户余额及其认定",如图 5-3 所示。

步骤四: 编制"生产与仓储循环—确定控制是否得到执行(穿行)(BE-15)"。

点击"生产与仓储循环—确定控制是否得到执行(穿行)"记录穿行测试过程。以"计划与生产安排"为例,检查生产计划表等原始凭证是否存在,是否经过审核,是否留下签章;根据测试情况,记录并填列"生产与仓储循环控制执行情况的评价结果"信息。执行该过程程序中认为需要关注的事项或其他发现的事实记录在附注中,填列完成后如图 5-4 所示。

步骤五: 编制"生产与仓储循环—了解内部控制汇总表(BE-12)"。

点击"生产与仓储循环—了解内部控制汇总表",依据"其他资料—生产与仓储循环—了解内部控制汇总表"工作记录进行编制,如图 5-5 所示。

2.主要业务活动介绍

绵阳有色金属制造有限公司现行的生产和仓储政策和程序经执行董事批准,如果需对该项政策和程序作出任何修改,均应经执行董事批准后方能执行。本年度该项政策和程序没有发生变化。

绵阳有色金属制造有限公司的存货为原材料、产成品。其中,原材料主要为镁、铝、铜,产成品主要为铝合金和镁合金等。两种产品由两个生产车间完成。

绵阳有色金属制造有限公司存货按取得时的实际成本计价,包括采购成本、加工成本和其他使存货达到目前场所和使用状态所发生的支出。材料发出时,按先进先出法确定其实际成本。

绵阳有色金属制造有限公司使用智联系统中的生产子模块维护生产过程中的产量记录,自动记录原材料耗用及流转的情况,以及自制半成品和产成品的生产状态,并生成生产日志;同时,智联系统还对生产成本中各项组成部分进行归集和分摊(其中:直接材料按订单号予以归集,不计算半成品成本;直接人工费用和制造费用按各订单的材料耗用量在不同订单之间分配),生成记账凭证并过账至生产成本及原材料明细账和总分类账。

(注:此处应记录对本循环主要业务活动的了解。例如:被审计单位主要采购内容和采购方式、相关文件记录、对生产与仓储政策的制定和修改程序、对职责分工政策的制定和修改程序等。)

(1)材料验收与仓储

采购的材料运达绵阳有色金属制造有限公司后,材料仓库收发员杨万历比较所收材料与采购订单的要求是否相符,并检查其质量等级。验收无误后,材料仓库收发员杨万历签发预先编号的验收单,作为检验材料的依据。对于单价在人民币5000元以上的材料,还需材料仓库经理廖东升验收签字。

根据验收单,材料仓库记账员曾军清点商品数量,对已验收商品进行保管,仓储区相对独立,限制无关人员接近。材料仓库记账员曾军负责将购入材料的采购订单编号、验收单编号,材料数量、规格等信息输入系统,经材料仓库经理廖东升复核并以电子签名方式确认后,智联系统自动更新材料明细账。

如某种原材料库存不足,材料仓库记账员曾军编制待购材料明细表,经材料仓库经理廖东升复核后,及时通知生产部门及采购部门原材料的库存情况。

图 5-2 生产与仓储循环—了解内部控制设计—控制流程

主要业务活动	控制目标	受影响的相关交易和账户余额及其认定	常用的控制活动	被审计单位的控制活动	控制活动对实现控制目标是否有效(是/否)
材料验收与仓储	已验收材料均确附有有效采购订单	存货:存在	验收单与采购订单应进行核对	材料仓库收发员杨万历比较所收材料与采购订单的要求是否相符,并检查其质量等级。验收无误后,材料仓库收发员杨万历签发预先编号的验收单,作为检验材料的依据。对于单价在人民币5000元以上的材料,还需材料仓库经理廖东升验收签字	是
材料验收与仓储	已验收材料均确已准确记录	存货:计价和分摊 主营业务成本:准确性、分类	管理层定期复核以确保记录的正确性	材料仓库记账员曾军负责将购入材料的采购订单编号、验收单编号,材料数量、规格等信息输入系统,经材料仓库经理廖东升复核并以电子签名方式确认后,智联系统自动更新材料明细台账	是
材料验收与仓储	已验收材料均已记录	存货:完整性 主营业务成本:完整性	验收单均预先连续编号并已记录	验收无误后,材料仓库收发员杨万历签发预先编号的验收单。根据验收单,材料仓库记账员曾军负责将购入材料的采购订单编号、验收单编号,材料数量、规格等信息输入系统,经材料仓库经理廖东升复核并以电子签名方式确认后,智联系统自动更新材料明细台账	是
材料验收与仓储	已验收材料均已于适当期间进行记录	存货:存在、完整性 主营业务成本:截止	定期由不负责日常存货保管或存货记录的人员来盘点实地存货,如有差异应及时调查和处理	仓库分别于每月、每季和年度终了,对存货进行盘点,财务部门对盘点结果进行复盘。材料仓库记账员曾军、产成品仓库记账员杨文编写存货盘点明细表,发现差异及时处理,经材料仓库经理廖东升、产成品仓库经理刘万文、财务经理张佳茹、生产经理杨静华复核后调整入账	是

图 5-3 生产与仓储循环—了解内部控制设计—控制目标及控制活动

生产与仓储循环穿行测试—和计划与安排生产有关的业务活动的控制

主要业务活动	测试内容	测试结果
计划与安排生产	检查凭证中是否包括三个关键点的恰当审批；检查生产指令、领料单、工薪等是否经过授权	控制得到执行

生产与仓储循环穿行测试—与存货实物流转有关的业务活动的控制

主要业务活动	测试内容	测试结果
原材料领用	以经过审核的领料单领取原材料	控制得到执行
半成品入库	不适用	
半成品出库	不适用	
产成品入库	产成品入库填写了入库单，且数量与账面一致	控制得到执行
产成品出库	出库填写了出库单，且数量与账面一致	控制得到执行

生产与仓储循环穿行测试—与生产成本归集、分配、结转有关的业务活动的控制

主要业务活动	测试内容	测试结果
生产成本归集	检查有关成本的记账凭证是否附有生产通知单、领料单、工时记录、工薪费用分配表、材料费用和制造费用分配表等	控制得到执行
生产成本结转	检查结转的成本是否与入库的数量和金额一致	控制得到执行

注：1. 对于生产成本在完工产品和在产品之间的分配，以及完工产品成本在不同产品类别之间的分配相关的控制活动的穿行测试，我们利用计算机专家的工作，相关工作底稿见信息系统审计部分（信息系统审计工作底稿略）。2. 对人工费用、制造费用的归集，分别见相关业务循环底稿。

图 5-4 生产与仓储循环—确定控制是否得到执行（穿行）

2. 主要业务活动

主要业务活动	是否在本循环中进行了解？
材料验收和仓储	是
计划和安排生产	是
生产与发运	是
存货管理	是

（注：注册会计师通常应在本循环中了解与上述业务活动相关的内部控制，如果计划在其他业务循环中对上述一项或多项业务活动的控制进行了解，应在此处说明原因。）

3. 了解交易流程

根据对交易流程的了解，记录如下：

(1) 是否委托其他服务机构执行主要业务活动？如果被审计单位使用其他服务机构，将对审计计划产生哪些影响？

否，被审计单位未委托服务机构执行主要业务活动。

(2) 是否制定了相关的政策和程序以保持适当的职责分工？这些政策和程序是否合理？

制定了相关的政策和程序以保持适当的职责分工，这些政策和程序合理。

(3) 自前次审计后，被审计单位的业务流程和控制活动是否发生重大变化？如果已发生变化，将对审计计划产生哪些影响？

业务流程和控制活动未发生重大变化。

(4) 是否识别出本期交易过程中发生的控制偏差？如果已识别出控制偏差，产生偏差的原因是什么，将对审计计划产生哪些影响？

未识别。

(5) 是否识别出非常规交易或重大事项？如果已识别出非常规交易或重大事项，将对审计计划产生哪些影响？

未识别。

图 5-5 生产与仓储循环—了解内部控制汇总表

任务二 控制测试——生产与仓储循环

【任务引例】

李丽和郑和气针对了解的被审计单位生产与存货循环的控制活动,确定拟进行测试的控制活动以此测试控制运行的有效性,记录测试过程和结论。根据测试结论,确定对实质性程序的性质、时间安排和范围的影响。

【知识准备】

风险评估和风险应对是整个审计过程的核心,因此,注册会计师通常以识别的重大错报风险为起点,选取拟测试的控制并实施控制测试。表 5-1 列示了通常情况下注册会计师对生产和存货循环实施的控制测试。

表 5-1 生产与存货循环的风险、存在的控制及控制测试程序

可能发生错报的环节	相关财务报表项目及认定	存在的内部控制	内部控制测试程序
发出原材料			
发出的原材料可能未正确记入相应产品的生产成本中	存货:准确性、计价和分摊;营业成本:准确性	生产主管每月末将其生产任务单及相关领料单存根联与材料成本明细表进行核对,调查差异并处理	检查生产主管核对材料成本明细表的记录,并询问其核对过程及结果
记录人工成本			
生产工人的人工成本可能未得到准确反映	存货:准确性、计价和分摊;营业成本:准确性	人事部每月编制工薪费用分配表,按员工所属部门将工薪费用分配至生产成本、制造费用、管理费用和销售费用,经财务经理复核后入账	(1)检查系统中员工的部门代码设置是否与其实际职责相符 (2)询问并检查财务经理发核工资费用分配表的过程和记录
记录制造费用			
发生的制造费用可能没有得到完整归集	存货:准确性、计价和分摊、完整性;营业成本:准确性、完整性	成本会计每月复核系统生成的制造费用明细表并调查异常波动。必要时由财务经理批准进行调整	(1)检查系统的自动归集设置是否符合有关成本和费用的性质,是否合理 (2)询问并检查成本会计复核制造费用明细表的过程和记录,检查财务经理对调整制造费用的分录的批准记录

续表

可能发生错报的环节	相关财务报表项目及认定	存在的内部控制	内部控制测试程序
盘点存货			
存货可能被盗或因材料领用及产品销售未入账而出现账实不符	存货:存在	(1)仓库保管员每月末盘点存货并与仓库台账核对并调节一致;成本会计监督其盘点与核对,并抽查部分存货进行复盘 (2)每年末盘点所有存货,并根据盘点结果分析盘盈盘亏并进行账面调整	无
计提存货跌价准备			
可能存在残冷背次的存货,影响存货的价值	存货:准确性、计价和分摊;资产减值损失:完整性	财务部根据系统生成的存货货龄分析表,结合生产和仓储部门上报的存货损毁情况及存货盘点中对存货状况的检查结果,计提存货减值准备,报总经理审核批准后入账	询问财务经理识别减值风险并确定减值准备的过程,检查总经理的复核批准记录

5

【任务描述】

（1）回顾前期工作所了解的绵阳有色生产与仓储循环内部控制。

（2）测试绵阳有色生产与仓储循环内部控制,并编制相关工作底稿:

① 通过生产与仓储循环控制目标,并根据李丽前期了解的绵阳有色生产与仓储循环内部控制和各控制活动单元执行的次数确定控制测试的数量,编制底稿"生产与仓储循环—控制测试（BF-9）"、底稿"生产与仓储循环—控制测试程序（BF-10）",及完善底稿"生产与仓储循环—控制测试（BF-9）"。

② 执行控制测试过程,编制底稿"生产与仓储循环—控制测试过程（BF-11）"。

③ 编制"生产与仓储循环—控制测试结果汇总表（BF-12）"。

【业务操作】

步骤一: 编制"生产与仓储循环—控制测试（BF-9）"。

点击"生产与仓储循环—控制测试",开始编制生产与仓储循环控制测试程序的底稿。根据底稿 BF-10 至 BF-12 总体内容和目的以及控制测试的一般程序填写如图 5-6 所示。

步骤二: 编制"生产与仓储循环—控制测试程序（BF-10）"。

点击"生产与仓储循环—控制测试程序"标签,根据前面所了解的生产与仓储循环内部控制活动,填写"执行控制的频率",然后根据绵阳有色对应控制活动单元,确定"控制测试程序",如图 5-7 所示。

生产与仓储循环—控制测试

被审计单位：	绵阳有色金属制造有限公司	索引号：	BF-9
项目：	生产与仓储循环—控制测试	财务报表截止日/期间：	2022-12-31
编制：	李丽	复核：	郑和气
日期：	2023-03-03	日期：	2023-03-03

测试本循环控制运行有效性的工作包括：

1．针对了解的被审计单位生产与仓储循环的控制活动，确定拟进行测试的控制活动。
2．测试控制运行的有效性，记录测试过程和结论。
3．根据测试结论，确定对实质性程序的性质、时间安排和范围的影响。

了解本循环内部控制形成下列审计工作底稿：

BF-12	了解内部控制汇总表	
BF-11	了解控制测试过程	
BF-10	了解控制测试程序	

编制说明：

本审计工作底稿用以记录下列内容：
(1)BF-12：汇总对本循环内部控制运行有效性进行测试的主要内容和结论；
(2)BF-10：记录控制测试程序；
(3)BF-11：记录控制测试过程。

测试本循环控制运行有效性形成下列审计工作底稿：

| BF-12 | 控制测试汇总表 | |
| BF-11 | 控制测试过程 | |

图 5-6　生产与仓储循环—控制测试

(2)其他测试程序

控制目标(SCL-3)	被审计单位的控制活动(SCL-3)	控制测试程序	执行控制的频率	所测试的项目数量	索引号
已验收材料均确附有有效采购订单	材料仓库收发员杨万历比较所收材料与采购订单的要求是否相符，并检查其质量等级。验收无误后，材料仓库收发员杨万历签发预先编号的验收单，作为检验材料的依据。对于单价在人民币5000元以上的材料，还需材料仓库经理廖东升验收签字	抽取验收单检查是否与采购订单内容一致	每日执行多次	1	BF-10
已验收材料确已准确记录	材料仓库记账员曾军负责将购入材料的采购订单编号、验收单编号、材料数量、规格等信息输入系统，经材料仓库经理廖东升复核并以电子签名方式确认后，智联系统自动更新材料明细台账	抽取验收单检查输入是否正确并经复核确认	每日执行多次	1	BF-10
已验收材料均已记录	验收无误后，材料仓库收发员杨万历签发预先编号的验收单。根据验收单，材料仓库记账员曾军负责将购入材料的采购订单编号、验收单编号、材料数量、规格等信息输入系统，经材料仓库经理廖东升复核并以电子签名方式确认后，智联系统自动更新材料明细台账	抽取验收单检查是否已输入系统	每日执行多次	1	BF-10
已验收材料均已于适当期间进行记录	仓库分别于每月、每季和年度终了，对存货进行盘点，财务部门对盘点结果进行复盘。材料仓库记账员曾军、产成品仓库记账员杨学文编写存货盘点明细表，发现差异及时处理，经材料仓库经理廖东升、产成品仓库经理刘万文、财务经理张佳茹、生产经理杨静华复核后调整入账	抽取存货盘点报告并检查是否经适当层次复核，有关差异是否得到处理	每月执行一次	1	BF-10

图 5-7　生产与仓储循环—控制测试程序

步骤三：编制"生产与仓储循环—控制测试过程（BF-11）"。

点击"生产与仓储循环—控制测试过程"，开始记录并编写控制测试的过程：根据实际情况（项目分工及项目信息）填写表头部分；通过1-4项的业务控制活动，结合上一环节确定的控制测试程序，开始执行控制测试。以"1.和材料验收与仓储有关的业务活动的控制"为例，选取编号为"0102#（2022.01.03）"的验收单和对应凭证，摘取相关信息并核对，填于表中对应部分，其他业务活动的测试过程同理，如图5-8所示。

1.和材料验收与仓储有关的业务活动的控制

主要业务活动	材料验收					仓储		
测试内容	验收单编号#(日期)	验收内容	相对应的采购订单编号#(日期)	验收单与采购订单是否一致(是/否)	单价在人民币×元以上的材料，是否经质检经理签字(是/否，如适用)	采购材料信息是否已正确输入系统(是/否)	仓储经理是否复核输入信息(是/否)	系统是否已更新(是/否)
材料验收	0102#(2022.01.03)	原材料-镁	202201001G#(2022.01.03)	是	是	是	是	是

图5-8　生产与仓储循环—控制测试

步骤四：编制"生产与仓储循环—控制测试汇总表（BF-12）"。

点击"生产与仓储循环—控制测试汇总表"，根据底稿BF-10和BF-11，继续编制控制测试汇总表，一一对应，并得出"内部控制得到有效执行"的结论，编制完成结果如图5-9所示。

2. 控制测试结论

内部控制得到有效执行。

控制目标(SCL-3)	被审计单位的控制活动(SCL-3)	控制活动对实现控制目标是否有效(是/否)(SCL-3)	控制活动是否得到执行(是/否)(SCL-4)	控制活动是否有效运行(是/否)(SCC-3)	控制测试结果是否支持实施风险评估程序获取的审计证据(支持/不支持)
已验收材料均确附有有效采购订单	材料仓库收发员杨万历比较所收材料与采购订单的要求是否相符，并检查其质量等级。验收无误后，材料仓库收发员杨万历签发预先编号的验收单，作为检验材料的依据。对于单价在人民币5000元以上的材料，还需材料仓库经理廖东升验收签字	是	是	是	支持
已验收材料均已准确记录	材料仓库记账员曾军负责将购入材料的采购订单编号、验收单编号、材料数量、规格等信息输入系统，经材料仓库经理廖东升复核并以电子签名方式确认后，智联系统自动更新材料明细台账	是	是	是	支持
已验收材料均已记录	(1)验收无误后，材料仓库收发员杨万历签发预先编号的验收单 (2)根据验收单，材料仓库记账员曾军负责将购入材料的采购订单编号、验收单编号、材料数量、规格等信息输入系统，经材料仓库经理廖东升复核并以电子签名方式确认后，智联系统自动更新材料明细台账	是	是	是	支持
已验收材料均已于适当期间进行记录	仓库分别于每月、每季和年度终了，对存货进行盘点，财务部门对盘点结果进行复盘。材料仓库记账员曾军、产成品仓库记账员杨文文编写存货盘点明细表，发现差异及时处理，经材料仓库经理廖东升、产成品仓库经理刘万文、财务经理张佳茹、生产经理杨静华复核后调整入账	是	是	是	支持

图5-9　生产与仓储循环—控制测试汇总表

小贴士：

穿行测试是注册会计师通过追踪交易在财务报告信息系统中的处理过程,证实其对控制的了解、评价控制设计的有效性以及确定控制是否得到执行的一种审计程序。它是注册会计师了解被审计单位业务流程及其相关控制时经常使用的审计程序,但它不是单独的一种程序,而是将多种程序按特定审计需要进行结合运用的方法。其目的是确认对业务流程(包括相关书面记录)的了解是否准确和完整(借助交易轨迹来追查每个交易种类的某笔交易,与此同时,确认和观察有关的控制政策和程序);评价控制设计是否能及时预防或发现并纠正重大错报;确定控制是否得到执行(穿行测试更多地在了解内部控制时运用,检查内控是否得到相应的设计和执行)。

任务三　存 货 审 计

【任务引例】

李丽和郑和气针对了解的被审计单位生产与仓储循环的控制活动,确定拟进行测试的控制活动以此测试控制运行的有效性,记录测试过程和结论。根据测试结论,李丽认为被审计单位生产与仓储循环的控制是有效的,可以直接进行实质性程序。马方和郑和气获取了存货明细表,对存货实施了账项检查、盘点、截止测试等实质性程序。

【知识准备】

根据绵阳有色存货明细账余额及本期发生业务,可以实施的存货审计实质性程序包括：

(1)获取或编制存货明细表,复核加计正确并与总账数、报表数及明细账合计数核对是否相符。检查存货明细表中是否有异常或负金额(包括数量为负或金额为负)的项目。

(2)实施存货监盘程序,编制存货监盘报告。

(3)截止测试。

① 存货入库截止测试：

根据采购合同中与存货所有权转移有关的主要条款,确认存货确认的关键条件,据此进一步执行以下程序：

在存货明细账的借方发生额中选取资产负债表日前后 X 张、金额 X 元以上的凭证,并与入库单或其他表明所有权转移的单据核对,以确定原材料入库被记录在正确的会计期间。

在入库记录或者表明所有权转移的单据中选取资产负债表日前后 X 张、金额 X 元以上的凭证,与存货明细账的借方发生额进行核对,以确定存货入库被记录在正确的会计期间。

检查入库记录编号是否与执行存货监盘程序表中获取的截止性资料编号存在序列冲突。

② 存货出库截止测试：

在存货明细账的贷方发生额中选取资产负债表日前后、金额在重要性水平以上的凭证,并与出库单核对，以确定存货出库被记录在正确的会计期间。

在出库记录中选取资产负债表日前后 X 张、金额 X 元以上的凭证，与存货明细账的贷方发生额进行核对，以确定存货出库被记录在正确的会计期间。

检查出库记录编号是否与执行存货监盘程序表中获取的截止性测试资料编号存在冲突。

（4）对本期发生的存货增减变动，检查至支持性文件，确定会计处理是否正确。

（5）评价存货跌价准备计提是否合理，并在工作底稿中记录测试过程。如果识别出与存货跌价准备相关的重大错报风险，执行"审计会计估计（包括公允价值会计估计）和相关披露"中"应对评估的重大错报风险"所述的程序，并在本账项工作底稿中记录测试过程。

【任务描述】

根据对绵阳有色存货实施实质性程序编制相关工作底稿：

（1）编制审计底稿"存货类别明细表（CI-3）"。

（2）编制审计底稿"存货明细表（CI-4）"。

（3）编制审计底稿"存货入库截止测试（CI-6）"。

（4）编制审计底稿"存货出库截止测试（CI-7）"。

（5）编制"存货监盘结果汇总表（CI-10）"。

（6）监盘存货并完成底稿"存货监盘报告（CI-9）"。

（7）编制"存货计价测试表（CI-14）"。

（8）编制审计底稿"存货审定表（CI-2）"。

【业务操作】

步骤一：编制"存货类别明细表（CI-3）"。

点击"存货类别明细表（CI-3）"，通过"资料查看—账簿"查看存货（原材料、库存商品）的总账和明细账合计数，如图5-10所示。

图 5-10 查看账簿

通过"资料查看—其他资料—资产负债表"查看存货的报表数,如图 5-11 所示。

资产负债表

2022 年 12 月 31 日

会企 01表

企业名称: 绵阳有色金属制造有限公司

单位: 元

资产	实际期末余额	上报期末余额	实际年初余额	上报年初余额	负债和股东权益	实际期末余额	上报期末余额	实际年初余额	上报年初余额
流动资产:					流动负债:				
货币资金	1594109...		1221664...		短期借款	1500000...		950000.00	
交易性金融资产	0.00		500000.00		交易性金融负债	0.00		0.00	
衍生金融资产					衍生金融负债				
应收票据	0.00		0.00		应付票据	0.00		0.00	
应收账款	2680258...		96017.50		应付账款	199088.24		30579.20	
应收账款融资					预收款项	0.00			
预付款项	0.00		0.00		合同负债	-137394...		50362.50	
其它应收款	0.00		0.00		应付职工薪酬	263995.10		179935.10	
存货	663624.61		622271.59		应交税费	381628.66		419497.55	
合同资产					其他应付款	167174.00		103674.00	
持有待售资产					持有待售负债				

图 5-11 资产负债表

重复查询 12 个月的存货(原材料、库存商品)的总账、明细账合计数和报表数,经核对,三数一致。据此填列存货类别明细表,如图 5-12 所示。

存货类别明细表

被审计单位:	绵阳有色金属制造有限公司	索引号:	CI-3
项目:	存货类别明细表	财务报表截止日/期间:	2022-12-31
编制:	李丽	复核:	郑和气
日期:	2023-03-05	日期:	2023-03-05

存货类别	名称及规格	期初余额	本期增加	本期减少	期末余额	备注
原材料	铝	15820.00	471436.00	447363.00	39893.00	
	镁	29320.00	422416.00	425592.00	26144.00	
	铜	7185.00	64000.00	65060.00	6125.00	
库存商品	铝合金	254599.38	3179495.48	3117939.99	316154.87	
	镁合金	294447.21	3317488.59	3336628.06	275307.74	

审计说明:

经审计,明细账和总账数核对一致。

图 5-12 存货类别明细表

步骤二:编制"存货明细表(CI-4)"。

通过"资料查看—账簿"获取原材料和库存商品的明细,如产品名称、计量单位、数量、单价、金额信息,经核查总账和明细账一致;查看 2022 年 12 月原材料和库存商品数量金额式明细账,在数量金额明细账中的本年累计行,结存栏目下的数量、单位成本、金额为底稿中的数量、单价、金额,如图 5-13 所示。同样方法查找另外几种明细科目及库存商品明细账。

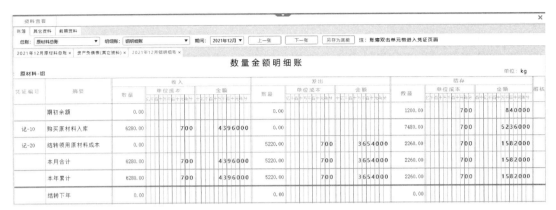

图5-13 查看数量金额明细账

点击"存货明细表（CI-4）"，填列存货明细表，核对一致，如图5-14所示。

存货明细表

被审计单位：	绵阳有色金属制造有限公司	索引号：	CI-4
项目：	存货明细表	财务报表截止日/期间：	2022-12-31
编制：	李丽	复核：	郑和气
日期：	2023-03-05	日期：	2023-03-05

类别	名称及规格	计量单位	数量	单价	金额	备注
原材料	铝	kg	5699.00	7.00	39893.00	
	镁	kg	3268.00	8.00	26144.00	
	铜	kg	1225.00	5.00	6125.00	
库存商品	铝合金	kg	7296.70	43.33	316154.87	
	镁合金	kg	5076.00	54.24	275307.74	

审计说明：

经审计，明细账和总账核对一致。

图5-14 存货明细表

步骤三： 编制"存货入库截止测试（CI-6）"。

点击"存货入库截止测试（CI-6）"，根据底稿要求，通过"资料查看—账簿"查询原材料、在途物资、库存商品的明细账中借方发生额，抽取资产负债表日前后30天存货入库的样本测试，从明细账到入库单分别进行"截止日"前和"截止日"后检查，发现12月入库的有两笔业务，一笔是在12日购买原材料入库，1笔是在31日的结转领用原材料成本，因此选择这两笔业务分别测试，并查看原始凭证，填列如图5-15所示。

从入库单到明细账分别进行截止日前和截止日后检查，确认两种情况下均不存在跨期现象：截止日前，核对原材料仓库、产成品仓库入库单12月的入库记录与明细账；截止日后，核对原材料仓库、产成品仓库入库单1月的入库记录与明细账。填列检查结果后的底稿如图5-16所示。

一、从存货明细账的借方发生额中抽取样本与入库记录核对，以确定存货入库被记录在正确的会计期间

序号	摘要	明细账凭证			入库单(或购货发票)			是否跨期
		编号	日期	金额	编号	日期	金额	
1	产成品入库	记21	2022-12-31	540650.54	161231	2022-12-31	540650.54	否
2	购买原材料入库	记8	2022-12-12	79500.00	1201	2022-12-12	79500.00	否
	截 止 日 前 ＿＿＿＿＿＿							
	截止日期：　2022　年　12　月　31　日							
	截 止 日 后 ＿＿＿＿＿＿							
1	产成品入库	记23	2023-01-28	533984.37	200127	2023-01-28	533984.37	否
2	购买原材料入库	记15	2023-01-26	81000.00	0101	2023-01-26	81000.00	否

图 5-15　存货入库截止测试（从账到入库单）

二、从存货入库记录抽取样本与明细账的借方发生额核对，以确定存货入库被记录在正确的会计期间

序号	摘要	入库单(或购货发票)			明细账凭证			是否跨期
		编号	日期	金额	编号	日期	金额	
1	产成品入库	161231	2022-12-31	540650.54	记21	2022-12-31	540650.54	否
2	购买原材料入库	1201	2022-12-12	79500.00	记8	2022-12-12	79500.00	否
	截 止 日 前 ＿＿＿＿＿＿							
	截止日期：　2022　年　12　月　31　日							
	截 止 日 后 ＿＿＿＿＿＿							
1	产成品入库	200127	2023-01-28	533984.37	记23	2023-01-28	533984.37	否
2	购买原材料入库	0101	2023-01-26	81000	记15	2023-01-26	81000.00	否

图 5-16　存货入库截止测试（从入库单到账）

小贴士：

为了检查存货是否跨期，对存货进行入库截止测试。从存货明细账借方发生额中抽取样本与入库记录核对，从明细账到入库单分别进行截止日前和截止日后检查，可确定存货入库被记录在正确的会计期间；从存货入库记录抽取样本与明细账的借方发生额核对，从入库单到明细账分别进行截止日前和截止日后检查，可确定存货入库被记录在正确的会计期间。

步骤四：编制"存货出库截止测试（CI-7）"。

点击"存货出库截止测试（CI-7）"，在"资料查看—账簿"中查询"原材料、在途物资、库存商品"明细账贷方发生额，对2022年12月出库的存货进行测试，查看原始凭证；选择2023年1月出库的存货进行测试，方法同截止日前一样，填列截止测试表，如图5-17所示。

一、从存货明细账的贷方发生额中抽取样本与出库记录核对，以确定存货出库被记录在正确的会计期间

序号	摘要	明细账凭证			出库单(或销售发票)			是否跨期
		编号	日期	金额	编号	日期	金额	
1	直接销售出库	记22	2022-12-31	487850.00	202212001	2022-12-06	487850.00	否
2	结转领用原材料	记18	2022-12-31	80963.00	20221201	2022-12-01	80963.00	否
	截 止 日 前_____							
	截止日期：__2022__年__12__月__31__日							
	截 止 日 后_____							
1	结转已售产品	记24	2023-01-28	591840.00	202301001	2023-01-06	591840.00	否
2	结转领用原材料	记21	2023-01-28	74819.00	20230101	2023-01-01	74819.00	否

图 5-17 存货出库截止测试（从账到出库单）

从出库记录中抽取原材料和库存商品，分别在截止日前后进行测试，检查2022年12月的原材料、库存商品出库单中的记录与明细账中是否核对一致。经检查发现，存在一笔2022年12月29日发出的商品在2023年1月确认收入的现象，存在跨期；从2023年1月的出库单中抽取原材料、库存商品分别与明细账核对，未发现跨期，填列结果如图5-18所示。

二、从存货出库记录抽取样本与明细账的贷方发生额核对，以确定存货出库被记录在正确的会计期间

序号	摘要	出库单(或销售发票)			明细账凭证			是否跨期
		编号	日期	金额	编号	日期	金额	
1	直接销售出库	202212001	2022-12-06	487850.00	记22	2022-12-31	487850.00	否
2	结转领用原材料	20221201	2022-02-01	80963.00	记18	2022-12-01	80963.00	否
3	直接销售出库	20221229	2022-12-29	475000.00	记8	2023-01-07	475000.00	是
	截 止 日 前 _____							
	截止日期：__2022__年__12__月__31__日							
	截 止 日 后 _____							
1	结转已售产品	202301001	2023-01-06	591840.00	记24	2023-01-28	591840.00	否
2	用原材料成本	20230101	2023-01-01	74819.00	记21	2023-01-28	74819.00	否

图 5-18 存货出库截止测试（从出库单到账）

步骤五：编制"存货监盘结果汇总表（CI-10）"。

通过"资料查看—其他资料—存货盘点汇总表"查看存货盘点汇总表，如图 5-19 所示。

绵阳有色金属制造有限公司

存货盘点汇总表

盘点日期：2022年12月31日　　　　　　　　　　　　　　　　　　　　单位：元

存货编号	存货名称	单位	单价	账面结存		调整项目		实际结存		盘盈/亏（+-）		备注说明
				数量	金额	收入	发出	数量	金额	数量	金额	
1	铝	kg	7.00	5699.00	39893.00			5699.00	39893.00	0.00	0.00	
2	镁	kg	8.00	3268.00	26144.00			3268.00	26144.00	0.00	0.00	
3	铜	kg	5.00	1225.00	6125.00			1225.00	6125.00	0.00	0.00	
4	铝合金	kg	43.33	7296.70	316154.87			7296.70	316154.9	0.00	0.00	
5	镁合金	kg	54.24	5076.00	275307.74			5076.00	275307.7	0.00	0.00	

盘点人员：陈文洪　盈祥宙
监盘人员：周立为　马方
审　核：李林时

图 5-19　查看已签字的存货盘点汇总表

打开底稿"存货监盘结果汇总表（CI-10）"，如图 5-20 所示，填列存货监盘结果汇总表相关信息。

存货监盘结果汇总表

被审计单位：	绵阳有色金属制造有限公司		索引号：	CI-10
项目：	存货监盘结果汇总表		财务报表截止日/期间：	2022-12-31
编制：	李丽，马方		复核：	郑和气
日期：	2022-12-31		日期：	2022-12-31

存货类别	存货名称	单位	监盘数量	未经确认盘点报告数量	差异数量	差异原因	索引号	审计确认盘点报告数量
原材料	铝	绵阳有色金属制造有限公司	5699.00	5699.00	0.00			5699.00
原材料	镁	绵阳有色金属制造有限公司	3268.00	3268.00	0.00			3268.00
原材料	铜	绵阳有色金属制造有限公司	1225.00	1225.00	0.00			1225.00
库存商品	铝合金	绵阳有色金属制造有限公司	7296.70	7296.70	0.00			7296.70
库存商品	镁合金	绵阳有色金属制造有限公司	5076.00	5076.00	0.00			5076.00

图 5-20　存货盘点汇总表

步骤六：编制"存货监盘报告（CI-9）"。

通过"资料查看—其他资料—货盘点报告"查看存货盘点报告，如图 5-21 所示，并根据现场监盘情况，编写"存货监盘报告（CI-9）"，如图 5-22 所示。

步骤七：编制"存货计价测试表（CI-14）"。

通过"资料查看—库存商品总账"选择"铝合金明细账"查找 2022 年每个月的明细账，如图 5-23 所示；在"库存商品—铝合金"的"数量金额明细账"中，收入栏在底稿中为本期增加，发出栏在底稿中为本期减少，结存与底稿中结存相同。

绵阳有色金属制造有限公司

存货盘点报告

单位名称： 绵阳有色金属制造有限公司 **盘点时间：** 2022年12月31日

报告人： 仓库主管廖东升 　　　　**审核人：** 财务部张佳茹

一、存货盘点安排

1.主要存货情况

2.存货盘点计划摘要

以上请见《存货盘点计划》

二、存货实地盘点工作

1.盘点人员认真遵守了盘点计划

2.所有存货在盘点前都被贴了盘点标签，且分类别被排放整齐

图 5-21　查看存货盘点报告

存货监盘报告

被审计单位：	绵阳有色金属制造有限公司	索引号：	CI-9
项目：	存货监盘报告	财务报表截止日/期间：	2022-12-31
编制：	李丽	复核：	郑和气
日期：	2022-12-31	日期：	2022-12-31

一、盘点日期： 　2022 　年　 12 　月　 31 　日

二、盘点仓库名称： 原材料仓库、产成品仓库

仓库负责人： 　廖东升、刘万文

仓库记帐员： 　曾军、杨学文　　 仓库保管员： 　杨万历、陈杰

仓库概况：（描述仓库共 　　　　2　　　　 间，各仓库的特点）

该企业一共有2间仓库，都是封闭仓库，仓库的消防设施以及其他安全措施都不错。原材料仓库存放铝、镁、铜，产成品仓库存放企业的库存商品。

三、监盘参加人员：

监盘人员（ 　福思特会计师 　　事务所）注册会计师： 　李丽

监盘人员（ 　福思特会计师 　　事务所）注册会计师： 　马方

图 5-22　存货监盘报告

图 5-23 查看铝合金明细账

双击记账凭证进入原始凭证,对原始单据如入库单、产品成本计算表等进行核算并与记账凭证核对是否一致。经检查,原始凭证、记账凭证和明细账记录一致无误。填列"存货计价测试表(CI-14)",如图 5-24 所示。

品名及规格:

月份	增加			减少(计价方法:)			结存		
	数量	单价	金额	数量	单价	金额	数量	单价	金额
期初数							5800.00	43.90	254599.38
1	6120.00	43.23	264580.52	4739.30	43.56	206443.91	7180.70	43.55	312735.99
2	4250.00	62.02	263602.12	3274.00	50.42	165075.08	8156.70	50.42	411263.03
3	5900.00	44.57	262959.54	8000.00	47.96	383680.00	6056.70	47.97	290542.57
4	6100.00	43.35	264433.16	7000.00	45.65	319550.00	5156.70	45.65	235425.73
5	6200.00	44.32	274769.98	6200.00	44.92	278504.00	5156.70	44.93	231691.71
6	6100.00	43.35	264441.70	6000.00	44.07	264420.00	5256.70	44.08	231713.41
7	6000.00	43.95	263704.75	6200.00	44.01	272862.00	5056.70	44.01	222556.16
8	5900.00	44.57	262967.80	5500.00	44.31	243705.00	5456.70	44.32	241818.96
9	6100.00	43.35	264441.70	6200.00	43.81	271622.00	5356.70	43.80	234638.66
10	6120.00	43.23	264580.52	5500.00	43.50	239250.00	5976.70	43.50	259969.18
11	6100.00	43.35	264433.16	5900.00	43.42	256178.00	6176.70	43.43	268224.34
12	6120.00	43.23	264580.53	5000.00	43.33	216650.00	7296.70	43.33	316154.87
合计	71010.00	44.78	3179495.48	69513.30	44.85	3117939.99	78084.40	44.97	3511333.99

图 5-24 存货计价测试表

步骤八: 编制"存货审定表(CI-2)"。

在执行存货的实质性程序中,通过对存货的盘点和出库入库单、采购单、销售单的对比以及相关往来企业的函证的核对,结合底稿 CI-3 至 CI-14(根据实际情况编制),发现以下须经调整事项:

（1）购买大米福利应计入应付职工薪酬,调整分录如下:

借:库存商品——铝合金 5 120.00

　库存商品——镁合金 5 440.00

　　贷:生产成本——直接人工——铝合金车间 4 800.00

　　　生产成本——直接人工——镁合金车间 4 800.00

　　　生产成本——制造费用——铝合金车间 320.00

　　　生产成本——制造费用——镁合金车间 640.00

借:主营业务成本——铝合金 5 120.00

　主营业务成本——镁合金 5 440.00

　　贷:库存商品——铝合金 5 120.00

　　　库存商品——镁合金 5 440.00

（2）12月29日一笔存货有出库单和发货单,但是却在2023年年初确认收入,属于延后确认收入,应提前,调整收入和成本。

借:应收账款——绵阳市宙济机电设备有限公司 536 750.00

　　贷:主营业务收入——铝合金 300 000.00

　　　主营业务收入——镁合金 175 000.00

　　　应交税费——应交增值税——销项税额 61 750.00

借:主营业务成本——铝合金 86 660.00

　主营业务成本——镁合金 54 240.00

　　贷:库存商品——铝合金 86 660.00

　　　库存商品——镁合金 54 240.00

根据上述调整,账项调整为:库存商品借方10 560.00,贷方151 460.00。将其填在"存货审定表（CI-2）"中,如图5-25所示,并与企业经调整后的资产负债表相对比,得出如"经审计调整,存货期末余额可以确认"的结论。

项目名称	期末未审数	账项调整		重分类调整		期末审定数	上期期末审定数	索引号
		借方	贷方	借方	贷方			
一、存货账面余额								
原材料	72162.00					72162.00	52325.00	
库存商品	591462.61	10560.00	151460.00			450562.61	549046.59	
在途物资							20900.00	
合计	663624.61	10560.00	151460.00			522724.61	622271.59	
二、存货跌价准备								
合计								
三、存货账面价值								
原材料	72162.00					72162.00	52325.00	
库存商品	591462.61	10560.00	151460.00			450562.61	549046.59	
在途物资							20900.00	
合计	663624.61	10560.00	151460.00			522724.61	622271.59	

图5-25　存货审定表

项　目　小　结

　　如图 5-26 所示,本项目主要对"了解生产与仓储循环内部控制""生产与仓储循环控制测试"以及"存货审计"三个工作任务进行了理论要点的梳理和实操要点的说明。其中,"控制测试程序""存货的监盘"以及"存货的计价测试"等相关审计程序值得大家重点关注。

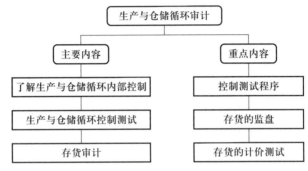

图 5-26　生产与仓储循环流程图

项目技能训练

第一部分:练习题

一、单项选择题

1. 在下列关于存货审计的选项中,正确的是(　　　)。

A. 对存货进行监盘是证实存货"完整性"和"权利"认定的重要程序

B. 对难以盘点的存货,应根据企业存货收发制度确认存货数量

C. 存货计价审计的样本应着重选择余额较小且价格变动不大的存货项目

D. 存货截止测试的主要方法是抽查存货盘点日前后的购货发票与验收报告(或入库单),确定每张发票均有验收报告(或入库单)

2. 注册会计师在进行控制测试时,可以运用询问和观察存货和记录的接触以及相应的批准程序来证实的内部控制目标是(　　　)。

A. 账面存货与实际存货定期核对相符

B. 对存货实施保护措施,保管人员与记录、批准人员相互独立

C. 成本以正确的金额、在恰当的会计期间及时记录于适当的账户

D. 记录的成本为实际发生的而非虚构的

3. 生产与仓储循环有关交易的实质性测试的重点不包括(　　　)。

A. 成本会计制度的测试　　　　　　　　B. 分析程序的运用

C. 存货的监盘　　　　　　　　　　　　D. 存货计价的测试

二、多项选择题

1. 存货监盘程序包括(　　　　　)。

A. 抽点　　　　　　　　　　　　B. 实地观察

C. 盘点　　　　　　　　　　　　D. 编制审计工作底稿

E. 总结盘点结果

2. 当存货盘点采用统计估计而非逐项盘点时,注册会计师的责任包括(　　　　　)。

A. 对被审计单位方法的可靠性满意

B. 实地观察足够的盘点

C. 毛利率检查

D. 对合理的样本计划、统计正确性、恰当运用和产生合理结果满意

E. 确定存货对利润的影响

3. 在对生产与仓储循环进行实质性测试时,注册会计师运用分析程序对本年度各月进行比较的项目有(　　　　　)。

A. 存货余额及其构成　　　　　　B. 直接材料成本

C. 薪酬费用的发生额　　　　　　D. 营业成本总额及单位销售成本

E. 年度利润额

三、判断题

1. 因为不存在满意的替代程序来观察和计量期末存货,所以注册会计师须对被审计单位的存货进行监盘。　　　　　　　　　　　　　　　　　　　　　　　　　(　　)

2. 虽然直接材料成本的核算方法有多种,但是注册会计师在执行直接材料成本的控制测试时,可以采用相同的测试程序。　　　　　　　　　　　　　　　　　　　(　　)

3. 制造费用不需要做截止测试。　　　　　　　　　　　　　　　　　　　(　　)

4. 将存货余额与现有订单、资产负债表日后各期的销售额和下一年度的预测销售额进行比较,可以评估存货滞销和售价的可能性。　　　　　　　　　　　　　　　(　　)

5. 存货周转率是用以衡量销售能力和存货是否积压的指标,毛利率是用以衡量成本控制及销售价格变化的指标。　　　　　　　　　　　　　　　　　　　　　　　(　　)

四、简答题

对存货实施实质性程序时一般形成哪些工作底稿？它们之间的逻辑关系是什么？

第二部分:实训题

以福思特审计人员的身份登录审计之友平台,选择"绵阳有色金属制造有限公司"案例实训,完成该公司生产与仓储循环审计的实操任务。

项目六　销售与收款循环审计

◆ **项目引导**

　　2020 年 9 月 9 日,中国证监会在官网披露湖北省某翡翠上市公司 2016 年年度报告的营业收入、营业成本、利润总额存在虚假记载。经查,通过虚构销售合同、现金流等手段,该上市公司合计虚构销售交易金额达 14 169.09 万元。由于交易并不具有商业实质和真实性,依据《企业会计准则第 14 号——收入》规定,上述涉案交易中的收入不符合收入确认条件,不应予以确认。

　　案例思考:

　　1. 销售收入是上市公司造假高危领域。想一想,为什么造假大多都与销售有关?

　　2. 针对销售收入审计,注册会计师应注意哪些事项?

　　提示:

　　1. 明确收入审计任务,确定审计重点。

　　2. 关注收入舞弊的可能性。

◆ **教学目标**

　　1. 知识目标

　　(1) 熟悉销售与收款循环涉及的主要凭证、分录、报表项目。

　　(2) 熟悉销售与收款循环内部控制的关键环节及其控制措施。

　　(3) 掌握销售与收款循环所涉及的相关账户的实质性审计程序。

　　2. 技能目标

　　(1) 能识别被审计单位销售与收款循环的主要业务活动。

　　(2) 能设计销售与收款循环审计控制测试和实质性测试程序。

　　(3) 能识别销售与收款循环审计风险。

　　(4) 正确编制销售与收款循环业务的审计工作底稿。

　　3. 素养目标

　　(1) 通过对销售与收款循环内部控制的了解,培育严谨、精益求精的工匠精神。

　　(2) 擅长发现并解决开展业务活动中关于收入确认的问题,能够为项目组成员及报表的出具提供可靠的审计支持。

◆ 知识导图

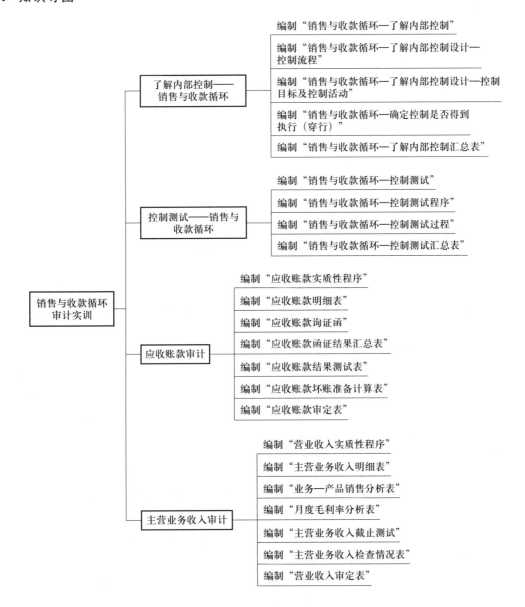

任务一 了解内部控制——销售与收款循环

【任务引例】

对于大多数企业而言,销售与收款循环通常是重大的业务循环,审计人员李丽需在审计计划阶段了解该循环涉及的业务活动及相关的内部控制,考虑在销售与收款循环中发生错报的可能性以及潜在错报的重大程度是否足以导致重大错报,从而评估销售与收款循环的相关交易和余额存在的重大错报风险,为设计和实施进一步审计程序提供基础。

【知识准备】

销售与收款循环是由同客户交换商品或劳务,以及收到现金收入、赊销收入等有关业务活动组成的,如图 6-1 所示。

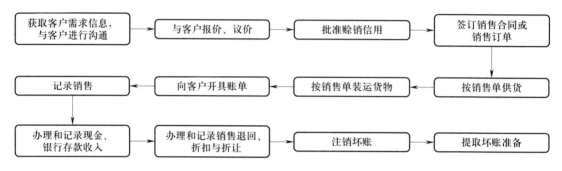

图 6-1　销售与收款循环业务活动

该循环主要业务活动包括接受客户订单、批准销售(含现销和赊销)、供货、装运、开发票、记录销售业务、记录收款业务(含预收账款)、处理销售退回、销售折扣与折让、坏账损失的处理等,具体如下:

(1)处理客户订货,审计中对应的是销货单。

(2)批准赊销,赊销必须有合法人员经过审查客户信誉后批准的赊销额,涉及批准赊销的负责人和相关单据。

(3)收取预收账款。在销售时,企业一般采取的是现销或赊销两种方式,但有的企业采取的是预收账款销售方式,本案例中的被审计单位——绵阳有色就是采取该销售方式。审计中主要对应的银行存款。

(4)发运货物,审计中对应的是发运凭证、出库单。

(5)对客户开出账单并登记销货业务,应具有的原始凭证为销货日记账和应收账款明细账。

(6)定期对账并催账,向客户发送的应收账款对账单还包括所有款项、折扣、折让的详细信息,应收款账龄分析表,催账单等。

(7)收款入账,审计中对应是现金收入日记账、银行存款、应收账款明细账。

(8)计提坏账,依照稳健的会计原则提取坏账准备。

(9)审批销售退回及折扣,退货时应具有退货验收单和入库单,折扣时应有折让业务凭证。

【任务描述】

根据了解的绵阳有色销售与收款循环的内部控制编制相应的工作底稿。

(1)编制审计工作底稿"销售与收款循环—了解内部控制(BE-16)"。

(2)编制绵阳有色销售与收款循环控制流程底稿"销售与收款循环—了解内部控制设计—控制流程(BE-18)"。

(3)编制"销售与收款循环—了解内部控制设计—控制目标及控制活动(BE-19)",并评价绵阳有色销售与收款循环内部控制设计的合理性。

（4）编制并评价绵阳有色销售与收款循环内部控制是否得到执行的穿行测试底稿"销售与收款循环—确定控制是否得到执行（穿行）（BE-20）"。

（5）在上述任务基础上编制销售与收款循环"了解内部控制汇总表（BE-17）"。

【业务操作】

步骤一：编制"销售与收款循环—了解内部控制（BE-16）"。

点击"销售与收款循环—了解内部控制"标签，根据底稿 BE-17 至 BE-20 填列，如图 6-2 所示。

销售与收款循环—了解内部控制

被审计单位：	绵阳有色金属制造有限公司	索引号：	BE-16
项目：	销售与收款循环—了解内部控制	财务报表截止日/期间	2022-12-31
编制：	李丽	复核：	郑和气
日期：	2023-03-02	日期：	2023-03-02

了解本循环内部控制的工作包括：

1．了解被审计单位销售与收款循环中与财务报告相关的业务流程，并记录获得的了解。
2．了解被审计单位与审计相关的内部控制，并记录相关控制活动及控制目标，以及受该控制活动影响的交易类别、账户余额和披露及其认定。
3．执行穿行测试等程序，证实对业务流程和相关控制活动的了解，并确定相关控制是否得到执行。
4．记录在了解和评价销售与收款循环的控制设计和执行过程中识别的风险，以及拟采取的应对措施。

了解本循环内部控制形成下列审计工作底稿：

BE-17	了解内部控制汇总表	
BE-18	了解业务流程	
BE-19	评价控制的设计并确定控制是否得到执行	
BE-20	确定控制是否得到执行	

图 6-2　销售与收款循环—了解内部控制

步骤二：编制"销售与收款循环—了解内部控制设计—控制流程（BE-18）"。

点击"销售与收款循环—了解内部控制设计—控制流程"，根据其他资料中"销售与收款循环—控制流程"工作记录和前期了解的信息，摘录并填列于对应部分，如图 6-3 所示。

步骤三：编制"销售与收款循环—了解内部控制设计—控制目标及控制活动（BE-19）"。

点击"销售与收款循环—了解内部控制设计—控制目标及控制活动"，以"销售业务"为例，填列销售所要达到的各个目标，然后根据其他资料中"销售与收款循环—控制目标及控制活动"工作记录，查找对应控制活动，拆解为控制活动单元后填列于与控制目标对应的"被审计单位的控制活动"栏，并填列"受影响的相关交易和账户余额及其认定"，如图 6-4 所示。

6

销售与收款业务涉及的主要人员

职位	姓名
总经理	朱嘉欣
财务经理	张佳茹
会计主管	郭晓莹
会计	孟子航
出纳员	赖洁茹
销售经理	张致恒
销售业务员	黄剑锋
销售信息管理员	蓝梓琪
生产经理	杨静华

我们采用询问、观察和检查等方法，了解并记录了销售与收款循环的主要控制流程，并已与　　　张佳茹、张致恒　　　等确认下列所述内容。

1.有关职责分工的政策和程序

(1)不相容职务相分离。主要包括：订单的接受与赊销的批准、销售合同的订立与审批、销售与运货、实物资产保管与会计记录、收款审批与执行等职务相分离。
(2)各相关部门之间相互控制并在其授权范围内履行职责，同一部门或个人不得处理销售与收款业务的全过程。

2.主要业务活动介绍

绵阳有色金属制造有限公司现行的销售政策和程序业经执行董事批准，如果需对该项政策和程序作出任何修改，均应经执行董事批准后方能执行。本年度该项政策和程序没有发生变化。
绵阳有色金属制造有限公司的产品主要为镁合金和铝合金。
绵阳有色金属制造有限公司使用智联系统处理销售与收款交易，自动生成记账凭证和顾客清单，并过至营业收入和应收账款明细账和总账。

图6-3　销售与收款循环—了解内部控制设计—控制流程

主要业务活动	控制目标	受影响的相关交易和账户余额及其认定	常用的控制活动	被审计单位的控制活动	控制活动对实现控制目标是否有效(是/否)
销售	已记录的销售订单的内容准确	应收账款：计价和分摊 主营业务收入：准确性、分类	由不负责输入销售订单的人员比较销售订单数据与支持性文件是否相符	信息管理员蓝梓琪负责将顾客采购订单和销售合同信息输入智联系统，由系统自动生成连续编号的销售订单（此时系统显示为"待处理"状态）。每周，信息管理员蓝梓琪核对本周内生成的销售订单，对任何不连续编号的情况将进行检查。每周，会计孟子航汇总本周内所有签订的销售合同，并与销售订单核对，编制销售信息报告。如有不符，会计孟子航将通知信息管理员蓝梓琪，请其调查该事项并给出调查结果，会计孟子航将调查结果后附于销售信息报告后，销售经理审核后给出处理意见并进行处理	是
销售	销售订单均已得到处理	应收账款：完整性 主营业务收入：完整性	销售订单、销售发票已连续编号、顺序已被记录	信息管理员蓝梓琪负责将顾客采购订单和销售合同信息输入智联系统，由系统自动生成连续编号的销售订单（此时系统显示为"待处理"状态）。每周，信息管理员蓝梓琪核对本周内生成的销售订单，对任何不连续编号的情况将进行检查	是

图6-4　了解内部控制设计—控制目标及控制活动

步骤四：编制"销售与收款循环—确定控制是否得到执行（穿行）（BE-20）"。

点击"销售与收款循环—确定控制是否得到执行（穿行）"记录穿行测试过程。以采购为例，选择对应订单，然后从请购单到形成正式核准的采购订单，记录原始凭证是否存在，是否经过审核，是否留下签章；根据测试情况，记录并填列"销售与收款循环控制执行情况的评价结果"信息，如图 6-5 所示。

销售与收款循环穿行测试——与销售有关的业务活动的控制

主要业务活动	测试内容	测试结果	
销售	销售订单编号#（日期）	不适用	
	销售订单内容	不适用	
	是否复核顾客信用额度（是/否）	不适用	
	销售订单是否得到适当的审批（是/否）	不适用	
	销售发票是否经过复核	是	
	销售发票编号#（日期）	30140651（20220201）	
	出运通知单编号#（日期）	不适用	
	销售订单、销售发票、出运通知、货运提单内容是否一致（是/否）	不适用	
	报关单编号#（日期）	不适用	
	是否取得货运提单（是/否）	不适用	
记录应收账款	记录应收账款的凭证编号#（日期）	20220201	
	是否输入应收账款借方（是/否）	是	
收款	收款凭证编号#（日期）	20220421	
	收款凭证是否得到会计主管的适当审批（是/否）	是	
	付款人名称是否与顾客一致（是/否）	是	
	银行进账单编号#/信用证编号#（日期）	20220421	
	是否正确输入应收账款贷方（是/否））	否	

销售与收款循环穿行测试——与新顾客承接有关的业务活动的控制

序号	是否编制顾客申请表（是/否）	是否编制新顾客基本情况表（是/否）	是否取得新顾客信用等级的评定报告（是/否）	是否经信用管理经理审批（是/否）	信用额度是否经适当审批（是/否）	是否根据经适当审批的文件建立新顾客档案（是/否）
	不适用					

图 6-5 销售与收款循环—确定控制是否得到执行（穿行）

步骤五：编制"销售与收款循环—了解内部控制汇总表（BE-17）"。

点击"销售与收款循环—了解内部控制汇总表"，依据底稿 BE-18 至 BE-20 进行编制，"备注"部分，记录在执行该过程程序中认为需要关注的事项或其他发现的事实，如图 6-6 所示。

2. 主要业务活动

主要业务活动		是否在本循环中进行了解？
销售	是	
记录应收账款	是	
记录税金	是	
收款	是	
维护顾客档案	是	

（注：注册会计师通常应在本循环中了解与上述业务活动相关的内部控制，如果计划在其他业务循环中对上述一项或多项业务活动的控制进行了解，应在此处说明原因。）

图 6-6 销售与收款循环—了解内部控制汇总表

6

任务二　控制测试——销售与收款循环

【任务引例】

企业无论是自行生产产品还是外购商品,都必须通过销售业务的完成才能获得营业收入并赚取利润。企业制定销售与收款内部控制制度时,要因地制宜,根据企业自身的实际情况制定相关销售与收款职位相分离的内部控制,既可有内外部相结合的控制制度,防止呆账及舞弊,又可及时收款。企业制定切实可行的销售与收款内部控制制度,可提高企业经济效益,使企业具有强盛的生命力,进入良好和健康的发展轨道。

福思特会计师事务所审计人员于 2023 年 3 月 1 日至 8 日开展了对绵阳有色销售与收款循环的审计工作,在经过对绵阳有色相关内部控制的了解,判断绵阳有色销售与收款循环内部控制制度设计是合理的且得到执行后,李丽决定继续对销售与收款循环相关的内部控制进行测试,以判断其运行的有效性。

【知识准备】

一、以销售与收款循环风险为起点的控制测试

以销售与收款循环风险为起点的控制测试重要部分,如表 6-1 所示。

表 6-1　销售与收款循环风险为起点的控制测试

风险	相关认定	内部控制测试程序
可能向没有获得赊销授权或超出信用额度的客户赊销	收入发生、应收账款存在	(1)询问员工销售单的生成过程 (2)检查是否所有生成的销售单均有对应的客户订购单为依据 (3)检查系统生成销售单的逻辑 (4)对于系统外授权审批的销售单,检查是否经过适当批准
已销售商品可能未实际发运给客户	收入发生、应收账款存在	查发运凭证上客户的签名,作为收货的证据
商品发运可能未开具销售发票或已开出发票没有发运凭证的支持	应收账款存在、完整性、权利和义务、收入发生、完整性	(1)检查系统生成发票的逻辑 (2)检查例外报告及跟进情况
销售价格不正确或发票金额出现计算错误	收入准确性、应收账款准确性、计价和分摊	(1)检查文件以确定价格更改是否经授权 (2)检查发票中价格复核人员的签名 (3)重新执行发票的核对过程
	应收账款准确性、计价和分摊	(1)检查财务系统计算账龄分析表的规则是否正确 (2)询问管理层如何复核坏账准备计提表的计算 (3)检查是否有复核人员的签字

6

二、销售与收款循环内部控制测试

测试销售与收款循环内部控制时,注册会计师应重点关注三个方面:

(1)控制在审计期间相关时点是如何运行的。

(2)控制是否得到一贯执行。

(3)控制由谁或以何种方式运行。

【任务描述】

测试绵阳有色销售与收款循环内部控制并编制相关工作底稿,包括:

(1)编制"销售与收款循环—控制测试(BF-13)"工作底稿。

(2)通过销售与收款循环控制目标定位绵阳有色销售与收款循环相应的控制活动单元,确定控制测试的程序,根据各控制活动单元执行的次数确定控制测试的数量,并编制底稿"销售与收款循环—控制测试程序(BF-14)"。

(3)执行控制测试,编制底稿"销售与收款循环—控制测试过程(BF-15)"。

(4)编制底稿"销售与收款循环—控制测试汇总表(BF-16)"。

【业务操作】

步骤一:编制"销售与收款循环—控制测试(BF-13)"。

点击"销售与收款循环—控制测试",开始编制销售与收款循环控制测试程序的工作底稿。根据底稿 BF-14 至 BF-16 总体内容和目的填写相关内容,如图 6-7 所示。

了解本循环内部控制形成下列审计工作底稿:

BF-16	了解内部控制汇总表
BF-15	了解业务过程
BF-14	了解业务程序

编制说明:

本审计工作底稿用以记录下列内容:
(1)BF-14:记录控制测试程序。
(2)BF-15:记录控制测试过程。
(3)BF-16:汇总对本循环内部控制运行有效性进行测试的主要内容和结论。

测试本循环控制运行有效性形成下列审计工作底稿:

BF-16	控制测试汇总表
BF-14	控制测试程序
BF-15	控制测试过程

图 6-7　销售与收款循环—控制测试

步骤二:编制"销售与收款循环—控制测试程序(BF-14)"。

点击"销售与收款循环—控制测试程序",开始编制销售与收款循环控制测试程序的工作底稿:根据前期所了解的销售与收款循环内部控制活动,填写"执行控制的频率",然后根据绵阳有色对应控制活动单元,确定控制测试程序。此处以"销售订单均已得到处理"控制目标为例,信息管理员蓝梓琪核对本周内生成的销售订单,对任何不连续编号的情况进行检查。在进行检查后留下检查信息,抽取销售信息报告查看是否有留下检查信息,这样就能获取该控制目标是否得到执行或已经执行情况的结论。其他控制测试程序的确定思路同理,填写后的结果如图 6-8 所示。

(2)其他测试程序

控制目标(XSL-3)	被审计单位的控制活动(XSL-3)	控制测试程序	执行控制的频率	所测试的项目数量	索引号
已记录的销售订单的内容准确	(1)信息管理员蓝梓琪负责将顾客采购订单和销售合同信息输入智联系统,由系统自动生成连续编号的销售订单(此时系统显示为"待处理"状态)。每周,信息管理员蓝梓琪核对本周内生成的销售编号的情况将进行检查 (2)每周,会计孟子航汇总本周内所有签订的销售合同,并与销售订单核对,编制销售信息报告。如有不符,会计孟子航通知信息管理员蓝梓琪,请其调查该事项并给出调查结果,会计孟子航调查结果后附于销售信息报告后,销售经理审核后给出处理意见进行处理	抽取销售信息报告,检查是否已经有差异,是否已进行调查和处理	每周执行一次	1	BF-14
销售订单均已得到处理	信息管理员蓝梓琪负责将顾客采购订单和销售合同信息输入智联系统,由系统自动生成连续编号的销售订单(此时系统显示为"待处理"状态)。每周,信息管理员蓝梓琪核对本周内生成的销售订单,对任何不连续编号的情况将进行检查	抽取销售信息报告,检查是否已经编制,如有差异,是否已进行调查和处理	每周执行一次	1	BF-14

2.控制测试——记录应收账款

(1)询问程序

通过实施询问程序,被审计单位　　　　绵阳有色金属制造有限公司　　　　已确定下列事项:

①本年度未发现任何特殊情况、错报和异常项目;
②财务或销售部门的人员在未得到授权的情况下无法访问或修改系统内数据;
③本年度未发现下列控制活动未得到执行;
④本年度未发现下列控制活动发生变化。

图 6-8 销售与收款循环—控制测试程序

步骤三:编制"销售与收款循环—控制测试过程(BF-15)"。

点击"销售与收款循环—控制测试过程",开始记录并编写控制测试的过程。根据实际情况(项目分工及项目信息)填写表头部分,通过 1—9 项的业务控制活动,结合上一环节确定的控制测试程序,开始执行控制测试,并填写表体部分信息。以"1. 与销售有关的业务活动的控制"为例,选取编号为"20220101"的销售订单和对应凭证,摘取相关信息并填于表中对应部分,其他业务活动的测试过程同理,具体填写后的结果信息如下,完成后如图 6-9 所示。

步骤四:编制"销售与收款循环—控制测试汇总表(BF-16)"。

点击"销售与收款循环—控制测试汇总表",开始记录并编写控制测试的过程。根据底稿 BF-13,继续编制控制测试汇总表并制定后续审计方案(实质性程序),编制完成结果如图 6-10 所示。

销售与收款循环—控制测试过程

被审计单位：绵阳有色金属制造有限公司　　索引号：BF-15
项目：销售与收款循环—控制测试过程　　财务报表截止日/期间：2022-12-31
编制：李丽　　复核：郑阳气
日期：2023-03-03　　日期：2023-03-03

1. 与销售有关的业务活动的控制

主要业务活动

测试内容	销售订单编号#（日期）	销售订单内容	是否复核顾客信用额度（是/否）	销售订单是否得到适当的审批（是/否）	销售发票是否经过审核（是/否）	出运通知单编号#（日期）	销售订单、销售发票、出运通知单、送货单内容是否一致（是/否）	报关单编号#（日期）	是否取得运证号#货运证号#（日期）
	20220101	铝合金、镁合金	是	是	是		3014062593326	是	是

记录应收账款

记录应收账款的会计证号#（20220101）	是否相应收发票入账方向证号#符印戳（借方）（是/否）	收款凭证号#（日期）	收款凭证是否经复核主管的适当审批（是/否）
记2#（20220101）	是	记18#（20220101）是	

收款

有关支付凭证文件上是否盖"核销"章（是/否）	付款人名称是否与顾客一致（是/否）	银行进账单编号与信用证号#（日期）	是否正确输入应收账款数方账款（是/否）
		#（20220101）是	是

2. 与赊购顾客承接有关的业务活动的控制

序号	是否编制顾客申请表（是/否）	是否编制顾客基本情况表（是/否）	是否取得新顾客信用等级的评定报告（是/否）	是否经信用管理经理审批（是/否）	信用额度是否经过审批（是/否）	是否根据经适当审批的文件建立新顾客档案（是/否）
	不适用					

图6-9 销售与收款循环—控制测试过程

(2)对未达到控制目标的主要业务活动的汇总

根据控制测试的结果，我们确定下列控制措施运行无效，在审计过程中不予信赖，拟实施实质性程序来获取充分、适当的审计证据。

业务循环	主要业务活动	控制目标	相关交易和账户余额及其认定	原因
无				

注：如果本期执行控制测试的结果表明本循环与相关交易和账户余额及其认定相关的控制不能予以信赖，应重新考虑本期拟信赖的以前审计中获取的其他循环控制运行有效性的审计证据是否恰当。

(3)对相关交易和账户余额的审计方案

编制说明：
本审计工作底稿提供的审计方案示例，系限定公司财务报表层次不存在重大错报风险，在收入确认方面存在舞弊风险为例，并不拟信赖和账户余额列报认定相关的控制活动，仅为说明审计方案的制定，不可一概照搬。

根据控制测试的结果，制定下列审计方案：

受影响的交易和账户余额	完整性(控制测试结果/需从实质性程序中获取的保证程度)	发生/存在(控制测试结果/需从实质性程序中获取的保证程度)	准确性/计价和分摊(控制测试结果/需从实质性程序中获取的保证程度)	截止(控制测试结果/需从实质性程序中获取的保证程度)	权利和义务(控制测试结果/需从实质性程序中获取的保证程度)	分类(控制测试结果/需从实质性程序中获取的保证程度)	列报(控制测试结果/需从实质性程序中获取的保证程度)
主营业务收入	支持/中	支持/中	支持/高	不支持/高		支持/高	不支持/高
应收账款	支持/低	不支持/高	支持/低		支持/低		不支持/高
坏账准备	支持/低	支持/低	支持/低		支持/低		不支持/高

注：如果本期执行控制测试的结果表明本循环与相关交易和账户余额及其认定相关的控制不能予以信赖，应重新考虑本期拟信赖的以前审计中获取的其他循环控制运行有效性的审计证据是否恰当。

图6-10　销售与收款循环一控制测试汇总表

任务三 应收账款审计

【任务引例】

李丽编制应收账款明细表,对岳阳环复有色金属制造公司、柳州市越西容器制造有限公司、绵阳市宙济机电设备有限公司、绵阳高帝汽车制造有限公司进行替代测试,通过进一步的收入截止测试编制应收账款调整分录,对应收账款实施了实质性程序。

【知识准备】

根据绵阳有色应收账款明细账金额及本期发生业务,可以实施的应收账款审计实质性程序包括以下内容。

一、获取或编制应收账款明细表

(1)复核加计是否正确,并与总账数和明细账合计数核对是否相符;结合坏账准备科目与报表数核对是否相符。

(2)结合其他应收款、预收账款等往来项目的明细余额,调查有无同一客户多处挂账、异常余额或与销售无关的其他款项(如代销账户、关联方账户或雇员账户)。如有,应进行记录,必要时进行调整。

二、检查涉及应收账款的相关财务指标

复核应收账款借方累计发生额与主营业务收入是否配比,并将当期应收账款借方发生额占销售收入净额的百分比与管理层考核指标比较,如存在差异应查明原因。

三、获取或编制应收账款账龄分析表

(1)测试计算的准确性。

(2)将加总数与应收账款总分类账余额相比较,并调查重大调节项目。

(3)检查原始凭证,如销售发票、运输记录等,测试账龄核算的准确性。

(4)请被审计单位协助,在应收账款明细表上标出至审计时已收回的应收账款金额,对已收回金额较大的款项进行常规检查,如核对收款凭证、银行对账单、销货发票等,并注意凭证发生日期的合理性,分析收款时间是否与合同相关要素一致。

四、对应收账款进行函证

除非有充分证据表明应收账款对财务报表不重要或函证很可能无效,否则,应对应收账款进行函证。如果不对应收账款进行函证,应在工作底稿中说明理由;如果认为函证很可能无效,应当实施替代审计程序获取充分、适当的审计证据。

五、编制应收账款函证结果汇总表，检查回函

（1）调整不符事项，确定是否表明存在错报。

（2）如果未回函，实施替代程序。

六、对未函证应收账款实施替代审计程序

抽查有关原始凭据，如销售合同、销售订单、销售发票副本、发运凭证及回款单据等，以验证与其相关的应收账款的真实性。

七、评价坏账准备计提的适当性

取得或编制坏账准备计算表，复核加计正确，与坏账准备总账数、明细账合计数核对相符。

【任务描述】

根据对绵阳有色应收账款实施实质性程序编制相关工作底稿：

（1）编制"应收账款实质性程序（CD-1）"。

（2）编制审计底稿"应收账款明细表（CD-3）"。

（3）编制"应收账款询证函（CD-7）"。

（4）编制审计底稿"应收账款函证结果汇总表（CD-4）"。

（5）编制审计底稿"应收账款替代测试表（CD-6）"。

（6）编制审计底稿"应收账款坏账准备计算表（CD-8）"。

（7）编制审计底稿"应收账款审定表（CD-2）"及完善底稿"营业收入实质性程序（CD-1）"。

【业务操作】

步骤一：编制"应收账款实质性程序（CD-1）"。

项目组成员李丽点击"应收账款"，进入其他应付款实质性程序页面，查看"应收账款实质性程序表"，此表用于记录已执行的程序及需要实现的对应目标。根据实际所要执行的程序填列此表，或者根据底稿 CD-3、CD-4、CD-6 以及执行的函证程序填列对应信息，完成后如图 6-11 所示。其他科目实质性程序表填列思路一致，后续此步骤将不再赘述。

步骤二：编制"应收账款明细表（CD-3）"。

点击"应收账款明细表"标签，根据期末余额账明细填列，包括客户名称、余额，并根据发生时间细分账龄填列。然后通过已执行的审计程序，将调整金额填列至"账项调整"列，具体如图 6-12 所示。

步骤三：编制"应收账款询证函（CD-7）"。

选择客户发函，发函客户清单（期末余额超过 132 000 元的客户）见底稿 CD-4。例如，向逸莫汽车配件制造有限公司发函，函证的基本信息包括截止日期、款项（"贵公司欠"或"欠贵公司"）以及绵阳有色公章，如图 6-13 所示，其他函证客户类似，均在编制后发出。

步骤四：编制"应收账款函证结果汇总表（CD-4）"。

根据回函结果填列"应收账款函证结果汇总表"，将回函金额与账面金额核对，寻找是否存在差异，并填写汇总表，如图 6-14 所示。

二、审计目标与审计程序对应关系表

审计目标	可供选择的审计程序	索引号
D	获取或编制应收账款明细表： (1)复核加计是否正确，并与总账数和明细账合计数核对是否相符；结合坏账准备科目与报表数核对是否相符； (2)检查非记账本位币应收账款的折算汇率及折算是否正确； (3)分析有贷方余额的项目，查明原因，必要时作重分类调整； (4)结合其他应收款、预收账款等往来项目的明细余额，调查有无同一客户多处挂账、异常余额或与销售无关的其他款项(如代销账户、关联方账户或雇员账户)。如有，应做出记录，必要时作调整	CD-3
ABD	计算赊销比例、应收账款周转率及应收账款周转天数等指标，与被审计单位以前年度指标、同行业同相关指标对比分析，检查是否存在重大异常。	
D	获取应收账款账龄分析表： (1)测试计算的准确性； (2)检查原始凭证，如销售发票、运输记录等，测试账龄核算的准确性； (3)请被审计单位协助，在应收账款明细表上标出至审计时已收回的应收账款金额，对已收回金额较大的款项进行检查至支持性文件	
ACD	实施函证程序，除非有充分证据表明应收账款对财务报表不重要或函证很可能无效。如果不对应收账款进行函证，在工作底稿中说明理由。 (1)编制应收账款函证结果汇总表，检查回函； (2)调查不符事项，确定是否表明存在错报； (3)如果未回函，实施替代程序； (4)如果认为回函不可靠，评价对评估的重大错报风险以及其他审计程序的性质、时间安排和范围的影响； (5)如果管理层不允许寄发询证函： ①询问管理层不允许寄发询证函的原因，并就其原因的正当性及合理性收集审计证据； ②评价管理层不允许寄发询证函对评估的相关重大错报风险(包括舞弊风险)，以及其他审计程序的性质、时间安排和范围的影响； ③实施替代审计程序，以获取相关、可靠的审计证据； ④如果认为管理层不允许寄发询证函的原因不合理，或实施替代程序无法获取相关、可靠的审计证据，与治理层进行沟通，并确定其对审计工作和审计意见的影响	CD-5, CD-4, CD-6, CD-7

图6-11 应收账款实质性程序表(局部)

项目名称	期末未审数					账项调整		重分类调整		期末审定数				
	1年以内	1年至2年	2年至3年	3年以上	合计	借方	贷方	借方	贷方	1年以内	1年至2年	2年至3年	3年以上	合计
一、关联方														
二、非关联方														
逸莫汽车配件制造有限公司	932250.00				932250.00					932250.00				932250.00
岳阳环宇有色金属制造有限公司	-20600.00				-20600.00					-20600.00				-20600.00
四川金属铸造有限公司	604550.00				604550.00					604550.00				604550.00
嘉定潘达钢铁制造有限公司	276466.50				276466.50					276466.50				276466.50
抚州新盛汽车有限公司			18000.00		18000.00		18000.00			0.00				0.00
绵阳弘程科学仪器制造有限公司	301750.00				301750.00					301750.00				301750.00
南京航空集团有限责任公司	466125.00				466125.00					466125.00				466125.00
柳州市越西容器制造有限公司	36775.00				36775.00					36775.00				36775.00
绵阳市宙济机电设备有限公司	0.00				0.00	536750.00				536750.00				536750.00
绵阳高帝汽车制造有限公司	96100.00				96100.00					96100.00				96100.00

图6-12 应收账款明细表

索引号 CD-7

应收账款询证函

编号： 001

逸莫汽车配件制造有限　　　　　　　　公司：

本公司聘请的　　　福思特会计师　　　　　　事务所(盖章)正在对本公司　2022　年度财务报表进行审计，按照中国注册会计师审计准则的要求，应当询证本公司与贵公司相关的信息。下列信息出自本公司记录，如与贵公司记录相符，请在本函下端"信息证明无误"处签章证明；如有不符，请在"信息不符"处列明不符项目及具体内容；如存在与本公司有关的未列入本函的其他重要信息，也请在"信息不符"处出具详细资料。回函请直接寄至　　福思特会计师　　　　　　事务所。

回函地址：　四川省绵阳市湖东路自编117号201

电话：　0816 - 88395676　　传真：　0816 - 88395676　　联系人：　李明　　　　邮编：
621000

1. 本公司与贵公司的往来账项列示如下：

单位：元

截止日期	贵公司欠	欠贵公司	备注
2022-12-31	932250.00		

2.其他事项

本函仅为复核账目之用，并非催款结算。若款项在上述日期之后已经付清，仍请及时函复为盼。

绵阳有色金属制造有限公司　　　　　　　　　　　(公司盖章)

2023 年　03 月　04 日

图6-13 应收账款询证函（逸莫汽车配件制造有限公司）

应收账款函证结果汇总表

被审计单位：	绵阳有色金属制造有限公司	索引号：	CD-4
项目：	应收账款函证结果汇总表	财务报表截止日/期间：	2022-12-31
编制：	李丽	复核：	郑和气
日期：	2023-03-05	日期：	2023-03-05

一、应收账款函证情况列表

项目 单位名称	询证函编号	函证方式	函证日期 第一次	函证日期 第二次	回函日期	账面金额	回函金额	经调节后是否存在差异	调节表索引号
逸莫汽车配件制造有限公司	001	积极	2023-03-04		2023-03-05	932250.00	932250.00		
绵阳弘程科学仪器制造有限公司	002	积极	2023-03-04		2023-03-05	301750.00	301750.00		
四川金锦铸造有限公司	003	积极	2023-03-04		2023-03-05	604550.00	604550.00		
嘉定番达钢铁制造有限公司	004	积极	2023-03-04		2023-03-05	288678.00	288678.00		
南京航空集团有限责任公司	005	积极	2023-03-04		2023-03-05	478500.00	478500.00		

图6-14 应收账款函证结果汇总表

步骤五:编制"应收账款替代测试表(CD-6)"。

对未回函或未发函客户实施替代性测试,编制"应收账款替代测试表"。例如,对岳阳环复有色金属制造公司,抽取对应凭证检查,无异常,如图6-15所示。

一、期初余额:							
二、借方发生额:							
入账金额				检查内容(用"√"、"×"表示)			
序号	日期	凭证号	金额	①	②	③	④
1	2022-03-16	记16	904000.00	√	√	√	√
小计			904000.00				
全年借方发生额合计			904000.00				
测试金额占全年借方发生额的比例			100.00%				
三、贷方发生额							
入账金额				检查内容(用"√"、"×"表示)			
序号	日期	凭证号	金额	①	②	③	④
1	2022-04-22	记19	800000.00	√	√	√	√
2	2022-05-02	记5	24600.00	√	√	√	√
3	2022-09-07	记5	100000.00	√	√	√	√
小计			924600.00				
全年贷方发生额合计			924600.00				
测试金额占全年贷方发生额的比例			100.00%				

图6-15　应收账款替代测试表

6

小贴士:

　　询证函的方式有消极函证和积极函证两种,对于应收账款的函证一般要求采用积极函证方式,慎用消极函证方式。应收账款函证对象的选取上应根据实际执行的重要性水平确定。会计师事务所和注册会计师应全过程保持对函证的控制。对于第一次函证未回函的,审计人员要进行第二次函证;对于第二次函证仍未回函的,无需继续函证,应转做替代性测试。

步骤六:编制"应收账款坏账准备计算表(CD-8)"。

对应收账款计提坏账,根据坏账政策(一年以内计提比例0.5%,3年以上计提比例100%)计提坏账准备金额,并与上年末坏账余额进行比较,差额即为本年应计提金额。审计调整部分详见"应收账款坏账准备计算表"中的"审计说明部分",如图6-16所示。

2.期末单项金额非重大以及经单独测试后未减值的单项金额重大的应收款项对应坏账准备应有余额				
项目	账龄	应收款项余额	坏账准备计提比例	坏账准备应有余额
应收账款	1年以内(含1年)	2760003.00	× 0.5 %	13800.02
	1—2年(含2年)		× %	
	2—3年(含3年)		× %	
	3年以上	18000.00	× 100 %	18000.00
	合 计	2778003.00		31800.02 ③

三、坏账准备上期审定数		482.50 ④

四、坏账准备本期转出(核销)金额		
单位名称	金额	索引号
绵阳市宙济机电设备有限公司	2683.75	
合 计	2683.75	⑤

五、坏账准备本期转入(已核销)金额		
单位名称	金额	索引号
抚州希盛汽车有限公司	90.00	
合 计	90.00	⑥

六、计算坏账准备本期全部应计提金额		
⑦=③-④+⑤-⑥	33911.27	⑦

审计说明:

1. 延后确认的收入根据权责发生制,应调增收入。公司是绵阳市宙济机电设备有限公司,
借:应收账款——绵阳市宙济机电设备有限公司 536750
  贷:主营业务收入——铝合金 300000
  贷:主营业务收入——镁合金 175000
  贷:应交税费——应交增值税——销项税额 61750
调增的这笔应收账款,在2022年年末也应按照0.5%的计提比例计提坏账准备,金额为2683.75(536750*0.005)元。

2. 对抚州希盛汽车有限公司的应收账款已经超过3年,根据被审计单位会计制度,应核销应收账款,全额计提坏账。
借:坏账准备 18000.00
  贷:应收账款 抚州希盛汽车有限公司 18000.00
由于以前年度对抚州希盛汽车有限公司存在的18000元的应收账款只按0.5%计提了90元的坏账准备,2022年需转出计提的90元。

图6-16 应收账款坏账准备计算表

6

小贴士:

应收账款明细表中期末审定全额的来源:账簿中的期末未审数 + 审计调增数 — 审计调减数。该案例中的审计调整数主要包括:

(1)对抚州希盛汽车有限公司的应收账款账龄超过3年,应全额计提(全额作发生时的审计调整账)。

(2)2022年12月20日有出库单、发运凭证等,月末也结转了成本,但无该收入业务的记录,需补计对应的应收账款。

步骤七:编制"应收账款审定表(CD-2)"。

点击"应收账款审定表"标签,此表是根据底稿CD-3至CD-6执行的程序结果,对应收账款的各认定做出综合的判断以确定是否可以接受。编制过程及审计调整理由详见"应收账款审定表"中的"审计结论"部分,如图6-17所示。

项目名称	期末未审数	账项调整		重分类调整		期末审定数	上期期末审定数	索引号
		借方	贷方	借方	贷方			
一、账面余额合计	2760003.00	536750.00	18000.00			3278753.00	96500.00	
应收账款	2760003.00	536750.00	18000.00			3278753.00	96500.00	
二、坏账准备合计	14282.52	18000.00	20593.75			16876.27	482.50	
坏账准备	14282.52	18000.00	20593.75			16876.27	482.50	
三、报表列报合计	2745720.48	554750.00	38593.75			3261876.73	96017.50	
列报	2745720.48	554750.00	38593.75			3261876.73	96017.50	

审计结论：

1.通过进一步的收入截止测试，发现12月20日有出库单、发运凭证等，月末也结转了成本，但无该收入业务的记录，询问有关人员，会计人员解释说月末较忙，等做到该笔业务时已经是1月，因此该收入业务在1月入账。但按照权责发生制，该收入应在12月入账。对应的应收账款也应在12月入账。调整分录为：
借：应收账款—绵阳市宙济机电设备有限公司　　536750.00
　贷：主营业务收入—铝合金　　　　　　　　　　300000.00
　　　主营业务收入—镁合金　　　　　　　　　　175000.00
　　　应交税费—应交增值税—销项税额　　　　　 61750.00
调增的这笔应收账款，在2022年年末也应按照0.5%的计提比例计提坏账准备，金额为2683.75（536750*0.005）

2.经询问，对抚州希盛汽车有限公司的应收账款已经超过3年，根据被审单位会计核算制度，应核销应收账款，全额计提坏账：
借：坏账准备　　　　　　　　　　　　　　　　18000.00
　贷：应收账款—抚州希盛汽车有限公司　　　　　18000.00
以前年度对抚州希盛汽车有限公司存在的18000.00元的应收账款按0.5%计提了90.00的坏账准备，2022年也需转出计提的90元

根据上述情况，需补提的坏账准备为：
借：信用减值损失　　　　　　　　　　　　　　20593.75
　贷：坏账准备　　　　　　　　　　　　　　　 20593.75（2683.75-90.00+18000.00）

在审计过程中，发现被审计单位未将2022年的坏账准备结转至信用减值损失，经调查了解，被审计单位以往皆按照会计准则计提坏账准备，并在年末将坏账准备结转至信用减值损失，由于2022年坏账准备金额较小，不结转。由于金额对财务报表几乎没有影响，不进行调整，并提醒财务经理，无论金额大小，都应该按照会计准则处理。

经审计，应收账款借方调整数为536750.00，贷方调整数为18000.00，期末审定数为3222528.00；
坏账准备借方调整数为18000.00，贷方调整数为20593.75，期末审定数为17213.64。

图 6-17　应收账款审定表

小贴士：

　　1. 应收账款审定表的编制应根据前述本期发生的应收账款审定金额和坏账准备审定金额并综合考虑上期期末应收账款审定金额和上期期末坏账准备审定金额来编制期末应收账款审定金额，并与资产负债表中填列的应收账款金额进行核对。

　　2. 本案例中特别需要注意的问题，该公司的预收账款没有进行重分类，资产负债表中填列的应收账款金额没有对预收账款进行重分类填列。

任务四　主营业务收入审计

【任务引例】

　　2022年9月30日，财政部发布《关于加大审计重点领域关注力度控制审计风险进一步有效识别财务舞弊的通知》，其中关于收入舞弊的应对做出了指导性的应对措施，注册会计师在审计过程中，要严格执行执业准则的规定，控制审计风险，在做好其他领域审计的同时，加大收入舞弊的关注力度，合理运用职业判断，对发现的可能存在的舞弊风险做好有效

微课视频：
销售费用
审计

应对。

审计人员李克对主营业务收入等重点科目执行了实质性程序。

【知识准备】

一、实质性分析程序

（1）考虑可获取信息的来源、可比性、性质和相关性以及与信息编制相关的控制，评价在对记录的金额或比率作出预期时使用数据的可靠性。

（2）对已记录的金额作出预期，评价预期值是否足够精确以识别重大错报。

（3）确定已记录金额与预期值之间可接受的、无须作进一步调查的可接受的差异额。

（4）将已记录金额与预期值进行比较，识别需要进一步调查的差异，并调查差异原因。

二、检查主营业务收入资料

（1）检查主营业务收入的确认条件、方法是否符合企业会计准则，前后期是否一致；关注周期性偶然性的收入是否符合既定的收入确认原则、方法并对主营业务收入进行分析。

（2）按收入类别或产品名称对销售数量、毛利率等进行比较分析。

（3）按月度对本期和上期毛利率进行比较分析。

（4）对有异常情况的项目做进一步调查。

三、检查发货单

抽取多张发货单，审查出库日期、品名、数量等是否与发票、销售合同、记账凭证等一致。

四、检查记账凭证

抽取多张记账凭证，审查入账日期、品名、数量、单价、金额等是否与发票、发货单、销售合同等一致。

五、销售的截止测试

（1）通过测试资产负债表日前后若干天且大于一定金额的发货单据，将应收账款和收入明细账进行核对；同时，从应收账款和收入明细账选取在资产负债表日前后若干天且大于一定金额的凭证，与发货单据核对，以确定销售是否存在跨期现象。

（2）复核资产负债表日前后销售和发货水平，确定业务活动水平是否异常（如与正常水平相比），并考虑是否有必要追加截止程序。

（3）取得资产负债表日后所有的销售退回记录，检查是否存在提前确认收入的情况。

（4）结合对资产负债表日应收账款的函证程序，检查有无未取得对方认可的大额销售。

六、检查有无特殊的销售行为

检查有无特殊的销售行为，如委托代销、分期收款销售、商品需要安装和检验的销售、附有退回条件的销售、售后回租、售后回购、以旧换新、出口销售等，选择恰当的审计程序进行审核。

七、考虑增加审计程序

根据评估的舞弊风险等因素增加的审计程序。

八、检查是否正确列报

检查营业收入是否已按照企业会计准则的规定在财务报表中作出恰当列报。

【任务描述】

根据对绵阳有色营业收入实施实质性程序编制相关工作底稿,包括以下内容。

（1）编制审计底稿"营业收入实质性程序（FA-1）"。

（2）编制审计底稿"主营业务收入明细表（FA-3）"。

（3）编制审计底稿"业务—产品销售分析表（FA-5）"。

（4）编制审计底稿"月度毛利率分析表（FA-6）"。

（5）编制审计底稿"主营业务收入截止测试（FA-7、FA-8）"。

（6）编制审计底稿"主营业务收入检查情况表（FA-9）"。

（7）编制审计底稿"营业收入审定表（FA-2）"及完善底稿"营业收入实质性程序（FA-1）"。

【业务操作】

步骤一:编制"营业收入实质性程序（FA-1）"。

参见"应收账款实质性程序表"编制思路,这里不再赘述,但需要强调的是对收入应当执行的程序参见本任务下"【知识准备】"部分。

步骤二:编制"主营业务收入明细表（FA-3）"。

点击"主营业务收入明细表",根据期末明细账填列。另经统计,发现铝合金和镁合金1—3月的收入变动很大;铝合金1月收入相对其他月份都很低,经检查,当月订单较少,没有问题。镁合金1—3月的收入是先下降后大幅度上升的,2月很低、3月却很高;经审查,发现该公司1月发生火灾,产生产品损失,导致2月库存不足,销售受到影响,所以少接订单,故2月收入较少;三月是属于正常销售。4—12月的收入发生额波动均属于正常的销售变动,没有问题。根据以上得到的信息填列"主营业务收入明细表",因篇幅限制,这里不再给出图示。

步骤三:编制"业务—产品销售分析表（FA-5）"。

点击"业务—产品销售分析表"。根据产品分项,将绵阳有色本期主营业务收入与主营业务成本分别填列,计算毛利率,并与往年对比,无异常。编制此表后如图6-18所示。

步骤四:编制"月度毛利率分析表（FA-6）"。

分析各月产品毛利率,编制"月度毛利率分析表",通过计算发现,各月毛利率无明显异常,如图6-19所示。

步骤五:编制"主营业务收入截止测试（FA-7）"。

对本期收入进行跨期截止测试,编制"主营业务收入截止测试"。经测试,发现2023年1月记8的业务在12月29日已经有发货单、出库单了,但在2022年无该业务的记录。询问有关人员,会计人员解释说月末较忙,等做到该笔业务时已经是1月,因此该业务在1月入账,明显是跨期收入。按照收入确认条件,该业务应在2022年确认为收入而非在2023年,故延后确认的收入应调回,2022年调增收入,调整分录如下:

借：应收账款——绵阳市宙济机电设备有限公司　　　　　536 750.00
　　贷：主营业务收入——铝合金　　　　　　　　　　　　300 000.00
　　贷：主营业务收入——镁合金　　　　　　　　　　　　175 000.00
　　贷：应交税费——应交增值税——销项税额　　　　　　 61 750.00
测试后编制结果如图 6-20 所示。

业务—产品销售分析表

被审计单位：	绵阳有色金属制造有限公司	索引号：	FA-5
项目：	业务—产品销售分析表	财务报表截止日/期间：	2022-12-31
编制：	李克	复核：	郑和气
日期：	2023-03-11	日期：	2023-03-11

收入类别/产品名称	本期数				上期数				变动幅度			
	数量	主营业务收入	主营业务成本	毛利率	数量	主营业务收入	主营业务成本	毛利率	数量	主营业务收入	主营业务成本	毛利率
铝合金	66774.00	10016100.00	2998616.08	70.06%	75047	11257000.00	3204755.41	71.53%	-8273	-1240900	-206139.33	-1.47%
镁合金	58944.00	10315200.00	3306955.06	67.94%	66247	11593239.00	3534291.09	69.51%	-7303	-1278039	-227336.03	-1.57%
合计	125718.00	20331300.00	6305571.14	68.99%	141294.00	22850239.00	6739046.50	70.51%	-15576.00	-2518939.00	-433475.36	-1.52%

审计说明：

公司的本年毛利率保持稳定，与上一年度相比变化不大。

图 6-18　业务—产品销售分析表

月份	本期数				上期数				变动幅度
	主营业务收入	主营业务成本	毛利	毛利率	主营业务收入	主营业务成本	毛利	毛利率	
1	1159250.00	356924.5	802325.50	69.21	1308360.00	381709.2	926650.80	70.83	-1.62
2	1057050.00	365065.64	691984.36	65.46	1193979.00	390570.2	803408.80	67.29	-1.83
3	2600000.00	860480	1739520.00	66.90	2922000.00	920713.6	2001286.40	68.49	-1.59
4	1837500.00	573935	1263565.00	68.77	2068000.00	614010.4	1453989.60	70.31	-1.54
5	1892500.00	587109	1305391.00	68.98	2129600.00	627200	1502400.00	70.55	-1.57
6	1950000.00	596820	1353180.00	69.39	2188500.00	638297	1550203.00	70.83	-1.44
7	1630000.00	493342	1136658.00	69.73	1825600.00	527575	1298025.00	71.10	-1.37
8	1525000.00	466465	1058535.00	69.41	1718000.00	498617	1219383.00	70.98	-1.57
9	1770000.00	534422	1235578.00	69.81	1982400.00	570931	1411469.00	71.20	-1.39
10	1525000.00	454730	1070270.00	70.18	1708000.00	486561.1	1221438.90	71.51	-1.33
11	1760000.00	528428	1231572.00	69.98	1981200.00	560900	1420300.00	71.69	-1.71
12	1625000.00	487850	1137150.00	69.98	1824600.00	521962	1302638.00	71.39	-1.41
合计	20331300.00	6305571.14	14025728.86	68.99	22850239.00	6739046.50	16111192.50	70.51	-1.52

审计说明：

各月毛利率无明显异常

图 6-19　月度毛利率分析表

从发货单到明细账

编号	发货单		客户名称	发票内容		销售额	税额	明细账				是否跨期√（×）
	日期	号码		日期	货物名称			日期	凭证号	主营业务收入	应交税金	
1	2022-12-06	25932623	德赛汽车配件制造有限公司	2022-12-06	铝合金、镁合金	825000.00	107250	2022-12-07	记4	825000.00	107250	×
2	2022-12-07	202212002	咸宁达源电线电缆有限责任公司	2022-12-07	铝合金、镁合金	800000.00	104000	2022-12-07	记5	800000.00	104000	×
3	2022-12-29	20221229	绵阳市宙济机电设备有限公司	2023-01-07	铝合金、镁合金	475000.00	61750	2022-01-07	记8	475000.00	61750	√
							截止日前					
						截止日期：2022 年 12 月 31 日						
							截止日后					
1	2023-01-06	25932624	德赛汽车配件制造有限公司	2023-01-06	铝合金、镁合金	725000.00	94250	2023-01-06	记6	725000.00	94250	×
2	2023-01-07	25932625	广州润铭汽车制造有限公司	2023-01-07	铝合金、镁合金	725000.00	94250	2023-01-07	记7	725000.00	94250	×

审计说明：

经测试，发现2023年1月记8的业务在12月29日经有发货单、出库单了，但在2022年无该业务的记录。询问有关人员过程中，会计人员解释说因为该业务月末核坐，等到该业务时应是1月，因此该业务在1月入账，说明是跨期收入。按期收入应确认为收入而丰在2023年，故延后确认的收入应调回，2022年调增收入。

借：应收账款 —— 绵阳市宙济机电设备有限公司　536750.00
　　贷：主营业务收入 —— 铝合金　300000.00
　　贷：主营业务收入 —— 镁合金　175000.00
　　贷：应交税费 —— 应交增值税 —— 销项税额　61750

图6-20　主营业务收入截止测试

6

小贴士：

为了确保主营业务收入核算准确，无虚增或隐藏收入的情况，分别进行从发货单到明细账的顺查和从明细账到发货单的递查，进行截止测试。执行主营业务收入截止测试程序，主要是为了防止高估营业收入。

步骤六：编制"主营业务收入检查情况表（FA-9）"。

点击"主营业务收入检查情况表"标签，抽取对应凭证，结果如图 6-21 所示。

主营业务收入检查情况表

被审计单位：	绵阳有色金属制造有限公司	索引号：	FA-9
项目：	主营业务收入检查表	财务报表截止日/期间：	2022-12-31
编制：	李克	复核：	郑和气
日期：	2023-03-11	日期：	2023-03-11

记账日期	凭证编号	业务内容	对应科目	金额	核对内容（用"√"、"×"表示）					备注
					1	2	3	4	5	
2022-01-31	记34	咸宁达源电线电缆有限责任公司预收发货	预收账款	1159250.00	√	√	√	√		
2022-02-01	记2	发货给南京航空集团有限责任公司	预收账款	650000.00	√	√	√	√		
2022-02-05	记6	嘉定潘达钢铁制造有限公司直接销售出库	应收账款	407050.00	√	√	√	√		
2022-03-05	记6	广州南海维富航天制造有限公司预收发货	预收账款	825000.00	√	√	√	√		
2022-03-06	记7	肇庆广盛航天有限公司直接销售出库	应收账款	562500.00	√	√	√	√		

图 6-21 主营业务收入检查情况表

小贴士：

为了防范风险，对 2022 年的收入进行检查测试，主要检查记账凭证所附原始凭证是否齐全、金额是否一致、账务处理是否正确以及是否记录在正确的会计期间。通过抽查主营业务收入借方发生额大于或等于实际执行的重要性水平 132 000.00 元的记账凭证进行复核。

步骤七：编制"营业收入审定表（FA-2）"。

点击"营业收入审定表"，编制应收账款审定表。此表是根据底稿 FA-3 至 FA-9 执行程序的结果编制，对营业收入的各认定作出综合判断以确定是否可以接受。编制过程及审计调整理由详见"营业收入审定表"中的"审计结论"部分，如图 6-22 所示。

项目名称	本期未审数	账项调整		本期审定数	上期审定数	索引号
		借方	贷方			
一、主营业务收入						
销售产品	20331300.00		475000.00	20806300.00	22850239.00	
小计	20331300.00		475000.00	20806300.00	22850239.00	
二、其他业务收入						
小计						
营业收入合计	20331300.00		475000.00	20806300.00	22850239.00	

审计结论：

1. 通过逆查法发现，12月29日有出库单、发运凭证等但无该业务的记录，检查1月账簿，发现该业务在1月7日入账。询问有关人员，会计人员解释说该笔业务合同约定1月发货，12月期末仓库有剩余货物，因此在12月就发了货，但是等1月才入账。延后确认收入应提前，调增收入。

借：应收账款 536750.00
贷：主营业务收入——铝合金 300000.00
贷：主营业务收入——镁合金 175000.00
贷：应交税费——应交增值税——销项税额 61750.00

经审计，余额可以确认。

图6-22 营业收入审定表

6

项 目 小 结

如图 6-23 所示,本项目主要对"了解销售与收款循环内部控制""销售与收款循环控制测试""应收账款审计"以及"主营业务收入审计"四个工作任务进行了理论要点的梳理和实操要点的说明。其中,"控制测试程序""应收账款函证"以及"主营业务收入截止测试"等相关审计程序值得大家重点关注。

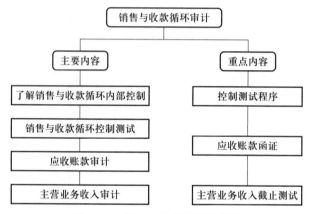

图 6-23 销售与收款循环流程图

项目技能训练

第一部分:练习题

一、单项选择题

1. 下列有关收入确认的舞弊风险的说法中,错误的是(   )。

A. 关联方交易比非关联方交易更容易增加收入的发生认定存在舞弊风险的可能性

B. 如果被审计单位已经超额完成当年的利润目标,但预期下一年度的目标较难达到,表明收入的截止认定存在舞弊风险的可能性较大

C. 如果被审计单位采用完工百分比法确认收入,且合同完工进度具有高度估计不确定性,表明收入的准确性认定存在舞弊风险的可能性较大

D. 对于以营利为目的的被审计单位,收入的发生认定存在舞弊风险的可能性通常大于完整性认定存在的舞弊风险

2. 在识别和评估重大错报风险时,下列各项中,注册会计师应当假定存在舞弊风险的是(   )。

A. 复杂衍生金融工具的计价   B. 存货的可变现净值

C. 收入确认   D. 应付账款的完整性

二、多项选择题

下列各项审计程序中,可以为营业收入发生认定提供审计证据的有(　　　　)。

A. 从营业收入明细账中选取若干记录,检查相关原始凭证

B. 对应收账款余额实施函证

C. 检查应收账款明细账的贷方发生额

D. 调查本年新增客户的工商资料、业务活动及财务状况

三、简答题

1. ABC 会计师事务所首次接受委托,审计上市公司甲公司 2016 年财务报表,委托 A 注册会计师担任项目合伙人。A 注册会计师确定财务报表整体重要性为 1 200 万元,甲公司主要提供快递物流服务。

A 注册会计师在审计工作底稿中记录了审计计划,部分内容摘要如下:

甲公司应收账款会计每月月末向排名前 10 位的企业客户寄送对账单,并调查回函差异。因该控制仅涉及一小部分应收账款余额,A 注册会计师拟不测试该控制,直接实施实质性程序。

要求:指出审计计划的内容是否恰当。如不恰当,简要说明理由。

2. ABC 会计师事务所的 A 注册会计师负责审计甲公司 2015 年度财务报表,与审计工作底稿相关的部分事项如下:

(1)因以前年度审计中未发现收入舞弊情况,A 注册会计师认为甲公司 2015 年度收入确认不存在舞弊风险,在审计工作底稿中记录了上述理由和结论。

要求:指出注册会计师的做法是否恰当。如不恰当,简要说明理由。

3. ABC 会计师事务所的 A 注册会计师负责审计甲公司 2018 年度财务报表。审计工作底稿中与函证相关的部分内容摘录如下:

甲公司根据销售合同在发出商品时确认收入。客户乙公司回函确认金额小于函证金额,甲公司管理层解释系期末发出商品在途所致。A 注册会计师检查了合同、出库单、运输单以及签收单等支持性文件,并与乙公司财务人员电话确认了相关信息,结果满意。

要求:针对上述内容,指出 A 注册会计师的做法是否恰当。如不恰当,简要说明理由。

4. ABC 会计师事务所的 A 注册会计师负责审计甲公司 2017 年度财务报表。审计工作底稿中与函证相关的部分内容摘录如下:

因未收到应收丙公司款项的询证函回函,A 注册会计师将检查期后收款作为替代审计程序,查看了应收丙公司款项明细账的期后贷方发生额,结果满意。

要求:针对上述内容,指出 A 注册会计师的做法是否恰当。如不恰当,简要说明理由。

四、案例分析

1. 注册会计师张军审计 A 公司预收账款项目时,发现以下审计线索:

① A 公司 3 年前预收 W 公司款项 800 万元,当年根据 W 公司的委托支付给 H 公司 200 万元,剩余 600 万元,截至 2022 年年度资产负债表日账面余额为 600 万元。

② 2022 年 12 月 25 日,A 公司根据银行存款未达账项调整 1 000 万元计入"预收账款"。张军逐笔核对了记账凭证及其后附的销售合同等,随后又根据合同所列产品名称及数量,到仓库审查了产品库存明细账,证实以上各批产品已发货,有关原始凭证已传递到会计部门。

要求：逐条分析被审计单位可能存在的问题、注册会计师应采取的审计程序及审计预收账款时应关注的项目。

2. X公司系甲会计师事务所的常年审计客户。X公司是一家生产和销售高端洗涤用品的上市公司，其产品主要用于星级酒店宾馆和大型饭店。除了在北京、上海直接向终端客户销售外，在全国其他地区均向省级或市级经销商销售。

资料：X公司提供的2022年年度财务报告显示，其2022年度税前利润为800万元。A和B注册会计师按税前利润的5%确定了X公司财务报表层次的重要性水平为40万元。

① X公司所属的行业近3年经营状况稳定，行业营业收入增长率为15%。X公司2022年年度营业收入增长率与行业平均增长率持平。X公司董事会制定的2022年年度预算目标要求营业收入比上年增长20%。

② X公司在2022年以来放宽授信额度以增加营业收入。2022年12月31日坏账准备余额为187万元。公司采用账龄分析法和个别认定法计提坏账准备，其中按账龄分析法计提坏账准备的比例为：账龄6个月以上1年以下为10%；1年以上2年以下为50%；2年以上为100%。X公司有关资料如表6-2所示。

表6-2 X公司有关资料

序号	项目	2021年	2022年
1	营业收入（万元）	9 310	11 265
2	年末应收账款（万元）	2 776	3 956
3	年末应收账款周转天数（天）	92	108
4	年末坏账准备（万元）	170	187

要求：针对资料，假定不考虑其他条件，A和B注册会计师运用分析程序识别X公司的营业收入与应收账款等项目是否存在重大错报风险和特别风险。根据分析结果，指出A和B注册会计师应分别将X公司的营业收入及应收账款项目的哪两个认定作为重点审计的内容，并指出X公司哪个项目的哪个认定很可能存在特别的风险，并列示分析过程和分析结果。

3. A注册会计师负责审计甲公司2022年年度财务报表。甲公司2022年12月31日应收账款余额为3 000万元。A注册会计师认为应收账款存在重大错报风险，决定选取金额较大以及风险较高的应收账款明细账户实施函证程序，选取的应收账款明细账户余额合计为1 800万元。要求针对以下事项，逐项指出甲公司审计项目组的做法是否恰当。如不恰当，简要说明理由。

① 审计项目组成员要求被询证的甲公司客户将回函直接寄至会计师事务所，但甲公司客户X公司将回函寄至甲公司财务部，审计项目组成员取得了该回函，将其归入审计工作底稿。

② 对于审计项目组以传真件方式收到的回函，审计项目组成员与被询证方取得了电话联系，确认回函信息，并在审计工作底稿中记录了电话内容与时间、对方姓名与职位，以及实施该程序的审计项目组成员姓名。

③　审计项目组成员根据甲公司财务人员提供的电子邮箱地址,向甲公司境外客户 Y 公司发送了电子邮件,询证应收账款余额,并收到了电子邮件回复。Y 公司确认余额准确无误。审计项目组成员将电子邮件打印后归入审计工作底稿。

④　甲公司客户 Z 公司的回函确认金额比甲公司账面余额少 150 万元。甲公司销售部人员解释,甲公司于 2022 年 12 月月末销售给 Z 公司的一批产品,在 2011 年年末尚未开具销售发票,Z 公司因此未入账。A 注册会计师认为该解释合理,未实施其他审计程序。

⑤　实施函证的 1 800 万元应收账款余额中,审计项目组未收到回函的余额合计 950 万元,审计项目组对此实施了替代程序:对其中的 500 万元查看了期后收款凭证;对没有期后收款记录的 450 万元,检查了与这些余额相关的销售合同和发票,未发现例外事项。

⑥　鉴于对 60% 应收账款余额实施函证程序未发现错报,A 注册会计师推断其余 40% 的应收账款余额也不存在错报,无须实施进一步审计程序。

4. A 审计人员在审计 X 公司 2022 年 12 月预收账款时,发现一笔可疑业务,其记账凭证账务处理如下:

借:银行存款　　　　　　　　　　　　　　　　　　　　　　113 000
　　贷:预收账款　　　　　　　　　　　　　　　　　　　　113 000

该记账凭证后附原始凭证:银行回单、销售发票(为增值税专用发票,税率 13%)、销售合同(合同约定的收款方式如销售方在预收 50% 的货款后发出了货物,其余货款待购买方收到货物并验收合格后支付,销售方在收到预收货款时向购买方全额开具增值税专用发票,税率 13%)。审计人员向相关人员询问后得知:公司已于 2022 年 12 月 2 日收到预收账款后发出了货物并全额结转了货物成本,2023 年 1 月 20 日购买方收到货物并验收合格。假设坏账准备计提比例为 5% ,城建税税率为 7% ,教育费附加税率为 3% 。

要求:分析该公司账务处理是否正确、存在哪些问题、影响哪些报表项目,编制审计调整分录。

第二部分:实训题

以福思特审计人员的身份登录审计之友平台,选择"绵阳有色金属制造有限公司"案例实训,完成该公司应收账款审计、预收账款审计、营业收入审计、营业成本审计、应交税费和税金及附加审计六个部分的实操任务。

项目七　筹资与投资循环审计

◆ **项目引导**

　　2021年1月3日，中国证监会对山东某生物科技股份有限公司（在本项目引导中以下简称"该公司"）等18名责任主体作出行政处罚决定，处罚依据事实之一是其虚减对外借款及相关费用、未披露对外担保，具体如下：

　　该公司在2015年年度、2016年半年度、2016年年度、2017年年度通过删除短期借款、长期借款、其他应付款、应付票据等科目中与借款相关记账凭证的方式，在财务报告中虚假记载对外借款，其中借款本金累计虚减983 546万元，与借款相关的融资费用累计虚减66 980.81万元。

　　案例思考：

　　1. 该公司删除相关会计凭证是否违反公司法？如果删除相关会计凭证，还能通过其他途径发现短期借款等问题吗？

　　2. 试想一下，删除短期借款等与筹资相关的科目凭证，降低负债，背后的动机是什么呢？

◆ **教学目标**

　　1. 知识目标

　　（1）熟知筹资与投资循环涉及的主要业务活动、主要凭证和会计记录，以及在企业运行中的地位及对审计的影响。

　　（2）熟知筹资与投资循环的内部控制制度及采取的内控措施。

　　（3）熟知筹资与投资循环的审计方法和过程。

　　2. 技能目标

　　（1）能够识别筹资与投资循环风险点及评价内部控制设计合理性。

　　（2）能够实施筹资与投资循环相关的内部控制测试。

　　（3）能够实施筹资与投资循环所涉及科目的实质性程序。

　　3. 素养目标

　　（1）培养独立自主学习的能力，能够解决筹资、投资审计实质性程序问题。

　　（2）培养严谨细致的职业素养，能够完成筹资与投资情况检查表、费用明细表、投资监盘表，编制审计工作底稿。

　　（3）培养爱岗敬业、诚实守信的职业道德，培养合规意识与理性的审计法律意识，拓展学习筹资与投资审计相关法律法规。

◆　知识导图

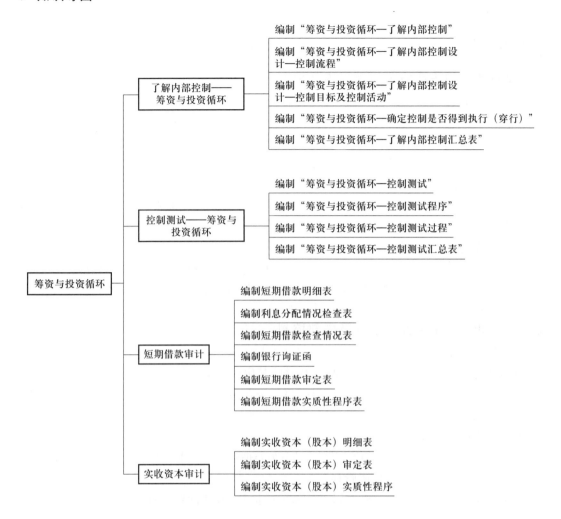

任务一　了解内部控制——筹资与投资循环

【任务引例】

筹资活动与投资活动是企业活动的两大重要组成部分,贯穿企业的整个生命周期。筹资活动解决企业资金来源,投资活动反映企业资金去向。企业的筹资、投资也与资本成本密切相关,当企业经营出现瓶颈时,一方面可能增加其对债务筹资的需求,另一方面也促进企业为改善报表而弄虚作假。当融资需求得到解决,企业管理者亦可能做出资产置换的高风险投资决策,这样既侵犯债权人利益,同时也浪费社会资源。无论是从企业(筹资人)角度,还是投资人角度,制定并执行良好的筹资与投资循环制度,加强资产的投资使用效率,保护资产的安全完整都显得相当重要,这既是企业责任,也是审计这个"看门人"应重点关注的内容。

为识别并评估被审计单位风险的一部分,审计人员李丽着手了解绵阳有色筹资与投资循环相关内部控制。

【知识准备】

一、投资涉及的主要业务活动及内部控制

（一）投资交易的发生

由管理层对所有投资交易进行授权,交易的数量越多,授权程序必须越正式。销售业务由下列文件支持:经纪人的销售公告、合同,董事会批准非上市性投资业务销售的会议纪要,高级员工核对收据和银行存款的详细信息。

（二）有价证券的收取和保存

企业所收到的凭证和有价证券应当保存在其经纪人处,或由企业的银行保存在一个上锁的保险箱里。

（三）投资收益的取得

企业收到股利和利息支票时应当予以记录并追查至银行存款单。如果企业发生了大量的投资活动,企业应当设立单独的银行账户,所有的投资收益都应当存入该账户。

二、筹资涉及的主要业务活动及内部控制

（一）审批授权

企业通过借款筹集资金需经管理层的审批,其中债券的发行均要由董事会授权;企业发行股票必须依据国家有关法规或企业章程,报经企业最高权力机构（如董事会）及国家有关管理部门批准。

（二）签订合同或协议

向银行或其他金融机构融资须签订借款合同;发行债券须签订债券契约、债券承销或包销合同。

（三）取得资金、计算利息或股利

企业实际取得银行或金融机构划入的款项或债券、股票的融入资金,应按有关合同或协议的规定,及时计算利息或股利。

（四）偿还本息或发放股利

银行借款或发行债券应按有关合同或协议的规定偿还本息,融入的股本根据股东大会的决定发放股利。

【任务描述】

（1）编制审计工作底稿"筹资与投资循环—了解内部控制（BE-21）"。

（2）编制绵阳有色筹资与投资循环控制流程底稿"筹资与投资循环—了解内部控制设计—控制流程（BE-23）"。

（3）编制"筹资与投资循环—了解内部控制设计—控制目标及控制活动（BE-24）",并评价绵阳有色筹资与投资循环控制活动对实现控制目标是否有效。

（4）评价绵阳有色筹资与投资循环内部控制是否得到执行,并编制穿行测试底稿"筹资与投资循环—确定控制是否得到执行（穿行）（BE-25）"。

（5）在上述任务基础上,编制"筹资与投资循环—了解内部控制汇总表（BE-22）"。

【业务操作】

步骤一： 编制"筹资与投资循环—了解内部控制（BE-21）"。

点击"筹资与投资循环—了解内部控制"标签，根据底稿 BE-23 至 BE-25 填列，如图 7-1 所示。

筹资与投资循环 － 了解内部控制

被审计单位：	绵阳有色金属制造有限公司	索引号：	BE-21
项目：	筹资与投资循环-了解内部控制	财务报表截止日/期间：	2022-12-31
编制：	李丽	复核：	郑和气
日期：	2023-03-02	日期：	2023-03-02

了解本循环内部控制的工作包括：

(1) 了解被审计单位筹资与投资循环中与财务报告相关的业务流程，并记录获得的了解。
(2) 了解被审计单位与审计相关的内部控制，并记录相关控制活动及控制目标，以及受该控制活动影响的交易类别、账户余额和披露及其认定。
(3) 执行穿行测试等程序，证实对业务流程和相关控制活动的了解，并确定相关控制是否得到执行。
(4) 记录在了解和评价筹资与投资循环的控制设计和执行过程中识别的风险，以及拟采取的应对措施。

了解本循环内部控制形成下列审计工作底稿：

BE-22	了解内部控制汇总表
BE-23	了解内部控制设计 — 控制流程
BE-24	评价内部控制设计 — 控制目标及控制活动
BE-25	确定控制是否得到执行(穿行测试)

图 7-1　筹资与投资循环—了解内部控制

步骤二： 编制"筹资与投资循环—了解内部控制设计—控制流程（BE-23）"。

点击"筹资与投资循环—了解内部控制设计—控制流程"，根据其他资料中的"筹资与投资循环—控制流程"工作记录和前期了解的信息，摘录并填列于对应部分，如图 7-2 所示。

步骤三： 编制"筹资与投资循环—了解内部控制设计—控制目标及控制活动（BE-24）"。

继续点击"筹资与投资循环—了解内部控制设计—控制目标及控制活动"，然后根据"其他资料—筹资与投资循环—控制目标及控制活动"工作记录，识别并对应相关控制活动，即拆解为控制活动单元后填列至与控制目标对应的"被审计单位的控制活动"栏，并填列"受影响的相关交易和账户余额及其认定"，如图 7-3 所示。

步骤四： 编制"筹资与投资循环—确定控制是否得到执行（穿行）（BE-25）"。

点击"筹资与投资循环—确定控制是否得到执行（穿行）"，记录穿行测试过程。以预算编制为例，获取预算编制表，检查是否经过高层管理人员审核，是否留下签章；并根据测试情况，记录并填列"筹资与投资循环控制执行情况的评价结果"信息。"编制说明"部分记录在执行该程序过程中认为需要关注的事项或其他发现的事实，如图 7-4 所示。

筹资与投资业务涉及的主要人员

职务	姓名	
总经理	朱嘉欣	
财务经理	张佳茹	
会计主管	郭晓莹	
会计	孟子航	
出纳	赖洁茹	

我们采用询问、观察和检查等方法，了解并记录了筹资与投资循环的主要控制流程，并已与 ┌张佳茹、郭晓莹┐ 等
确认下列所述内容。

1.有关职责分工的政策和程序

> (1) 不相容职务相分离。主要包括：对外投资项目的可行性研究与评估、对外投资的决策与执行、对外投资处置的审批
> 与执行、对外投资绩效评估与执行；筹资方案的拟订与决策、筹资合同或协议的审批与订立、与筹资有关的各种款项偿付
> 的审批与执行、筹资业务的执行与相关会计记录等职务相分离。
> (2) 各相关部门之间相互控制并在其授权范围内履行职责，同一部门或个人不得处理筹资与投资业务的全过程。

(注：此处应记录被审计单位建立的有关职责分工的政策和程序，并评价其是否有助于建立有效的内部控制。)

2.主要业务活动介绍

> 绵阳有色金属制造有限公司现行的筹资与投资政策和程序业经执行董事批准，如果需对该项政策和程序作出任何修改，均
> 应经该执行董事批准后方能执行。本年度该项政策和程序没有发生变化。
> 公司的主要筹资方式为向金融机构借款，没有衍生金融产品。

图7-2 筹资与投资循环—了解内部控制设计—控制流程

主要业务活动	控制目标	受影响的相关交易和账户余额及其认定	常用的控制活动	被审计单位的控制活动	控制活动对实现控制目标是否有效(是/否)
筹资	已记录的借款均确为公司的负债	短期借款：存在、权利和义务	所有筹资交易应经管理层批准	(1) 绵阳有色金属制造有限公司建立了筹资预算管理制度。每年年初，会计主管郭晓莹综合各部门上报的年度资金使用计划、上一年度实际筹资情况以及现金流情况，编制年度筹资预算，列明拟筹资原因、规模、用途、借款方式、还款资金来源等；年度筹资预算应经财务经理张佳茹复核并签署意见，上报公司总经理朱嘉欣和执行董事审批。财务部在批准的预算限额内开展筹资活动 (2) 如果预计流动资金可能不足时，会计孟子航将填写借款申请表。其中：金额在人民币1500000元以下的申请应经财务经理张佳茹和总经理朱嘉欣审批；金额超过人民币1500000元的借款申请由执行董事审批。执行董事授权总经理朱嘉欣签订借款合同	是
筹资	借款均已准确记录	短期借款：计价和分摊	借款变动情况的记录与借款合同相一致并经复核，以确保输入准确	会计孟子航在系统中录入记账凭证，后附综合授信使用申请或借款合同、银行回单等单据交会计主管郭晓莹复核，复核无误后登记短期借款明细账	是
筹资	借款均已记录	短期借款：完整性	借款合同或协议由专人保管，同账务记录核对一致，如发现差异应及时调查和处理	(1) 会计孟子航根据综合授信协议或借款合同，逐笔登记借款备查账 (2) 会计孟子航保管综合授信协议、借款合同，并逐笔登记借款备查账 (3) 每月末，会计孟子航对借款备查账与借款明细账，编制核对表报会计主管郭晓莹复核。如有任何差异，应立即通知有关人员调查并提交调查报告	是

图7-3 了解内部控制设计—控制目标及控制活动

筹资与投资循环穿行测试——与交易性金融资产后续计量有关的业务活动的控制

序号	股票代码	公允价值	是否与支持性文件相符（是/否）	账面价值	记账凭证编号#	是否经适当复核（是/否）
1		519480	是	500000	记11	是

筹资与投资循环控制执行情况的评价结果：

编制说明：
(1) 本审计工作底稿中的"主要业务活动""控制目标""控制活动"以及"被审计单位的控制活动"以及"控制活动对实现控制目标的评价。
(2) 对"是否测试该控制运行有效性"一栏，注册会计师应根据穿行测试的结果，在本表中填写"是"或"否"，如果某项控制虽然设计合理但未得到执行，注册会计师不拟测试该控制运行的有效性，则应在"是否测试该控制运行有效性"一栏中填写"否"，并注明理由。
(3) 如果注册会计师拟信赖以前审计获取的对该项控制活动运行有效性的审计证据，则本期不再对该项控制实施运行有效性的测试，"否"一栏中填写"否"，并注明理由。

主要业务活动（CZL-3）	控制目标（CZL-3）	受影响的相关交易和账户余额及其认定（CZL-3）	被审计单位的控制活动（CZL-3）	控制活动对实现控制目标是否有效（是/否）（CZL-3）	控制活动是否得到执行（是/否）	是否测试该控制活动运行有效性（是/否）
筹资	已记录的借款均确认为公司的负债	短期借款：存在、权利和义务	(1) 绵阳有色金属制造有限公司建立了筹资预算管理制度。每年年初，会计主管部门综合各部门上报的年度资金使用计划、编制年度资金预算，列明拟筹资情况以及预期的资金来源、金流情况、用途、借款方式、还款计划等，上报公司总经理应经财务经理张佳嘉和总经理孟子航审批。财务部应在批准的预算限额内开展筹资活动。 (2) 如果预计筹资金可能不足时，会计孟子航将编写借款申请表。其中：金额在人民币1500000元以下的借款申请应经财务经理张佳嘉和总经理孟子航审批；金额超过人民币1500000元的借款申请由经理授权财务部经理张佳嘉签订借款合同。	是	是	是

图7-4　筹资与投资循环——确定控制是否得到执行（穿行）

步骤五：编制"筹资与投资循环—了解内部控制汇总表（BE-22）"。

点击"筹资与投资循环—了解内部控制汇总表"，依据底稿 BE-23 至 BE-25 进行编制，如图 7-5 所示。

2. 主要业务活动

主要业务活动	是否在本循环中进行了解？
筹资	是
投资	是
衍生金融工具管理	是

（注：注册会计师通常应在本循环中了解与上述业务活动相关的内部控制，如果计划在其他业务循环中对上述一项或多项业务活动的控制进行了解，应在此处说明原因。）

3. 了解交易流程

根据对交易流程的了解，记录如下：

(1)是否委托其他服务机构执行主要业务活动？如果被审计单位使用其他服务机构，将对审计计划产生哪些影响？

> 否，被审计单位未委托服务机构执行主要业务活动。

(2)是否制定了相关的政策和程序以保持适当的职责分工？这些政策和程序是否合理？

> 制定了相关的政策和程序以保持适当的职责分工，这些政策和程序合理。

(3)自前次审计后，被审计单位的业务流程和控制活动是否发生重大变化？如果已发生变化，将对审计计划产生哪些影响？

> 自前次审计后，被审计单位的整体层面内部控制未发生重大变化。

图 7-5　筹资与投资循环—了解内部控制汇总表

任务二　控制测试——筹资与投资循环

【任务引例】

李丽根据前期了解，认为绵阳有色关于筹资与投资循环相关的内部控制设计是合理的，并且得到执行，于是李丽决定继续对筹资与投资循环相关的内部控制进行控制测试。

【知识准备】

如果采取依赖有效的内部控制减少实质性程序测试的方法，比仅依赖实质性程序更能够提高审计的总体效率，则选择执行控制测试就是适当的。另外，有效的内部控制仅能降低而不能消除重大错报风险，因此仅依赖控制测试而不执行实质性程序也不能为相关的重要账户及其认定提供充分、适当的审计证据。

由于本期被审计单位绵阳有色所涉及投资活动较少，故以筹资活动风险为起点的控制测试为例，介绍本循环控制测试，如表 7-1 所示。

表 7-1 筹资活动控制目标、控制活动及控制测试程序

控制目标	受影响的相关交易和账户余额及其认定	常用的控制活动	相关的控制测试程序
已记录的借款均为公司的负债	长、短期借款:存在、权利和义务	所有筹资交易应经管理层批准	抽取预算表(如有),检查是否得到适当审批;检查借款申请表是否得到适当审批;检查入账凭证附件是否齐全,是否得到适当审批
借款均已准确记录	长、短期借款:计价和分摊	借款变动情况的记录与借款合同相一致并经复核,以确保输入准确	检查借款备查账编制是否恰当,是否经适当审批,是否与明细账核对一致
借款均已记录	长、短期借款:完整性	借款合同或协议由专人保管,同财务记录核对一致,如发现差异应及时调查和处理	检查借款备查账编制是否恰当,是否经适当审批,是否与明细账核对一致
借款均已记录于适当期间	长、短期借款:存在、完整性	管理层定期复核借款记录并确保其及时更新	检查借款备查账编制是否恰当,是否经适当审批,是否与明细账核对一致
财务费用均已准确计算并记录于适当期间	财务费用:准确性、截止	管理层复核财务费用的计算	检查付款申请表、还款凭证编制是否恰当,是否经适当审批
已记录的偿还借款均真实发生	长、短期借款:完整性	管理层定期复核借款记录并确保其及时更新	检查付款申请表、还款凭证编制是否恰当,是否经适当审批
偿还借款均已准确记录	长、短期借款:计价和分摊	借款合同或协议由专人保管,同财务记录核对一致,如发现差异应及时调查和处理	检查付款申请表、还款凭证编制是否恰当,是否经适当审批
偿还借款均已记录	长、短期借款:存在	借款合同或协议由专人保管,同财务记录核对一致,如发现差异应及时调查和处理	检查付款申请表、还款凭证编制是否恰当,是否经适当审批
偿还借款均已记录于适当期间	长、短期借款:存在、完整性	借款合同或协议由专人保管,同财务记录核对一致,如发现差异应及时调查和处理	检查付款申请表、还款凭证编制是否恰当,是否经适当审批

【任务描述】

测试绵阳有色筹资与投资循环内部控制并编制相关工作底稿,包括:

（1）编制"筹资与投资循环—控制测试（BF-17）"工作底稿。

（2）通过筹资与投资循环控制目标，识别绵阳有色筹资与投资循环相应的控制活动单元，根据各控制活动单元执行的次数确定控制测试的数量，并编制底稿"筹资与投资循环—控制测试程序（BF-18）"。

（3）执行控制测试，并编制底稿"筹资与投资循环—控制测试过程（BF-19）"。

（4）评价控制测试结果，并编制"筹资与投资循环—控制测试汇总表（BF-20）"和完善"筹资与投资循环—控制测试（BF-17）"。

【业务操作】

步骤一：编制"筹资与投资循环—控制测试（BF-17）"。

点击"筹资与投资循环—控制测试"标签，根据底稿 BF-18 至 BF-20 总体内容和目的填写如下，如图 7-6 所示。

了解本循环内部控制形成下列审计工作底稿：

BF-20	控制测试汇总表	
BF-19	控制测试程序	
BF-18	控制测试过程	

编制说明：

本审计工作底稿用以记录下列内容：
（1）BF-20：汇总对本循环内部控制运行有效性进行测试的主要内容和结论；
（2）BF-18：记录控制测试程序；
（3）BF-19：记录控制测试过程。

测试本循环控制运行有效性形成下列审计工作底稿：

BF-20	控制测试汇总表	
BF-19	控制测试过程	
BF-18	控制测试程序	

图 7-6 筹资与投资循环—控制测试

步骤二：编制"筹资与投资循环—控制测试程序（BF-18）"。

点击"筹资与投资循环—控制测试程序"，根据前期所了解的筹资与投资循环内部控制活动，填写"执行控制的频率"，然后根据绵阳有色对应控制活动单元，确定"控制测试程序"。此处以"已记录的借款均确为公司的负债"控制目标为例，当要实现"已经记录的借款为公司真实所有"的目标时，结合绵阳有色的对应控制活动（前期工作已经了解），必定要留下本公司筹资申请表，经过审批签章的筹资申请表反映了筹资申请通过了本公司较高层级人员同意，且大致可以确定后续开展的对应筹资活动（借款）均以绵阳有色的名义开展，而且筹资活动特点之一是发生次数较少，这样就能实现已记录的筹资活动（借款）确属于本公司，即绵阳有色所有。故可以选择绵阳有色筹资申请表或综合授信申请表进行测试。其他控制测试程序的确定思路同理。具体填写后的结果如图 7-7 所示。

（2）其他测试程序

控制目标(CZL-3)	被审计单位的控制活动(CZL-3)	控制测试程序	执行控制的频率	所测试的项目数量	索引号
已记录的借款均确认为公司的负债	（1）绵阳有色金属制造有限公司建立了筹资预算管理制度。每年年初，会计主管郭晓莹综合各部门上报的年度资金使用计划、上一年度实际筹资情况以及现金流情况，编制年度筹资预算，列明拟筹资原因、规模、用途、借款方式、还款资金来源等；年度筹资预算应经财务经理张佳茹审核并签署意见，上报公司总经理朱嘉欣和执行董事审批。财务部在批准的预算限额内开展筹资活动。 （2）如果预计流动资金可能不足时，会计孟子航填写借款申请表。其中：金额在人民币1500000元以下的申请应经财务经理张佳茹和总经理朱嘉欣审批；金额超过人民币1500000元的借款申请由执行董事审批。执行董事授权总经理朱嘉欣签订借款合同	选取借款申请表或综合授信使用申请，检查是否得到适当审批	不定期	1	BF-18
借款均已准确记录	会计孟子航在系统中录入记账凭证，后附综合授信使用申请或借款合同、银行回单等单证交会计主管郭晓莹复核，复核无误后登记短期借款明细账	选取借款合同并检查是否与账务记录一致	不定期	1	BF-18
借款均已记录	（1）会计孟子航根据综合授信协议或借款合同，逐笔登记借款备查账。 （2）会计孟子航保管综合授信协议、借款合同，并逐笔登记借款备查账。 （3）每月末，会计孟子航核对借款备查账与借款明细账，编制核对表报会计主管郭晓莹复核。如有任何差异，应立即通知有关人员调查并提交调查报告	选取借款合同并检查是否与账务记录一致	不定期	1	BF-18
借款均已适当期间进行记录	会计孟子航按月汇总编制信贷情况表，内容包括授信额度总额、已使用额度、累计贷款金额、本月新增贷款总额以及预计下月到期贷款总额等，交财务经理张佳茹审核后，上报总经理朱嘉欣和执行董事	选取信贷情况表并检查是否得到适当复核	每月执行一次	1	BF-18

图 7-7　筹资与投资循环—控制测试程序

步骤三：编制"筹资与投资循环—控制测试过程（BF-19）"。

点击"筹资与投资循环—控制测试过程"标签，结合上一环节确定的控制测试程序，开始执行控制测试，并填写底稿。以"1. 与日常借款有关的业务活动的控制"为例，选取编号为"20220222"的借款合同和对应收款凭证，于表中对应部分填写相关信息，如图 7-8 所示。

1.与日常借款有关的业务活动的控制

主要业务活动	借款				记录借款				
测试内容	借款申请表编号#(日期)	借款申请表是否经过恰当批准(是/否)	借款合同编号#(如适用)	综合授信协议编号#(如适用)	综合授信使用申请表编号#(日期)	收款凭证编号#(日期)	借款合同金额、期限等内容是否与借款申请表内容一致(是/否)	是否记入短期借款明细账贷方(是/否)	是否登记借款备查账(是/否)	明细账记录内容是否与备查账内容一致(是/否)	借款备查账记录内容是否与借款合同一致(是/否)
√	无		20220222	不适用		记-20#20220222	无借款申请单	是	是	是	是

2.与借还借款有关的业务活动的控制

主要业务活动	借还				记录借款				
测试内容	借款合同编号#	综合授信协议编号#(如适用)	付款申请表编号#(日期)	付款申请表是否经过恰当批准(是/否)	是否按借款合同规定还款日一致(是/否)	付款凭证编号#(日期)	还款金额、期限等内容是否与付款申请表内容一致(是/否)	是否记入短期借款明细账借方(是/否)	是否登记借款备查账(是/否)	明细账记录内容是否与备查账内容一致(是/否)	借款备查账记录内容是否与借款合同一致(是/否)
√	20220315	不适用	无		是	记-15#20220315	无借款申请单	是	是	是	无借款合同

3.与信贷情况表有关的业务活动的控制

序号	选择的编制期间	是否编制信贷情况表(是/否)	内容是否完整(是/否)	是否适当层次的复核(是/否)
没有与信贷情况有关的控制				

4.与借款差异调节表有关的业务活动的控制

序号	选择的编制期间	借款备查账金额	借款明细账金额	编制人是否签名(是/否)	复核人是否签名(是/否)	是否有调节项目(是/否)	是否与支持文件相符(是/否)	是否经过适当审批(是/否)	是否已调节借款(是/否)
没有与借款差异调节表有关的业务活动的控制									

图 7-8　筹资与投资循环—控制测试过程

步骤四：编制"筹资与投资循环—控制测试汇总表（BF-20）"。

点击"筹资与投资循环—控制测试汇总表"，根据底稿 BF-19，评价控制测试结果，继续编制控制测试汇总表，编制完成结果如图 7-9 所示。

控制目标(CZL-3)	被审计单位的控制活动(CZL-3)	控制活动对实现控制目标是否有效(是/否)(CZL-3)	控制活动是否得到执行(是/否)(CZL-4)	控制活动是否有效运行(是/否)(CZL-3)	控制测试结果是否支持实施风险评估程序获取的审计证据(支持/不支持)
已记录的借款均确为公司的负债	(1) 绵阳有色金属制造有限公司建立了筹资预算管理制度。每年年初，会计主管郭晓莹综合各部门上报的年度资金使用计划、上一年度实际筹资情况以及现金流情况，编制年度筹资预算，列明拟筹资原因、规模、用途、借款方式、还款资金来源等；年度筹资预算应经财务经理张佳茹复核并签署意见，上报公司总经理朱嘉欣和执行董事审批。财务部在批准的预算限额内开展筹资活动 (2) 如果预计流动资金可能不足时，会计孟子航将填写借款申请表。其中：金额在人民币1500000元以下的申请应经财务经理张佳茹和总经理朱嘉欣审批；金额超过人民币1500000元的借款申请由执行董事审批。执行董事授权总经理朱嘉欣签订借款合同	是	是	是	支持
借款均已准确记录	会计孟子航在系统中录入记账凭证，后附综合授信使用申请或借款合同、银行回单等单证交会计主管郭晓莹复核，复核无误后登记短期借款明细账	是	是	是	支持
借款均已记录	(1) 会计孟子航根据综合授信协议或借款合同，逐笔登记借款备查账 (2) 会计孟子航保管综合授信协议、借款合同，并逐笔登记借款备查账 (3) 每月末，会计孟子航核对借款备查账与借款明细账，编制核对表报会计主管郭晓莹复核。如有任何差异，应立即通知有关人员调查并提交调查报告	是	是	是	支持
借款均已于适当期间进行记录	会计孟子航按月汇总编制信贷情况表，内容包括授信额度总额、已使用额度、累计贷款金额、本月新增贷款总额以及预计下月到期贷款总额等，交财务经理张佳茹审核后，上报总经理朱嘉欣和执行董事	是	是	是	支持

图 7-9　筹资与投资循环—控制测试汇总表

任务三　短期借款审计

【任务引例】

审计人员李丽结合前期对绵阳有色筹资与投资循环的了解，编制短期借款明细表，对短期借款进行函证等实质性程序。

【知识准备】

短期借款审计的实质性程序有：

（1）获取或编制短期借款明细表：复核加计正确，并与报表数、总账数和明细账合计数核对是否相符。

（2）对短期借款进行函证。

（3）检查短期借款的增加：对年度内增加的短期借款，检查借款合同，了解借款数额、借款用途、借款条件、借款日期、还款期限、借款利率,并与相关会计记录相核对。

（4）检查短期借款的减少:对年度内减少的短期借款,应检查相关记录和原始凭证,核实还款数额,并与相关会计记录相核对。

（5）复核短期借款利息:根据短期借款的利率和期限,检查被审计单位短期借款的利息计算是否正确;如有未计利息和多计利息,应做记录,必要时提请被审计单位进行调整。

（6）检查短期借款是否已按照企业会计准则的规定在财务报表中作出恰当的列报:检查被审计单位短期借款是否按信用借款、抵押借款、质押借款、保证借款分别披露。

【任务描述】

根据对绵阳有色短期借款实施实质性程序编制相关工作底稿:

（1）编制审计底稿"短期借款明细表（DA-3）"。

（2）编制审计底稿"利息分配情况检查表（DA-4）"。

（3）编制审计底稿"短期借款检查情况表（DA-5）"。

（4）编制"银行询证函（DA-6）"并发函。

（5）编制审计底稿"短期借款审定表（DA-2）"。

（6）在上述任务基础上结合实际编制审计底稿"短期借款实质性程序表（DA-1）"。

【业务操作】

步骤一:编制"短期借款明细表（DA-3）"。

项目组成员马方点击"短期借款明细表",进入短期借款实质性程序页面,根据短期借款明细表资料填列,并与账面进行比对,如利息无差异,则差异为"0",其中:借款利息 = 借款金额 × 利率 ×（借款日至期末天数 -1）÷ 全年天数（此处为 360 天）。根据获取的资料信息计算并与账面核对无误后,即可得出"经审计,余额无误。",如图 7-10 所示。

贷款银行	借款期限		期初余额		本期增加			本期归还		期末余额		本期应计利息	本期实计利息	差异
	借款日	约定还款日	利率	本金	日期	利率	本金	日期	本金	利率	本金			
中国工商银行绵阳分行高新分理处	2021-03-15	2022-03-15	5.6%	950000.00	2022-02-22	6%	1500000.00	2022-03-15	950000.00	6%	1500000.00	88787.78	88300.00	487.78

编制说明:外币短期借款应列明原币金额及折算汇率。

审计结论:

利息计提差异为487.78,低于明显微小错报值,不调整。

图 7-10　短期借款明细表

步骤二:编制"利息分配情况检查表（DA-4）"。

点击"利息分配情况检查表",查看账面信息:借款费用全部计入财务费用,且没有专门用于在建工程、研发等特定方面项目,与实际相符。编制完成后如图 7-11 所示。

7

利息分配情况检查表

被审计单位:	绵阳有色金属制造有限公司	索引号:	DA-4
项目:	利息分配情况检查表	财务报表截止日/期间:	2022-12-31
编制:	马方	复核:	郑和气
日期:	2023-03-07	日期:	2023-03-07

项目名称	实际利息	利息(实际利息)分配数						核对是否正确	差异原因
		财务费用	在建工程	制造费用	研发支出	实际利息	合计		
利息	88300.00	88300.00					88300.00	是	
合计	88300.00	88300.00					88300.00		

编制说明:

1. 项目名称按短期借款的明细科目列示;
2. 实际利息按照摊余成本与实际利率(实际利率与合同利率差异不大的除外)计算。

审计结论:

经审计,无异常。

图 7-11　利息分配情况检查表

步骤三:编制"短期借款检查情况表(DA-5)"。

点击"短期借款检查情况表",选取对应凭证,"业务内容"与"对应科目"信息直接摘录于对应凭证,如图 7-12 所示。

记账日期	凭证编号	业务内容	对应科目	金额
2022-03-15	记-15	偿还短期借款	银行存款——工行	950000.00
2022-02-22	记-32	借入短期借款	银行存款——工行	1500000.00

图 7-12　选择凭证

以"2022-03-15 记-15"凭证为例,点击"资料查看",如图 7-13 所示。

图 7-13　资料查看

进入资料查看界面,在总账下拉框选择"短期借款总账",期间下拉列表框选择"2022 年 3 月",即可查看短期借款总账,如图 7-14 所示。

双击总账页面,即可进入对应凭证页面查看,如图 7-15 所示。

再次双击,即可查看对应原始凭证,如图 7-16 所示。

核对检查无误后补充短期借款检查情况表,完成后如图 7-17 所示。

总　账

			总 页 码	
			本户页次	1

会计科目名称：短期借款

2022		凭证字号	摘　要	借　方	贷　方	借或贷	余　额	核对号
月	日			十亿千百十万千百十元角分	十亿千百十万千百十元角分		百十亿千百十万千百十元角分	
3	1		期初余额			贷	2 4 5 0 0 0 0 0 0	
	15	记-15	偿还短期借款	9 5 0 0 0 0 0 0		贷	1 5 0 0 0 0 0 0 0	
	31		本月合计	9 5 0 0 0 0 0 0		贷	1 5 0 0 0 0 0 0 0	

图 7-14　查看总账

记 账 凭 证

凭证类型：通用凭证 ▼　　　　　2022 年 3 月 15日　　　　　记　字第　15　号

摘要	科目	借方	贷方
		亿千百十万千百十元角分	亿千百十万千百十元角分
偿还短期借款	2001-短期借款	9 5 0 0 0 0 0 0	
	100201-银行存款-工行		9 5 0 0 0 0 0 0

图 7-15　查看凭证

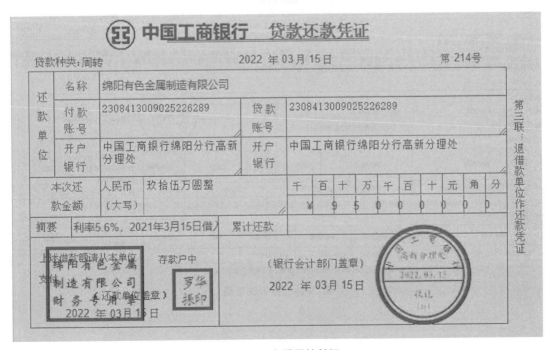

图 7-16　查看原始凭证

短期借款检查情况表

被审计单位:	绵阳有色金属制造有限公司	索引号:	DA-5
项目:	短期借款检查情况表	财务报表截止日/期间:	2022-12-31
编制:	马方	复核:	郑和气
日期:	2023-03-07	日期:	2023-03-07

记账日期	凭证编号	业务内容	对应科目	金额	核对内容(用"√"、"×"表示)					备注
					1	2	3	4	5	
2022-03-15	记-15	偿还短期借款	银行存款-工行	950000.00	√	√	√	√		
2022-02-22	记-32	借入短期借款	银行存款-工行	1500000.00	√	√	√	√		

编制说明:

1.原始凭证是否齐全;2.记账凭证与原始凭证是否相符;3.账务处理是否正确;4.是否记录于恰当的会计期间;5.……

审计说明:

经抽查,未见重大异常。

图 7-17 短期借款检查情况表

步骤四: 编制"银行询证函(DA-6)"。

点击"银行询证函",根据银行询证函固定格式,将要询证的信息进行填列(注意:项目组成员可根据实际情况添加函证信息),主要包括银行存款与借款部分,如图7-18所示。

银行询证函

索引号 DA-6

编号: 001-2020

中国工商银行绵阳分行高新分理处

本公司聘请的福思特会计师事务所正在对本公司2022年度财务报表进行审计,按照中国注册会计师审计准则的要求,应当询证本公司与贵行相关的信息。下列信息出自本公司记录,如与贵行记录相符,请在本函下端"信息证明无误"处签章证明;如有不符,请在"信息不符"处列明不符项目及具体内容;如存在与本公司有关的未列入本函的其他重要信息,也请在"信息不符"处出具详细资料。回函请直接寄至福思特会计师事务所。

回函地址: 四川省绵阳市湖东路邮编117号201

电话: 0816-88395676   传真: 0816-88395676   联系人: 李明

截至 2022 年 12 月 31 日止,本公司与贵单位相关的信息列示如下:

1. 银行存款

账户名称	银行账号	币种	利率	余额	起止日期	是否被质押、用于担保存在其他使用限制	备注
中国工商银行绵阳分行高新分理处	2308413009025226289	人民币		15409063.56	活期	否	

除上述列示的银行存款外,本公司并无在贵单位的其他存款。注: "起止日期"一栏仅适用于定期存款,如为活期或保证金存款,只可填写"活期"或"保证金"字样。

银行借款

借款人名称	币种	本金余额	借款日期	到期日期	利率	借款条件	抵(质)押品/担保人	备注
绵阳有色金属制造有限公司	人民币	1500000	2022-02-22	2023-02-22	6%	信用	无	

除上述列示的银行借款外,本公司并无自贵行的其他借款。注: 此项仅函证截至资产负债表日本公司尚未归还的借款。

图 7-18 银行询证函

填写完需要函证的信息后,切记盖上绵阳有色在对应银行的预留印鉴。

步骤五:编制"短期借款审定表(DA-2)"。

点击"短期借款审定表",根据底稿 DA-3 至 DA-6 编制审定表,如图 7-19 所示。

短期借款审定表

被审计单位:	绵阳有色金属制造有限公司	索引号:	DA-2
项目:	短期借款审定表	财务报表截止日/期间:	2022-12-31
编制:	马方	复核:	郑和气
日期:	2023-03-07	日期:	2023-03-07

项目名称	期末未审数	账项调整		重分类调整		期末审定数	上期末审定数	索引号
		借方	贷方	借方	贷方			
短期借款	1500000.00					1500000.00	950000.00	
合计	1500000.00					1500000.00	950000.00	

审计结论:

经审计,余额可以确认。

图 7-19 短期借款审定表

步骤六:编制"短期借款实质性程序表(DA-1)"。

点击"短期借款实质性程序",根据底稿 DA-2 至 DA-6 补充完整该部分表格信息的填列,完成后如图 7-20 所示。至此,短期借款实质性审计底稿编制完成。

第二部分 计划实施的实质性程序

项目			财务报表认定				
			存在	完整性	权利和义务	计价和分摊	列报
评估的重大错报风险水平(注1)			√				
从控制测试获取的保证程度(注2)			√				
需从实质性程序获取的保证程度				√	√	√	√
计划实施的实质性程序(注3)	**索引号**	**执行人**					
1. 获取或编制短期借款明细表	DA-3	马方				√	
2. 对短期借款进行函证	DA-6	马方	√		√		
3. 检查短期借款的增加	DA-5	马方	√	√		√	
4. 检查短期借款的减少	DA-5	马方	√			√	
5. 复核短期借款利息		郑和气				√	
6. 检查短期借款是否已按照企业会计准则的规定在财务报表中作出恰当的列报		郑和气					√

注:1.结果取自风险评估工作底稿。

2.结果取自该项目所属业务循环内部控制底稿。

图 7-20 短期借款实质性程序

任务四 实收资本审计

【任务引例】

操作录屏:
实收资本
审计

实收资本指的是股东实际将现金或实物投入公司的资本额,为投资者在发行普通股或优先股期间"实收"的资本金额,包括股票的面值加上超过面值的金额。实收资本代表企业通过出售其股权而不是从正在进行的业务运营中筹集的资金。

实收资本是实质性程序的一部分,审计人员李克对权益科目——实收资本执行实质性程序。

【知识准备】

结合与前任会计师有效沟通,且本期绵阳有色实收资本账面发生额为零,综合判断其风险较低,故根据实际情况,可执行如下实质性程序:

(1)获取或编制实收资本(股本)明细表:复核加计是否正确,并与报表数、总账数和明细账合计数核对是否相符。

(2)取得历次验资报告,将其所载明的投资者名称、投资方式、投资金额、到账时间等内容与被审计单位历次实收资本(股本)变动的账面记录、会计凭证及附件等核对。

(3)审阅公司章程、股东会(股东大会)、董事会会议记录中有关实收资本(股本)的规定。收集与实收资本(股本)变动有关的董事会会议纪要、股东会(股东大会)决议、合同、协议公司章程及营业执照,公司设立批文、验资报告等法律性文件,并更新永久性档案。

(4)检查实收资本(股本)是否已按照企业会计准则的规定在财务报表中作出恰当列报。

一般情况下实收资本与资本公积(审计证据)高度相关,因此项目组成员同时进行实收资本与资本公积实质性测试。

【任务描述】

7

(1)编制审计底稿"实收资本(股本)明细表(EA-3)"。

(2)编制审计底稿"实收资本(股本)审定表(EA-2)"。

(3)在上述任务基础上结合实际编制底稿"实收资本(股本)实质性程序(EA-1)"。

【业务操作】

步骤一:编制"实收资本(股本)明细表(EA-3)"。

项目组成员李克点击"实收资本",进入实收资本实质性程序页面,经过和前任注册会计师沟通,绵阳有色近年并未进行股权融资,风险很小,并通过"资料查看—前期资料—2021 年绵阳有色金属制造有限公司审计报告—实收资本"查看上期审计报告,如图 7-21 所示。

根据科目余额表编制"实收资本(股本)明细表",编制结果如图 7-22 所示。

步骤二:编制"实收资本(股本)审定表(EA-2)"。

同理,点击"实收资本(股本)审定表",依据底稿 EA-3,编制如图 7-23 所示。

前期资料： 2021年绵阳有色金属制造有限公司审计报告 ▼　另存为底稿　注：账簿双击单元格进入凭证页面

2021年绵阳有色金属制造有限公司审计报告（前期资料）×

13. 实收资本

类别	期初数	本期增加	本期减少	期末数	比例（%）
国家资本	–	–	–	–	–
集体资本	–	–	–	–	–
法人资本	–	–	–	–	–
其中：国有法人资本	–	–	–	–	–
集体法人资本	–	–	–	–	–

图 7-21　2021 年绵阳有色审计报告—实收资本

实收资本(股本)明细表

被审计单位：	绵阳有色金属制造有限公司	索引号：	EA-3
项目：	实收资本(股本)明细表	财务报表截止日/期间：	2022-12-31
编制：	李克	复核：	郑和气
日期：	2023-03-10	日期：	2023-03-10

项目名称	期初余额	本期增加	本期减少	期末余额	备注
实收资本	12670000.00			12670000.00	
合计	12670000.00			12670000.00	

审计说明：

经审计余额可以确认。

图 7-22　实收资本（股本）明细表

实收资本(股本)审定表

被审计单位：	绵阳有色金属制造有限公司	索引号：	EA-2
项目：	实收资本(股本)审定表	财务报表截止日/期间：	2022-12-31
编制：	李克	复核：	郑和气
日期：	2023-03-10	日期：	2023-03-10

项目名称	期末未审数	账项调整		重分类调整		期末审定数	上期末审定数	索引号
		借方	贷方	借方	贷方			
实收资本	12670000.00					12670000.00	12670000.00	
合计	12670000.00					12670000.00	12670000.00	

审计结论：

经审计，期末余额可以确定。

图 7-23　实收资本（股本）审定表

7

步骤三：编制"实收资本（股本）实质性程序（EA-1）"。

点击"实收资本（股本）实质性程序"，根据底稿 EA-2 和 EA-3，根据所执行的程序，一一对应填写索引号，编制完成结果如图 7-24 所示。

二、审计目标与审计程序对应关系表

审计目标	可供选择的审计程序	索引号
C	1. 获取或编制实收资本（股本）明细表： （1）复核加计是否正确，并与报表数、总账数和明细账合计数核对是否相符； （2）以非记账本位币出资的，检查其折算汇率是否符合规定，折算差额的会计处理是否正确	EA-3
AB	2. 获取并阅读公司章程、股东（大）会、董事会会议纪要中有关实收资本（股本）的规定。获取与实收资本（股本）变动有关的股东（大）会决议、董事会会议纪要、合同、协议、公司章程及应用执照，公司设立批文，验资报告等法律性文件，更新永久性档案	
ACB	3. 对本期的发生的实收资本（股本）的增减变动，查阅股东（大）会决议、董事会会议纪要、协议、政府批准文件、验资报告及其他支持性文件，结合相关账项的审计，检查其会计处理是否正确。注意有无抽资或变相抽资的情况	
	4. 根据评估的舞弊风险等因素增加的审计程序	
D	5. 检查实收资本（股本）是否已按照企业会计准则的规定在财务报表中作出恰当列报和披露	

图 7-24 实收资本（股本）实质性程序

小贴士：

实收资本审计要注意的事项有哪些？

明确了实收资本审计主要内容之后，还要对实收资本审计注意事项进行把握。这些注意事项有：

（1）编制或取得实收资本明细表、实收资本审计架构；

（2）审查实收资本的存在性；

（3）审查实收资本记录的完整性；

（4）审查实收资本业务是否作了充分列示；

（5）审查实收资本业务的合法性；

（6）审查实收资本分类的合理性；

（7）审查资本业务账务处理的准确性。

项 目 小 结

如图 7-25 所示,本项目主要对"了解筹资与投资循环内部控制""筹资与投资循环控制测试"以及"短期借款审计""实收资本审计"四个工作任务进行了理论要点的梳理和实操要点的说明。其中,"控制测试程序""短期借款函证"等相关审计程序值得大家重点关注。

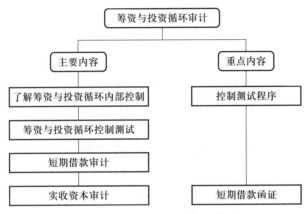

图 7-25 筹资与投资循环流程图

项 目 技 能 训 练

第一部分:练习题

一、单项选择题

1. 甲企业接受其他单位以固定资产进行的投资,该项固定资产原值 600 万元,已提折旧 120 万元,经双方协商确认的价值为 400 万元,甲企业以 480 万元作为固定资产入账价值。对此,审计人员应做出的判断是(　　　)。

A. 甲企业该固定资产计价正确

B. 甲企业该固定资产计价错误,应为 400 万元

C. 甲企业该固定资产计价错误,应为 600 万元

D. 甲企业该固定资产计价错误,应为 280 万元

2. 对未入账的长期借款进行审查,无效的审计程序是(　　　)。

A. 向被审计单位索取债务说明书,了解举债业务

B. 对利息费用实施分析性复核

C. 编制长期借款明细表并与总账核对

D. 查阅企业管理部门的会议记录、文件资料,了解与举债相关的信息

3. 审计人员在审查托管证券是否真实存在时,应采取的主要审计程序是(　　　)。

A．审阅投资明细账

B．向代管机构函证

C．检查被审计单位股票和债券登记簿

D．询问被审计单位管理部门

4．审计人员为了证实对外投资的存在性与所有权,应实施的审计程序是（　　　　）。

A．查阅长期投资和短期投资明细账

B．查阅投资收益的入账凭证

C．查阅对外投资的实物证明,如股权登记证、债券或出资证明

D．查阅关于对外投资决策的会议记录

5．审查企业长期借款,发现其中一部分将在一年内到期。审计人员应提请被审计单位将一年内到期长期借款在报表中列示为（　　　　）。

A．或有负债　　　　　　　　　　B．长期负债

C．流动负债　　　　　　　　　　D．流动资产

二、多项选择题

1．下列审计程序中,可以用于审查长期借款入账完整性的有（　　　　　　）。

A．向债权人询证负债金额

B．查阅被审计单位管理部门的会议记录和文件资料

C．审阅账簿记录并与原始凭证核对

D．分析利息费用账户,验证利息支出的合理性

E．审核银行存款余额调节表的未达账项

2．投资审计目标包括（　　　　　　）。

A．证实投资的完整性

B．确认投资的合法性

C．证实投资及投资收益的真实性与所有权

D．证实投资的可行性

E．确认企业投资计价及收益过账和汇总的正确性

3．短期借款入账完整性审查的手续包括（　　　　　　）。

A．还款日期与借款合同内容核对,确定还款的及时性

B．审查各项借款的日期、利率、还款期限及其他条件,确定有无低记短期借款或将短期借款计入长期负债账户的问题

C．向开户银行或债权人询证

D．分析利息费用账户

E．以明细账为起点检查至相关原始凭证

4．筹资与投资循环中内部控制的职责分工包括（　　　　　　）。

A．筹资、投资决策与执行相互独立

B．筹资、投资业务执行与记录相互独立

C．筹资、投资业务执行与内部监督相互独立

D．财会部门内部对资金收付、记录、复核相互独立

E．盈余公积核算、复核由不同人员完成,一人登记明细账和总账

5. 对盈余公积进行实质性程序包括(   )。

A. 编制或取得盈余公积明细表,与利润分配表核对

B. 查阅公司章程及盈余公积处理有关规定

C. 将核对无误的盈余公积与盈余公积账户、报表核对

D. 将盈余公积明细账与会计凭证核对

E. 保证利润的真实性

三、判断题

1. 对交易性金融资产进行审计,应监盘库存交易性金融资产。   (   )

2. 对于已用于无担保的其他债权投资,注册会计师应提请被审计单位作恰当披露。   (   )

3. 对于一年内到期的持有至到期投资,注册会计师应提请被审计单位重分类至一年内到期的非流动资产。   (   )

4. 对于长期股权投资减值损失,注册会计师应提醒被审计单位在以后会计期间转回。   (   )

5. 注册会计师应检查被审计单位对子公司、联营企业及合营企业投资相关的可抵扣暂时性差异,是否根据条件确认相应的递延所得税资产。   (   )

四、简答题

简述借款实质性程序的主要审计目标。

第二部分:实训题

以福思特审计人员的身份登录审计之友平台,选择"绵阳有色金属制造有限公司"案例实训,完成该公司筹资与投资循环审计的实操任务。

7

项目八　固定资产循环及货币资金循环审计

◆ **项目引导**

2021 年 4 月 28 日,安徽证监局对某上市公司给予警告,并处以 60 万元罚款,对直接负责人王某雷、王某给予警告,分别处以 30 万元罚款。原来,根据 LED 芯片行业外部环境和公司经营情况,2018 年年末,该公司 LED 芯片业务相关非流动资产存在明显减值迹象,但该公司未对该部分资产合理计提资产减值准备,虚增 2018 年度利润。

案例思考:

1. 固定资产循环审计常见的审计风险有哪些?

2. 如何做好固定资产循环审计?

◆ **教学目标**

1. 知识目标

(1)了解固定资产循环所涉及的主要业务活动。

(2)熟悉固定资产循环涉及的主要凭证、分录、报表项目。

(3)掌握固定资产循环内部控制的关键环节及其控制措施。

(4)掌握固定资产循环内部控制测试。

(5)掌握固定资产审计的实质性程序。

(6)掌握货币资金审计的实质性程序。

2. 技能目标

(1)能识别被审计单位固定资产循环的主要业务活动。

(2)能正确运用审计方法和程序,获取固定资产循环的审计证据。

(3)能设计固定资产循环审计的控制测试和实质性测试程序。

(4)能设计货币资金审计的实质性程序,获取充分、适当的审计证据。

(5)会正确编制固定资产循环业务以及货币资金审计的审计工作底稿。

3. 素养目标

(1)通过对固定资产内部控制的了解,培育严谨、精益求精的工匠精神。

(2)通过对固定资产、货币资金实质性程序的学习,培养独立、一丝不苟的工作态度。

(3)通过具体研究、合理判断,确定固定资产初始计量、后续支出的准确性以及货币资金的真实性,培养审计专业判断能力。

◆ 知识导图

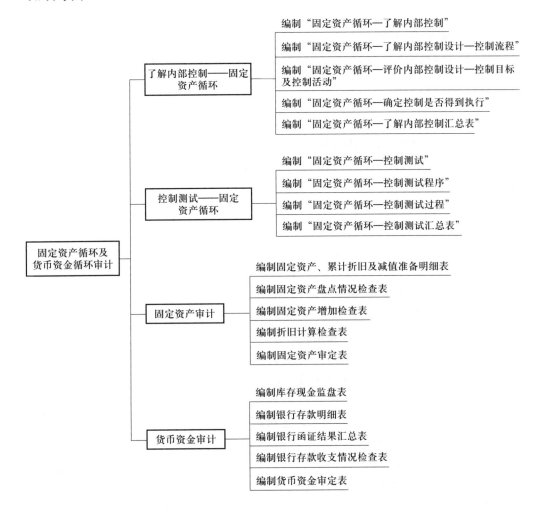

任务一　了解内部控制——固定资产循环

【任务引例】

李丽和郑和气在了解绵阳有色固定资产循环内部控制时,了解到:该公司现行与固定资产业务有关的政策和程序已经执行董事批准,如需对该项政策和程序作出任何修改,均应经执行董事批准后方能执行。本年度该项政策和程序没有发生变化。绵阳有色固定资产主要包括房屋及建筑物、生产设备、运输设备等,有自建的房屋及建筑物,其他固定资产全部通过外购方式取得。

8

【知识准备】

一、涉及的主要业务活动

固定资产预算管理与审批,购置、记录固定资产,固定资产折旧与减值,固定资产日常保管处置与转移。

二、常用的控制活动

（一）固定资产投资预算管理与审批

管理层必须核准所有固定资产投资采购预算,超过特定金额的预算应取得较高层次管理层的核准并适当记录。

（二）购置

（1）管理层必须核准所有采购合同。

（2）由不负责输入采购订单的人员比较采购订单数据与支持性文件(如请购单)是否相符。

（3）采购订单连续编号,采购订单的顺序已被记录。

（三）记录固定资产

（1）管理层定期复核固定资产登记簿。

（2）定期执行固定资产盘点,并调节至固定资产登记簿。

（3）对发票与验收单不符的事项进行调查,如果付款金额与发票金额不符,应经适当层次管理层核准。

（4）定期与供应商对账,如有差异及时进行调查和处理。

（四）固定资产折旧与减值

管理层复核折旧费用和资产减值损失。

（五）固定资产日常保管、处置与转移

（1）执行固定资产盘点,并调节至固定资产登记簿。

（2）管理层复核固定资产处置的记录。

三、穿行测试

（一）以固定资产盘点有关的业务活动的控制为例,需要执行的测试内容有:

（1）测试期间。

（2）资产使用部门已进行固定资产盘点(是 / 否)。

（3）财务部门已进行固定资产复盘(是 / 否)。

（4）对盘点差异已进行适当处理(是 / 否)。

（5）记账凭证编号。

（二）与固定资产折旧及减值有关的业务活动的控制:

（1）执行董事制订与固定资产折旧及减值有关的政策(是 / 否)。

（2）年末会计主管会同其他部门检查固定资产使用寿命及减值情况(是 / 否)。

（3）技术部门编写固定资产价值分析报告(是 / 否)。

（4）如较原先估计数发生较大变化，会计主管编写会计估计变更建议（是 / 否）。

（5）如发生减值迹象会计主管进行减值测试并编写调整建议（是 / 否）。

（6）财务经理复核会计估计变更建议或减值调整建议（是 / 否）。

（7）执行董事审核会计估计变更建议或固定资产价值调整建议（是 / 否）。

（8）会计估计变更和资产减值损失已进行恰当处理和列报（是 / 否）。

（9）记账凭证编号。

> **小贴士：**
>
> 　1. 关注职责分离控制，确定固定资产计量、后续支出的准确性：
>
> 　（1）固定资产总额上升时，计提折旧却下降，可能没有足额计提折旧，虚增营业利润；折旧方法突然改变，可能导致多提或少提折旧。
>
> 　（2）固定资产大幅度增加，或者大幅度减少，可能利用资产重组方便关联企业调节利润。
>
> 　（3）固定资产因更新改造等原因调整了固定资产价值，或固定资产的使用寿命及包含的经济利益的预期实现方式和原来相比有重大改变，但使用年限或折旧率仍未变更，有可能利用折旧调节利润。
>
> 　2. 充分了解固定资产循环的内部控制，执行适当的控制测试程序，关注审计风险，正确运用审计方法和程序。

【任务描述】

根据了解的绵阳有色固定资产循环的内部控制编制相关工作底稿：

（1）编制"固定资产循环—了解内部控制（BE-26）"工作底稿。

（2）编制"固定资产循环—了解内部控制设计—控制流程（BE-28）"工作底稿。

（3）编制"固定资产循环—评价内部控制设计—控制目标及控制活动（BE-29）"工作底稿。

（4）编制"固定资产循环—控制是否得到执行（BE-30）"工作底稿。

（5）在上述任务基础上编制"固定资产循环—了解内部控制汇总表（BE-27）"工作底稿。

【业务操作】

在左侧导航栏依次点击"风险评估工作底稿""了解被审计单位内部控制""在被审计单位业务流程层面了解内部控制""固定资产循环"，即进入固定资产循环内部控制底稿实训页面，如图 8-1 所示。

图 8-1　进入实训界面

8

步骤一:编制"固定资产循环—了解内部控制(BE-26)"工作底稿。

了解被审计单位固定资产循环和与财务报告相关的内部控制的设计,并记录了解的内容,编制工作底稿"固定资产循环—了解内部控制(BE-26)",填列完整后如图 8-2 所示。

固定资产循环 — 了解内部控制

被审计单位:		索引号:	BE-26
项目:	固定资产循环 — 了解内部控制	财务报表截止日/期间:	
编制:		复核:	
日期:		日期:	

了解本循环内部控制的工作包括:

(1) 了解被审计单位固定资产循环和与财务报告相关的内部控制的设计,并记录获得的了解。
(2) 针对固定资产循环的控制目标,记录相关控制活动,以及受到该控制活动影响的交易和账户余额及其相关认定。
(3) 执行穿行测试,证实对交易流程和相关控制的了解,并确定相关控制是否得到执行。
(4) 记录在了解和评价固定资产循环的控制设计和执行过程中识别的风险,以及拟采用的应对措施。

了解本循环内部控制形成下列审计工作底稿:

BE-27	了解内部控制汇总表
BE-28	了解内部控制设计 — 控制流程
BE-29	评价内部控制设计 — 控制目标及控制活动
BE-30	确定控制是否得到执行(穿行测试)

编制说明:

(1) 在了解控制的设计并确定其是否得到执行时,应使用询问、检查和观察程序,并记录所获取的信息和审计证据来源。
(2) 如果拟利用以前审计获取的有关控制运行有效性的的审计证据,应考虑被审计单位的业务流程和相关控制自上次测试后是否发生重大变化。

图 8-2　固定资产循环—了解内部控制

步骤二:编制"固定资产循环—了解内部控制设计—控制流程(BE-28)"工作底稿。

单击"固定资产循环—了解内部控制设计—控制流程(BE-28)"标签页,出现以下界面,在该审计工作底稿的表头中填制相关信息,如图 8-3 所示。

绵阳有色项目组成员采用询问、观察和检查等方法,了解并记录固定资产循环的主要控制流程,并已与张佳茹、郭晓莹等采购与付款涉及的主要人员确认,填列完成后,如图 8-4 所示。

填列有关固定资产业务活动的职责分工的政策和程序,如图 8-5 所示。

固定资产循环—了解内部控制设计—控制流程

被审计单位：	绵阳有色金属制造有限公司	索引号：	BE-28
项目：	了解内部控制—控制流程	财务报表截止日/期间：	2022-12-31
编制：	李丽	复核：	郑和气
日期：	2023-03-02	日期：	2023-03-02

编制说明：
(1)注册会计师应当采用文字叙述、问卷、核对表和流程图等方式，或几种方式相结合，记录对控制流程的了解。对重要业务活动控制流程的记录应涵盖自交易开始至与其他业务循环衔接为止的整个过程。记录的内容包括但不限于：
① 交易如何生成，包括电子数据交换（EDI）和其他电子商务形式的性质和使用程度；
② 内部控制采用人工系统、自动化系统或两种方式同时并存；
③ 控制由被审计单位人员执行、第三方（例如服务机构）执行或两者共同执行，涉及人员的姓名及其执行的程序；
④ 处理交易采用的重要信息系统，包括初次安装信息、已实施和计划实施的重大修改、开发与维护；
⑤ 与其他信息系统之间的链接，包括以计算机为基础的应用系统和以人工进行的应用系统之间衔接的时点，以及任何相关的手工调节过程（如编制调节表）；
⑥ 与处理财务信息相关的政策和程序；
⑦ 会计记录及其他支持性信息；
⑧ 使用的重要档案和表格；
⑨ 主要输出信息（包括以纸质、电子或其他介质形式存在的信息）及用途；
⑩ 输入交易信息并过至明细账和总账的程序；
⑪ 会计分录的生成、记录和处理程序，包括将非标准会计分录过至明细账和总账的程序。
(2)在本审计工作底稿对固定资产循环控制流程的记录，涉及控制活动的内容应索引至固定资产循环控制测试的审计工作底稿。
(3)如果被审计单位针对不同类型的固定资产业务分别采用不同的控制流程和控制活动，例如，被审计单位对外购和自行建造固定资产实施不同的的控制活动，应分别予以记录。

图 8-3　固定资产循环—了解内部控制设计—控制流程

固定资产业务涉及的主要人员

职务	姓名
总经理	朱嘉欣
财务经理	张佳茹
会计	孟子航
采购经理	杨子健
采购信息管理员	黄廷伟
会计主管	郭晓莹

我们采用询问、观察和检查等方法，了解并记录了固定资产循环的主要控制流程，并已与　张佳茹、郭晓莹　等确认下列所述内容。

图 8-4　固定资产业务涉及的主要人员

8

1.有关职责分工的政策和程序

(1) 不相容职务相分离。主要包括：固定资产投资预算的编制与审批、采购合同的订立与审批、验收与款项支付、固定资产投保的申请与审批、保管与清查、处置申请与审批、付款审批与执行等职务相分离。
(2) 各相关部门之间相互控制并在其授权范围内履行职责，同一部门或个人不得处理固定资产业务的全过程。

图 8-5　职责分工的政策和程序

小贴士：

注册会计师应采用文字叙述、问卷、核对表和流程图等方式，或几种方式相结合，记录对流程的了解。主要记录内容如下：

1. 固定资产业务涉及的主要人员；

2. 有关职责分工的政策和程序，是否有相关内部控制制度；

3. 固定资产循环主要业务活动涉及固定资产投资预算管理与审批，记录购置固定资产购置流程，记录固定资产，固定资产折旧及减值，固定资产日常保管、处置及转移。

步骤三：编制"固定资产循环—评价内部控制设计—控制目标与控制活动（BE-29）"工作底稿。

单击"固定资产循环—评价内部控制设计—控制目标与控制活动（BE-29）"标签项，填写相关信息，如图8-6所示。

固定资产循环—评价内部控制设计——控制目标及控制活动

被审计单位：	绵阳有色金属制造有限公司	索引号：	BE-29
项目：	评价内部控制设计—控制目标及控制活动	财务报表截止日/期间：	2022-12-31
编制：	李丽	复核：	郑和气
日期：	2023-03-02	日期：	2023-03-02

编制说明：

1. 本审计工作底稿中所列示的控制活动，仅为说明有关表格的使用方法，并仅针对 BE-28中的示例所设计，并非对所有控制目标、受该目标影响的交易和账户余额及其认定以及控制活动的全面列示。在执行财务报表审计业务时，注册会计师应运用职业判断，结合被审计单位的实际情况选择能够确保实现控制目标的控制活动。

2. 本审计工作底稿用以记录采购与付款循环中主要业务活动的控制目标、受该目标影响的相关交易和账户余额及其认定、常用的控制活动以及被审计单位的控制活动。其中，"常用的控制活动"一栏列示了在实务中为实现相关控制目标常用的控制活动，在实际编写审计工作底稿时应予以删除；对"受影响的相关交易和账户余额及其认定"一栏，注册会计师应根据被审计单位的实际情况分析填写。

3. 如果多项控制活动能够实现同一控制目标，注册会计师不必了解与该项控制目标相关的每项控制活动。本审计工作底稿记录的控制活动，仅为实现有关控制目标可能采用控制活动中的一种，被审计单位也可能采用其他控制活动达到有关控制目标，注册会计师应根据被审计单位的实际情况进行填写。

4. 注册会计师应关注被审计单位采取的控制活动是否能够完全达到相关的控制目标。在某些情况下，某些控制活动单独执行时，并不能完全达到控制目标，这时注册会计师需要识别与该特定目标相关的额外控制活动，并对其进行测试，以获取达到控制目标的足够的保证程度。

5. 一项控制活动可能以达到多个控制目标。为提高审计效率，如存在可以同时达到多个控制目标的控制活动，注册会计师可以考虑优先测试该控制活动。

6. 如果某一项控制目标没有相关的控制活动或控制活动设计不合理，注册会计师应考虑被审计单位控制的有效性以及对拟采取的审计策略的影响。

7. 如果注册会计师拟信赖以前审计获取的有关本循环控制活动运行有效性的审计证据，应当通过实施询问并结合观察或者检查程序，获取该等控制是否已发生变化的审计证据，并予以记录。

图8-6　固定资产循环—评价内部控制设计—控制目标及控制活动

了解被审计单位固定资产循环涉及的主要业务活动、控制目标、被审计单位的控制活动，并判断被审计单位的控制活动对实现控制目标是否有效等相关内容，填列完整后，如图8-7所示。

步骤四：编制"固定资产循环—确定内部控制是否得到执行（BE-30）"工作底稿。

打开"固定资产循环—确定内部控制是否得到执行（BE-30）"标签项，与固定资产盘点有关的业务活动的控制如图8-8所示。

主要业务活动	控制目标	受影响的相关交易和账户余额及其认定	常用的控制活动	被审计单位的控制活动	控制活动对实现控制目标是否有效(是/否)
固定资产投资预算管理与审批	只有经管理层核准的固定资产投资预算才能执行	固定资产：存在	管理层必须核准所有固定资产金额的投资采购，超过预算的投资采购应取得核准并适当记录	(1) 绵阳有色金属制造有限公司建立了固定资产投资的预算管理制度。每年年末，各资产使用部门应对各部门需用固定资产购置计划，经资产使用部门应编制固定资产购置方案并签字后上报至财务公司财务部，财务部应对各部门上报的预算进行审查、汇总，将意见及时反馈至资产购置部门，由会计主管郭晓瞳复核上报至总经理郭嘉欣审批。 (2) 总经理郭嘉欣负责召集技术和资产购置部门联合进行投资可行性论证，形成可行性报告并存档管理。金额在人民币50 000元的以内的固定资产投资由总经理郭嘉欣批准，超过50 000元的固定资产投资预算应由总经理郭嘉欣及董事会审批。 (3) 经批准后的固定资产投资预算及时下发至各资产使用部门。	是
购置	只有经核准的采购合同才能执行	固定资产：存在	管理层必须核准所有采购合同	(1) 资产使用部门经理填写请购单（一式三联），附同经批准的固定资产投资预算交至采购部。 (2) 绵阳有色金属制造有限公司执行固定资产采购合同前对重要采购合同进行审批，并由总经理郭嘉欣对固定资产采购合同进行签字。采购合同一式四份，且连续编号。	是

图 8-7　被审计单位固定资产循环涉及及控制活动

固定资产循环穿行测试——与固定资产盘点有关的业务活动的控制

主要业务活动	测试内容	测试结果
固定资产日常保管、处置与转移	测试期间	2022-12
	资产使用部门已进行固定资产盘点(是/否)	是
	财务部门已进行固定资产复盘(是/否)	是
	对盘点差异已进行适当处理(是/否)	是
	记账凭证编号	不适用

固定资产循环穿行测试——其他与固定资产日常保管、处置与转移有关的业务活动的控制

主要业务活动	测试内容	测试结果
固定资产日常保管、处置与转移	主要固定资产已办理商业保险(是/否)	不适用
	商业保险单编号	不适用
	固定资产报废单编号	不适用
	固定资产报废经适当审批(是/否)	不适用
	固定资产报废业经进行恰当会计处理和列报(是/否)	不适用
	记账凭证编号	不适用
	内部调拨固定资产已编制内部调拨单并经进行恰当会计处理(是/否)	不适用
	记账凭证编号	不适用

图 8-8 固定资产循环—确定控制是否得到执行

步骤五:编制"固定资产循环—了解内部控制汇总表(BE-27)"。

单击"固定资产循环—了解内部控制汇总表(BE-27)",判断在固定资产循环的内部控制中相关业务活动(固定资产投资预算管理与审批、购置、记录固定资产等)是否已得到了解,如图 8-9 所示。

1. 受本循环影响的相关交易和账户余额

固定资产、累计折旧、在建工程、工程物资、固定资产清理、资产减值损失。

(注:(1)此处仅列示主要交易和账户余额,注册会计师应当根据被审计单位的实际情况确定受本循环影响的交易和账户余额。例如,受本循环影响的账户余额可能还包括预付账款。(2)现金、银行存款等货币资金账户余额受多个业务循环的影响,不能完全归属于任何单一的业务循环。在实务中,在考虑与货币资金有关的内部控制对其实质性程序的影响时,注册会计师应当综合考虑各相关业务循环内部控制的影响;对于未能在相关业务循环涵盖的货币资金内部控制,注册会计师可以在货币资金具体计划中记录对其进行的了解和测试工作。)

2. 主要业务活动

主要业务活动		是否在本循环中进行了解?
固定资产投资预算管理与审批	是	
购置	是	
记录固定资产	是	
固定资产折旧及减值	是	
固定资产日常保管、处置及转移	是	

(注:注册会计师通常应在本循环中了解与上述业务活动相关的内部控制,如果计划在其他业务循环中对上述一项或多项业务活动的控制进行了解,应在此处说明原因。)

图 8-9 固定资产循环的主要业务活动

8

了解并记录固定资产循环相关交易流程,如图 8-10 所示。

3.了解交易流程

根据对交易流程的了解,记录如下:

(1)是否委托其他服务机构执行主要业务活动? 如果被审计单位使用其他服务机构,将对审计计划产生哪些影响?

否,被审计单位未委托服务机构执行主要业务活动。

(2)是否制定了相关的政策和程序以保持适当的职责分工? 这些政策和程序是否合理?

制定了相关的政策和程序以保持适当的职责分工,这些政策和程序合理。

(3)自前次审计后,被审计单位的业务流程和控制活动是否发生重大变化? 如果已发生变化,将对审计计划产生哪些影响?

自前次审计后,被审计单位的整体层面内部控制未发生重大变化。

(4)是否识别出本期交易过程中发生的控制偏差? 如果已识别出控制偏差,产生偏差的原因是什么,将对审计计划产生哪些影响?

未识别。

(5)是否识别出非常规交易或重大事项? 如果已识别出非常规交易或重大事项,将对审计计划产生哪些影响?

未识别。

(注: 此处应记录在了解内部控制的过程中识别出的非常规交易和重大事项,以及对审计计划的影响。)

图 8-10　了解相关交易流程

根据了解固定资产循环控制的设计并评估其执行情况所获取的审计证据,得出结论,如图 8-11 所示。

5.初步结论

控制设计合理,但并没有全部得到执行。

图 8-11　初步结论

8

> **小贴士:**
>
> 　　注册会计师对控制的评价结论可能是:
> 　　(1)控制设计合理,并得到执行。
> 　　(2)控制设计合理,未得到执行。
> 　　(3)控制设计无效或缺乏必要的控制。

任务二　控制测试——固定资产循环

【任务引例】

在了解了绵阳有色固定资产循环内部控制后,福思特审计人员李丽和郑和气判断该公司固定资产循环的内部控制的设计是合理的。所以,他们继续对该循环的内部控制进行测试,以判断其内部控制执行的有效性。

绵阳有色建立了固定资产投资的预算管理制度。每年年末,各资产使用部门应编制部门固定资产购置计划,经部门经理复核并签字后上报至公司财务部。财务部应对各部门上报的预算方案进行审查、汇总,将意见及时反馈。会计主管郭晓莹复核汇总后的固定资产购置预算,并上报至总经理朱嘉欣审批。

【知识准备】

一、控制目标

（一）固定资产投资预算管理与审批

只有经管理层核准的固定资产投资预算才能执行。

（二）购置

（1）只有经核准的采购合同才能执行。

（2）已记录的采购订单内容准确。

（3）所有采购订单均已得到处理。

（三）记录固定资产

（1）已记录的固定资产均确为公司购置的资产。

（2）固定资产采购交易均确已记录。

（3）已记录的固定资产采购交易计价正确。

（4）所有固定资产采购交易已于适当期间进行记录。

（四）固定资产折旧与减值

（1）准确计提折旧费用、资产减值损失。

（2）折旧费用、资产减值损失已于适当期间进行记录。

（3）折旧费用、资产减值损失均进行记录。

（4）折旧费用、资产减值损失是真实的。

（五）固定资产日常保管、处置与转移

（1）已记录的固定资产处置及转移均为实际发生的。

（2）固定资产处置及转移均已记录。

（3）固定资产处置及转移均已准确记录。

（4）固定资产处置产均已于适当期间进行记录。

二、控制测试程序

（一）固定资产投资预算管理与审批

选取固定资产投资预算和投资可行性项目论证报告；检查是否编制预算并进行论证，以及是否经适当层次审批。

（二）购置

（1）选取请购单及相关采购合同，检查是否得到适当审批和签署。

（2）选取采购信息报告检查是否已经编制并核对一致。

（三）记录固定资产

（1）抽取固定资产增减变动情况分析报告检查是否经复核。

（2）抽取固定资产盘点明细表检查差异是否经审批后及时处理。

（3）抽取采购发票，检查发票所载信息是否与验收单、采购订单相符。

（四）固定资产折旧及减值

（1）抽取月度内固定资产增减变动情况分析报告，检查是否已经正确编制并经复核。

（2）抽取固定资产价值分析报告和固定资产价值调整建议，检查是否已经正确编制并经复核和处理。

（五）固定资产日常保管、处置及转移

（1）抽取固定资产盘点明细表检查差异是否经审批后及时处理。

（2）抽取固定资产报废单，检查报废是否经适当批准和处理。

（3）抽取固定资产内部调拨单，检查调入、调出是否已进行适当处理。

（4）抽取固定资产增减变动情况分析报告检查是否经复核。

【任务描述】

根据对绵阳有色实施的控制测试程序编制相关工作底稿：

（1）编制"固定资产循环—控制测试（BF-21）"工作底稿。

（2）编制"固定资产循环—控制测试程序（BF-22）"工作底稿。

（3）编制"固定资产循环—控制测试过程（BF-23）"工作底稿。

（4）编制"固定资产循环—控制测试汇总表（BF-24）"工作底稿。

【业务操作】

在左侧导航栏依次点击"进一步审计工作底稿""控制测试""固定资产循环"，即进入固定资产循环控制测试工作底稿实训页面，如图 8-12 所示。

8

图 8-12　进入实训界面

步骤一：编制"固定资产循环—控制测试（BF-21）"工作底稿。

确定固定资产内部控制测试的主要内容及需要的审计工作底稿，根据编制说明，了解后续流程以及工作底稿的用途，并根据绵阳有色审计项目的具体安排填列表头的基本信息，如图 8-13 所示。

固定资产循环—控制测试

被审计单位：	绵阳有色金属制造有限公司	索引号：	BF-21
项目：	固定资产循环—控制测试	财务报表截止日/期间：	2022-12-31
编制：	李丽	复核：	郑和气
日期：	2023-03-03	日期：	2023-03-03

测试本循环控制运行有效性的工作包括：

(1)针对了解的被审计单位固定资产循环的控制活动，确定拟进行测试的控制活动。
(2)测试控制运行的有效性，并记录测试过程和结论。
(3)根据测试结论，确定对实质性程序的性质、时间和范围的影响。

了解本循环内部控制形成下列审计工作底稿：

BF-22	了解内部控制程序	
BF-23	了解业务过程	
BF-24	评价控制的设计并确定控制是否得到执行	

编制说明：

本审计工作底稿用以记录下列内容：
(1)BF-24：汇总对本循环内部控制运行有效性进行测试的主要内容和结论；
(2)BF-22：记录控制测试程序；
(3)BF-23：记录控制测试过程。

测试本循环控制运行有效性形成下列审计工作底稿：

BF-22	控制测试程序	
BF-23	控制测试过程	
BF-24	控制测试汇总表	

图 8-13   固定资产循环—控制测试

步骤二：编制"固定资产循环—控制测试程序（BF-22）"工作底稿。

执行并记录固定资产循环控制测试的执行情况，针对固定资产循环的主要业务活动分别设计拟执行的控制测试具体程序、有关控制的执行频率、拟测试的样本数量以及执行相关程序的工作底稿的索引等，编制审计工作底稿"固定资产循环—控制测试程序（BF-22）"，如图 8-14 所示。

1.控制测试——固定资产投资预算管理与审批

(1)询问程序

通过实施询问程序，被审计单位　　　　绵阳有色金属制造有限公司　　　　已确定下列事项：

(1)本年度未发现任何特殊情况、错报和异常项目；
(2)财务或资产使用部门的人员在未得到授权的情况下无法访问或修改系统内数据；
(3)本年度未发现下列控制活动未得到执行；
(4)本年度未发现下列控制活动发生变化。

(2)其他测试程序

控制目标(GZL-3)	被审计单位的控制活动(GZL-3)	控制测试程序	执行控制的频率	所测试的项目数量	索引号
只有经管理层核准的固定资产投资预算才能执行	(1)绵阳有色金属制造有限公司建立了固定资产投资的预算管理制度。每年年末，各资产使用部门应编制部门固定资产购置计划，经部门经理复核并签字后上报至公司财务部 (2)财务部应对各部门上报的预算方案进行审查、汇总，将意见及时反馈。会计主管郭晓莹夏核汇总后的固定资产购置预算，并上报至总经理朱嘉欣审核 (3)总经理朱嘉欣负责召集技术和资产购置部门联合进行投资可行性论证，形成可行性报告并存档管理。金额在人民币50 000元以内的固定资产投资预算由总经理朱嘉欣批准，超过50 000元的固定资产投资预算应由执行董事批准 (4)经批准后的固定资产投资预算即时下发至各资产使用部门	选取固定资产投资预算和投资可行性项目论证报告。检查是否编制预算并进行论证，以及是否经适当层次审批	每年执行一次	1	BF-22

图8-14　固定资产循环—控制测试程序

> **小贴士：**
>
> 通过抽查文件、记账凭证及相关的附件，对固定资产循环的相关业务活动的内部控制有效性进行相应的测试，具体测试内容见工作底稿。在固定资产循环穿行测试过程中已进行检查，不需要对此业务的内部控制活动执行有效性执行测试。

步骤三：编制"固定资产循环—控制测试过程（BF-23）"工作底稿。

通过了解绵阳有色公司固定资产循环相关的业务活动控制，抽取几笔交易实施重新执行程序，测试该控制运行是否有效。应分别记录固定资产循环涉及主要业务活动的控制测试过程，并填制"固定资产循环—控制测试过程（BF-23）"工作底稿，如图8-15所示。

3.与比较采购信息报告与相关文件(请购单)是否相符有关的控制

序号	选择的采购信息报告期间	应付账款记账员是否已复核采购信息报告(是/否)	采购订单是否连续编号(是/否)
2	无请购单		

4.与固定资产及累计折旧变动有关的控制

序号	选择的期间	固定资产记账员是否编制月度报告固定资产增、减变动情况报告(是/否)	会计主管是否复核月度报告固定资产增、减变动情况报告(是/否)
3	无月度报告		

5.与固定资产折旧的会计估计、减值有关的控制

主要业务活动	固定资产折旧、减值								
测试内容	董事会制订了与固定资产折旧减值有关的政策	年末会计主管同其他部门检查固定资产使用寿命及减值情况(是/否)	技术部门编写固定资产价值分析报告(是/否)	如较原先估计发生较大变化，会计主管编写会计估计变更建议(是/否)	如发生减值迹象会计主管复核减值测试并进行调整建议(是/否)	财务经理复核会计估计变更建议或减值调整建议(是/否)	董事会审核会计估计变更建议或固定资产价值调整建议(是/否)	会计估计变更和资产减值损失已进行恰当处理和列报(是/否)	记账凭证编号#
计提的折旧金额准确	是	是	是	是	是	是	是	是	记-29

图8-15　固定资产循环—控制测试过程

8

小贴士：

如果某一控制活动的发生频率通常为一年一次，在穿行测试中又已经检查，可以不再对该控制活动执行有效性重新测试。

步骤四：编制"固定资产循环—控制测试汇总表（BF-24）"。

审计人员李丽将检查、观察、询问等程序结合运用，评价固定资产循环的控制设计是否能及时预防或发现并纠正重大错报，并汇总记录对了解固定资产循环内部控制的形成初步的结论和测试结论，进一步明确后续审计方案，将得到的结论填列在"固定资产循环—控制测试汇总表（BF-24）"中，如8-16所示。

控制目标（CGL-3）	被审计单位的控制活动（CGL-3）	控制活动对实现控制目标是否有效（是/否）（CGL-3）	控制活动是否得到执行（是/否）（CGL-4）	控制活动是否有效运行（是/否）（CGC-3）	控制测试结果是否支持实施风险评估程序获取的审计证据（支持/不支持）
只有经管理层核准的固定资产投资预算才能执行	（1）绵阳有色金属制造有限公司建立了固定资产投资的预算管理制度。每年年末，各资产使用部门应编制部门固定资产购置计划，经部门经理复核并签字后上报至公司财务部 （2）财务部应对各部门上报的预算方案进行审查、汇总，将意见及时反馈。会计主管郭晓莹复核汇总后的固定资产购置预算，并上报至总经理朱嘉欣审批 （3）总经理朱嘉欣负责召集技术和资产购置部门联合进行投资可行性论证，形成可行性报告并存档管理。金额在人民币50 000元的以内的固定资产投资预算由总经理朱嘉欣批准，超过50 000元的固定资产投资预算应由执行董事批准 （4）经批准后的固定资产投资预算即时下发至各资产使用部门	是	是	是	支持
只有经核准的采购合同才能执行	（1）资产使用部门填写请购单（一式三联），经部门经理签字批准。并附经批准的固定资产投资预算交至采购部 （2）绵阳有色金属制造有限公司执行董事对固定资产采购合同重要条款进行审批，并授权总经理朱嘉欣签署合同。采购合同一式四份，且连续编号	是	是	是	支持

图 8-16　固定资产循环—控制测试汇总表

了解内部控制的初步结论，并得出控制测试的结论，如图 8-17 所示。

1.了解内部控制的初步结论
控制设计合理，但并没有全部得到执行。

［注：根据了解本循环控制的设计并评估其执行情况所获取的审计证据，注册会计师对控制的评价结论可能是：(1)控制设计合理，并得到执行；(2)控制设计合理，未得到执行；(3)控制设计无效或缺乏必要的控制。］

2. 控制测试结论
控制运行不是很有效。

图 8-17　控制测试结论

小贴士：

　　如果本期执行控制测试的结果表明本循环与相关交易和账户余额及其认定相关的控制不能予以信赖，应重新考虑本期拟信赖的以前审计获取的其他循环控制运行有效性的审计证据是否恰当。

任务三　固定资产审计

【任务引例】

　　绵阳有色采用智联系统处理固定资产交易，自动生成记账凭证和固定资产清单，并过至固定资产明细账和总账。李丽和郑和气通过获取固定资产明细表、实地检查重要固定资产等实质性程序对固定资产开展审计。

【知识准备】

一、固定资产审计的主要内容

（一）固定资产真实性

　　审查确认固定资产出售、报废、毁损是否转入固定资产清理予以冲销；查明向其他单位投资转出固定资产是否转入长期投资；查明经营租入固定资产是否增加企业固定资产账。

（二）固定资产完整性

　　审查已完工不结转固定资产和融资租赁固定资产不入固定资产账的情况。

（三）固定资产所有权

　　应区分经营和融资两种性质的租入固定资产，查明后者是否已纳入固定资产核算；应确定作为债务担保抵押出去的固定资产。

（四）固定资产有关计价

　　应分别验证购入、自建、投资转入、融资租入、改建扩建、捐赠、盘盈固定资产的入账价值；应确定折旧计算及累计折旧账户余额的正确性，以便认定固定资产净值的正确性。

（五）固定资产分类

　　除审查按实物形态进行分类明细核算外，还应查明使用、未使用和不需用固定资产，经营租入和融资租入固定资产，计提折旧与不计提折旧固定资产，改扩建支出与修理支出的分类正确性。

（六）固定资产账务正确性

　　审查确认固定资产总账、明细账以及实物资产的一致性，必要时可对固定资产进行监督盘点。

（七）固定资产增减变动的合法性

　　审查固定资产增减变动的批准手续；查明固定资产入账价值确定的合规性、合法性，查

8

明折旧方法及其运用的合法性。

（八）固定资产充分揭示性

审查确认会计报表对折旧方法、固定资产增减变动、资产租赁抵押等情况做了必要的说明。

二、固定资产审计的目标

通过审计固定资产达到以下目标：

（1）确定固定资产的内部控制制度是否健全有效。

（2）确定固定资产的实际存在和运行状况是否良好。

（3）审查被审计单位对固定资产的所有权是否受留置权等限制。

（4）审查固定资产的计价方法是否适当。

（5）确定固定资产折旧政策和会计处理是否符合会计准则的规定，并与以前年度保持一致。

（6）审查固定资产交易事项会计处理的适当性，固定资产及折旧在会计报表上披露的恰当性。

三、计划实施的审计程序

（1）获取或编制固定资产明细表，复核加计是否正确，并与总账数和明细账合计数核对是否相符，结合累计折旧和固定资产减值准备与报表数核对是否相符。

（2）实地检查重要固定资产（如为首次接受审计，应适当扩大检查范围），确定其是否存在，关注是否存在已报废但仍未核销的固定资产。

（3）检查本期固定资产的增加，确定该项固定资产是否真实存在，是否被被审计单位所拥有，是否完整、恰当地记录在财务报表中。

（4）检查本期固定资产的减少，确定该项固定资产是否真实存在，是否完整、恰当地记录在财务报表中。

（5）检查固定资产的减值准备。

（6）检查固定资产是否已按照企业会计准则的规定在财务报表中作出恰当列报。

【任务描述】

根据对绵阳有色固定资产实施实质性程序编制相关工作底稿：

（1）获取固定资产相关资料，编制"固定资产、累计折旧及减值准备明细表（CO-3）"。

（2）获取固定资产台账，编制"固定资产盘点情况检查表（CO-4）"。

（3）获取本期增加固定资产支持性文件，编制"固定资产增加检查表（CO-5）"。

（4）按照折旧政策和方法重新计算折旧，编制"折旧计算检查表（CO-7）"。

（5）在上述操作的基础上编制"固定资产审定表（CO-2）"。

【业务操作】

以审计助理李丽的身份在左侧导航栏依次点击"进一步审计工作底稿""实质性程序""固定资产循环—固定资产"，进入固定资产实质性程序底稿实训页面，如图8-18所示。

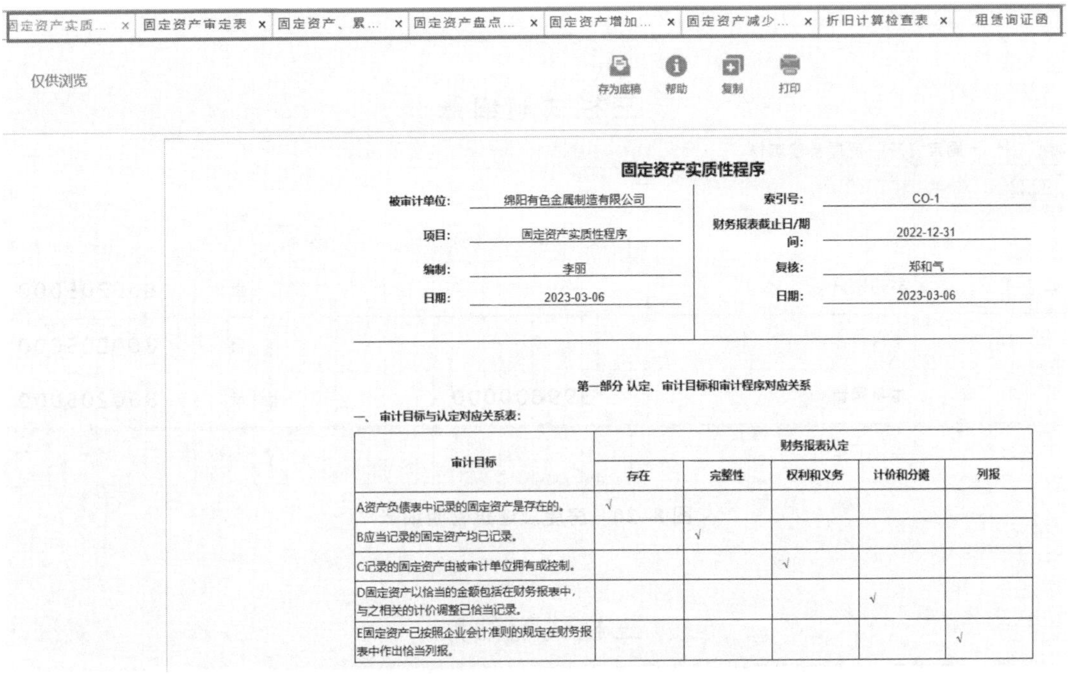

图 8-18　进入固定资产审计实训界面

步骤一：编制“固定资产、累计折旧及减值准备明细表（CO-3）”。

点击“固定资产、累计折旧及减值准备明细表（CO-3）”，通过“资料查看—账簿—固定资产总账”查询到绵阳有色公司内部编制的固定资产总账和明细账等资料；同时，查询该公司固定资产各分类下的期初余额、本年增加、本年减少以及期末余额等详细资料，如图 8-19 至 8-23 所示。

总　账

总页码	
本户页次	1

会计科目名称：固定资产

2022 月	2022 日	凭证字号	摘要	借方（十亿千百十万千百十元角分）	贷方（十亿千百十万千百十元角分）	借或贷	余额（百十亿千百十万千百十元角分）	核对号
12	1		期初余额			借	1650990400	
	31		本月合计			借	1650990400	
	31		本年合计	413460000		借	1650990400	
	31		结转下年					

图 8-19　固定资产总账

三栏式明细账

明细科目： 固定资产—房屋及建筑物

2022 月	日	凭证字号	摘要	借方	贷方	借或贷	余额	核对号
12	1		期初余额			借	860205000	
	31		本月合计			借	860205000	
	31		本年累计	399600000		借	860205000	
	31		结转下年					

图 8-20 房屋及建筑物明细账

三栏式明细账

明细科目： 固定资产—办公家具及器材

2022 月	日	凭证字号	摘要	借方	贷方	借或贷	余额	核对号
12	1		期初余额			借	68308400	
	31		本月合计			借	68308400	
	31		本年累计	6860000		借	68308400	
	31		结转下年					

图 8-21 办公家具及器材明细账

三栏式明细账

明细科目： 固定资产—机器及设备

2022 月	日	凭证字号	摘要	借方	贷方	借或贷	余额	核对号
12	1		期初余额			借	587077000	
	31		本月合计			借	587077000	
	31		本年累计	7000000		借	587077000	
	31		结转下年					

图 8-22 机器及设备明细账

三栏式明细账

明细科目：固定资产—运输工具

2022		凭证字号	摘要	借方											贷方											借或贷	余额											核对号
月	日			十	亿	千	百	十	万	千	百	十	元	角	分	十	亿	千	百	十	万	千	百	十	元	角	分		百	十	亿	千	百	十	万	千	百	十	元	角	分	
12	1		期初余额																									借					1	3	5	4	0	0	0	0	0	
	31		本月合计																									借					1	3	5	4	0	0	0	0	0	
	31		本年累计																									借					1	3	5	4	0	0	0	0	0	
	31		结转下年																																							

图 8-23　运输工具明细账

根据"资料查看—其他资料—固定资产卡片"可以计算出累计折旧的期初余额、本期增加数和本期减少数；查看固定资产累计折旧总账，如图 8-24 所示。

总 账

总 页 码	
本户页次	1

会计科目名称：累计折旧

2022		凭证字号	摘要	借方											贷方											借或贷	余额											核对号
月	日			十	亿	千	百	十	万	千	百	十	元	角	分	十	亿	千	百	十	万	千	百	十	元	角	分		百	十	亿	千	百	十	万	千	百	十	元	角	分	
12	1		期初余额																									贷						3	0	7	2	8	7	0	7	9	
	21	记-13	计提折旧																			8	3	4	7	5	0	9	贷						3	1	5	6	3	4	5	8	8	
	31		本月合计																				8	3	4	7	5	0	9	贷						3	1	5	6	3	4	5	8	8	
	31		本年合计																			9	6	3	1	0	2	7	6	贷						3	1	5	6	3	4	5	8	8	
	31		结转下年																																							

图 8-24　累计折旧总账

随后，将收集、整理的信息填列在"固定资产、累计折旧及减值准备明细表（CO-3）"，填列完整后如图 8-25 所示。

步骤二：编制"固定资产盘点检查情况表（CO-4）"。

大家可以通过"资料查看—其他资料"功能查询绵阳有色公司内部编制的"固定资产检查情况表"，如图 8-26 所示。

2023 年 3 月 6 日，审计人员李丽决定对绵阳有色公司所有固定资产进行实地检查，并将相应的数据和结果填列在"固定资产盘点检查情况表（CO-4）"中，如图 8-27 所示。

8

项目名称	期初余额	本期增加	本期减少	期末余额
一、原价合计	12375304.00	4134600.00		16509904.00
机器及设备	5800770.00	70000.00		5870770.00
房屋及建筑物	4606050.00	3996000.00		8602050.00
办公家具及器材	614484.00	68600.00		683084.00
运输工具	1354000.00			1354000.00
二、累计折旧合计	2193243.12	963102.76		3156345.88
机器及设备	1431999.36	628499.85		2060499.21
房屋及建筑物	345454.20	190076.40		535530.60
办公家具及器材	212689.44	76826.47		289515.91
运输工具	203100.12	67700.04		270800.16
三、固定资产减值准备合计				
四、固定资产账面价值合计	10182060.88			13353558.12
机器及设备	4368770.64			3810270.79
房屋及建筑物	4260595.80			8066519.40
办公家具及器材	401794.56			393568.09
运输工具	1150899.88			1083199.84

编制说明:

备注栏可填列固定资产的使用年限、剩余使用年限、残值率和年折旧率等情况。

审计结论:

经审查,明细表和总账核对一致。

图 8-25　固定资产、累计折旧及减值准备明细表

固定资产检查情况表

盘点日期:2023年3月6日		盘点地点:绵阳有色金属制造有限公司内部			检查人:李丽		复核人:郑和气		盘点比例:100%

卡片编号	固定资产名称	类别	单价	账存数量	账存原值	盘点数量	盘点原值	固定资产编号	录入人	使用部门
101	抽风机	机器及设备	6,000.00	3	18,000.00	3	18,000.00	JS001	张佳茹	材料仓库
102	货架	机器及设备	69,000.00	1	69,000.00	1	69,000.00	JS002	张佳茹	材料仓库
103	原材料仓库700平方米	房屋及建筑物	451,500.00	1	451,500.00	1	451,500.00	JZ001	张佳茹	材料仓库
104	货架	机器及设备	70,000.00	1	70,000.00	1	70,000.00	JS003	张佳茹	材料仓库

图 8-26　固定资产检查情况表

序号	名称	规格型号	计量单位	单价	账面结存		被审计单位盘点			实际检查		
					数量	金额	数量	金额	盈亏(+、-)	数量	金额	盈亏(+、-)
101	抽风机	/	台	6000.00	3	18000.00	3	18000.00		3	18000.00	
102	货架	/	个	69000.00	1	69000.00	1	69000.00		1	69000.00	
103	原材料仓库700平方米	/	平方米	451500.00	1	451500.00	1	451500.00		1	451500.00	
104	货架	/	个	70000.00	1	70000.00	1	70000.00		1	70000.00	
105	IP电脑	/	台	9500.00	2	19000.00	2	19000.00		2	19000.00	
106	IP电脑	/	台	9500.00	3	28500.00	3	28500.00		3	28500.00	
107	针式打印机	/	台	3340.00	1	3340.00	1	3340.00		1	3340.00	
108	财务软件	/	个	8000.00	1	8000.00	1	8000.00		1	8000.00	
109	电脑开票系统	/	个	2244.00	1	2244.00	1	2244.00		1	2244.00	
110	增值税票主机及打印机	/	台	6900.00	1	6900.00	1	6900.00		1	6900.00	
111	产成品仓库690平方米	/	平方米	445050.00	1	445050.00	1	445050.00		1	445050.00	
112	发电机	/	台	26500.00	1	26500.00	1	26500.00		1	26500.00	
113	中央空调	/	台	520000.00	1	520000.00	1	520000.00		1	520000.00	
114	办公楼3000平方米	/	平方米	2182500.0	1	2182500.00	1	2182500.00		1	2182500.00	
115	员工食堂300平方米	/	平方米	259500.00	1	259500.00	1	259500.00		1	259500.00	
116	本田轿车	/	台	356400.00	1	356400.00	1	356400.00		1	356400.00	
117	标志2.0	/	台	334800.00	1	334800.00	1	334800.00		1	334800.00	
118	叉车	/	台	83000.00	2	166000.00	2	166000.00		2	166000.00	
119	三菱客货两用车	/	台	286800.00	1	286800.00	1	286800.00		1	286800.00	

图 8-27　固定资产盘点检查情况表

8

小贴士：

2023年3月6日，审计人员李丽对绵阳有色公司所有固定资产进行实地检查：对照台账上固定资产的名称、数量、规格和存放地点对实物进行盘点核对确定资产的真实性，从盘点到的实物与台账进行核对确定资产的完整性。

步骤三：编制“固定资产增加检查表（CO-5）”。

点击“数据分析—凭证查询”功能，查询该公司有本年固定资产借方发生额的业务（即本年增加的固定资产）的记账凭证，其中职工宿舍楼于2022年3月10日竣工，由在建工程转为固定资产，如图8-28所示。

记 账 凭 证

凭证类型：通用凭证　　2022 年 12月 18日　　记 字第 13 号

摘要	科目	借方（亿千百十万千百十元角分）	贷方（亿千百十万千百十元角分）
将安装完毕的在建工程转入固定资产	160103—固定资产—机器及设备	143000000	
	160403—在建工程—机器及设备		143000000

图 8-28　固定资产记账凭证

通过检查在建工程相关原始凭证将取得的日期、取得方式、原值与本期增加的固定资产记录进行核对，并将相关的信息填列在“固定资产增加检查表（CO-5）”，如图8-29所示。

固定资产名称	取得日期	取得方式	固定资产类别	增加情况		凭证号	核对内容(用“√”、“×”表示)							
				数量	原价		1	2	3	4	5	6	7	8
职工宿舍楼	2022-03-10	自建	房屋及建筑物	1	3996000.00	记11	√	√	√	√	√	√	√	
台椅、屏风	2022-03-11	购买	办公家具及器械	1	9000.00	记12	√	√		√	√		√	
佳能喷墨打印机	2022-05-15	购买	办公家具及器械	1	20000.00	记16	√	√		√	√		√	
货架	2022-05-16	购买	机器及设备	1	70000.00	记17	√			√	√		√	
财务服务器	2022-07-24	购买	办公家具及器械	1	8000.00	记14	√			√	√		√	
笔记本电脑	2022-09-19	购买	办公家具及器械	4	31600.00	记13	√	√		√	√		√	

编制说明：

1.与发票是否一致；2.与付款单据是否一致；3.与购买/建造合同是否一致；4.与验收报告或评估报告等是否一致；5.审批手续是否齐全；6.与在建工程转出数是否一致；7.会计处理是否正确（入账日期和入账金额）；8.……

审计说明：

经审计，记帐凭证和原始凭证内容核对一致，无异常。

图 8-29　固定资产增加检查表

步骤四：编制“折旧计算检查表（CO-7）”。

点击“资料查看—其他资料”查询到“固定资产卡片”，从中可知绵阳有色公司采用平均年限法（直线法）进行摊销。根据“固定资产卡片”中的取得时间、使用年限、原值和残值率等资料，计算出累计折旧期初余额，根据月折旧额确定本期应提折旧，如图8-30所示。

固定资产卡片															
编制单位：绵阳有色金属制造有限公司						日期：2022-12-31				单位：元					
卡片编号	固定资产名称	固定资产类别	开始使用日期	使用年限	年初已使用月份	原值	固定资产编号	净残值率	录入人	使用部门	月折旧额	年折旧额	年初累计折旧	年末累计折旧	
103	原材料仓库700平方米	房屋及建筑物	2018-12-23	40.00	36	451,500.00	JZ001	0.05	张佳茹	材料仓库	940.63	11,287.56	33,862.68	45,150.24	
111	产成品仓库690平方米	房屋及建筑物	2018-12-23	40.00	36	445,050.00	JZ002	0.05	张佳茹	产成品仓库	927.19	11,126.28	33,378.84	44,505.12	

图 8-30　固定资产卡片

将相应的数据填列在“折旧计算检查表（CO-7）”，如图 8-31 所示。

折旧计算检查表

被审计单位:	绵阳有色金属制造有限公司	索引号:	CO-7
项目:	折旧计算检查表	财务报表截止日/期间:	2022-12-31
编制:	李丽	复核:	郑和气
日期:	2023-03-06	日期:	2023-03-06

固定资产名称	取得时间	预计使用年限	固定资产原值	残值率	累计折旧期初余额	减值准备期初余额	本期应提折旧	本期已提折旧	差异
货架	2018-12-23	5.00	69000.00	0	41400.00	0.00	13800	13800	0.00
货架	2018-12-23	5.00	70000.00	0	41999.76	0.00	13999.92	13999.92	0.00
电热辐射炉	2018-12-23	10.00	702530.00	0	210759.12	0.00	70253.04	70253.04	0.00
浇铸旋桶	2018-12-23	10.00	702530.00	0	210759.12	0.00	70253.04	70253.04	0.00
无芯感应炉	2018-12-23	10.00	715550.00	0	214665.12	0.00	71555.04	71555.04	0.00
数控浇铸机	2018-12-23	10.00	876500.00	0	262950.12	0.00	87650.04	87650.04	0.00
铁坩埚炉	2018-12-23	10.00	971100.00	0	291330.00	0.00	97110	97110	0.00
发电设备	2018-12-23	5.00	245560.00	0	147336.12	0.00	49112.04	49112.04	0.00
压路式喷砂机	2021-12-31	10.00	340000.00	0	0.00	0.00	33999.96	33999.96	0.00
电阻炉	2021-12-31	10.00	420000.00	0	0.00	0.00	42000	42000	0.00
风动砂轮机	2021-12-31	10.00	350000.00	0	0.00	0.00	35000.04	35000.04	0.00
冷焊修复机	2021-12-31	10.00	320000.00	0	0.00	0.00	32000.04	32000.04	0.00
产成品仓库货架	2022-05-23	5.00	70000.00	0	0.00	0.00	8166.69	8166.69	0.00
HP电脑2台	2018-12-23	5.00	19000.00	0	11399.76	0.00	3799.92	3799.92	0.00
HP电脑3台	2018-12-23	5.00	28500.00	0	17100.00	0.00	5700	5700	0.00

图 8-31　折旧计算检查表

步骤五：编制“固定资产审定表（CO-2）”。

通过“资料查看—前期资料”查询到“2021 年绵阳有色金属制造有限公司审计报告”，如图 8-32 所示。

确定绵阳有色固定资产、累计折旧以及减值准备、账面价值合计的本期审定数，并与财务报表数据进行比对，进行相关会计调整并得出相关审计结论，如图 8-33 所示。

2021年绵阳有色金属制造有限公司审计报告（前期资料）×

其他应收款	0.00	0.00	应付职工薪酬	179935.10	161941.59
存货	622271.59	560044.43	应交税费	419497.55	417494.11
合同资产	0.00	0.00	其他应付款	103674.00	93306.60
持有待售资产	0.00	0.00	持有待售负债	0.00	0.00
一年内到期的非流动资产			一年内到期的非流动负债		
其他流动资产		1269500.00	其他流动负债		
流动资产合计	13434935.24	10455771.35	流动负债合计	1734048.35	1500 827.88
非流动资产：			非流动负债：		
债权投资	0.00	0.00	长期借款	0.00	0.00
其他债权投资	0.00	0.00	应付债券	0.00	0.00
长期应收款	0.00	0.00	其中：优先股		
长期股权投资	0.00	0.00	永续债		
其他权益工具投资	0.00	0.00	租赁负债		
其他非流动金融资产			长期应付款	0.00	0.00
投资性房地产	0.00	0.00	预计负债	0.00	0.00
固定资产	10182060.88	8752060.85	递延收益	0.00	0.00
在建工程	2749000.00	0.00	递延所得税负债	0.00	0.00
生产性生物资产			其他非流动负债		

图 8-32　2021 年绵阳有色审计报告

项目名称	期末未审数	账项调整		重分类调整		期末审定数	上期末审定数
		借方	贷方	借方	贷方		
一、固定资产原值合计	16509904.00					16509904.00	12375304.00
机器及设备	5870770.00					5870770.00	5800770.00
房屋及建筑物	8602050.00					8602050.00	4606050.00
办公家具及器材	683084.00					683084.00	614484.00
运输工具	1354000.00					1354000.00	1354000.00
二、累计折旧合计	3156345.88					3156345.88	2193243.12
机器及设备	2060499.21					2060499.21	1431999.36
房屋及建筑物	535530.60					535530.60	345454.20
办公家具及器材	289515.91					289515.91	212689.44
运输工具	270800.16					270800.16	203100.12
三、减值准备合计							
其中：房屋、建筑物							
四、账面价值合计	13353558.12					13353558.12	10182060.88
机器及设备	3810270.79					3810270.79	4368770.64
房屋及建筑物	8066519.40					8066519.40	4260595.80
办公家具及器材	393568.09					393568.09	401794.56
运输工具	1083199.84					1083199.84	1150899.88

审计结论：

经审计，总账和报表数核对一致。

图 8-33　固定资产审定表

8

任务四　货币资金实质性程序

【任务引例】

风险评估环节对绵阳有色给出的意见"被审计单位属于首次承接的审计客户,管理层是诚信的,说明审计风险较低,由于舞弊或错误导致重大错报的可能性较小"是可接受的。针对货币资金的实质性程序计算的重要性水平"库存现金重要性水平为 7 500.00 元,实际执行的重要性水平为 5 000.00 元"是合理的。李丽认为,根据上述结果,不需要重新评估货币资金环节的审计风险,也不需要重新计算重要性水平,可以直接进行货币资金循环的实质性测试。

【知识准备】

一、货币资金实质性程序

货币资金实质性程序的认定主要包括:

（1）完整性（即所有应当记录的货币资金均已记录）。

（2）发生（即资产负债表中记录的货币资金是真实存在的）。

（3）权利和义务（即记录的货币资金由被审计单位拥有或控制）。

（4）计价和分摊（即货币资金以恰当的金额记录在财务报表中）。

（5）列报与披露（即货币资金已按照企业会计准则和企业会计制度的规定在财务报表中作出恰当列报和披露）。

由于注册会计师对重大错报风险的评估是一种判断,无法充分识别所有的重大错报风险,同时由于内部控制的固有局限性,无论评估的重大错报风险结果如何,注册会计师都应当针对所有重大类别的交易、账户余额和披露实施实质性程序。

二、库存现金的实质性程序

根据重大错报风险的评估和从控制测试（如实施）中所获取的审计证据和保证程度,注册会计师就库存现金实施的实质性程序可能包括:

（1）核对库存现金日记账与总账的金额是否相符,检查非记账本位币库存现金的折算汇率及折算金额是否正确。

（2）监盘库存现金。对被审计单位现金盘点实施的监盘程序是用作控制测试还是实质性程序,取决于注册会计师对风险评估结果、审计方案和实施的特定程序的判断。如果注册会计师基于风险评估的结果判断无须对现金盘点实施控制测试,则仅实施实质性程序。

企业盘点库存现金,通常包括对已收到但未存入银行的现金、零用金、找换金等的盘点。盘点库存现金的时间和人员应视被审计单位的具体情况而定,但现金出纳员和被审计单位会计主管人员必须参加,并由注册会计师进行监盘。

监盘库存现金的步骤与方法主要有:

① 查看被审计单位制定的盘点计划,以确定监盘时间。实施突击性的检查,时间最好选

8

择在上午上班前或下午下班时,单位各部门经管的所有现金。

② 查阅库存现金日记账并同时与现金收付凭证相核对。一方面了解库存现金日记账的记录与凭证的内容和金额是否相符;另一方面了解凭证日期与库存现金日记账日期是否相符或接近。

③ 检查被审计单位现金实存数,并将该监盘金额与库存现金日记账余额进行核对,如有差异,应要求被审计单位查明原因,必要时应提请被审计单位作出调整。

④ 在非资产负债表日进行监盘时,应将监盘金额调整至资产负债表日的金额,并对变动情况实施程序。

(3)抽查大额库存现金收支。查看大额现金收支,并检查原始凭证是否齐全、原始凭证内容是否完整、有无授权批准、记账凭证与原始凭证是否相符、账务处理是否正确、是否记录于恰当的会计期间等项内容。

(4)检查库存现金是否在财务报表中作出恰当列报。

三、银行存款的实质性程序

银行存款的实质性程序具体包括下列工作底稿的编制:

(1)获取银行存款余额明细表,复核加计是否正确,并与总账数和日记账合计数核对是否相符;检查非记账本位币银行存款的折算汇率及折算金额是否正确;核对银行存款日记账与总账的余额是否相符。

(2)检查银行存款账户发生额。

① 分析不同账户发生银行存款日记账漏记银行交易的可能性,获取相关账户相关期间的全部银行对账单。

② 如果对被审计单位银行对账单的真实性存有疑虑,注册会计师可以在被审计单位的协助下亲自到银行获取银行对账单。在获取银行对账单时,注册会计师要全程关注银行对账单的打印过程。

③ 从银行对账单中选取交易的样本与被审计单位银行存款日记账记录进行核对;从被审计单位银行存款日记账上选取样本,核对至银行对账单。

④ 浏览银行对账单,选取大额异常交易,如银行对账单上有一收一付相同金额,或分次转出相同金额等,检查被审计单位银行存款日记账上有无该项收付金额记录。

(3)取得并检查银行对账单和银行存款余额调节表。

(4)函证银行存款余额,编制银行函证结果汇总表,检查银行回函。

(5)检查银行存款账户存款人是否为被审计单位,若存款人非被审计单位,应获取该账户户主和被审计单位的书面声明,确认资产负债表日是否需要提请被审计单位进行调整。

(6)关注是否存在质押、冻结等对变现有限制或存在境外的款项。如果存在,关注是否已提请被审计单位做必要的调整和披露。

【任务描述】

根据与对绵阳有色公司货币资金实施实质性程序编制相关调查表:

(1)监盘库存现金,编制"库存现金监盘表(CA-3)"。

(2)编制"银行存款明细表(CA-4)"。

（3）函证银行存款余额，编制"银行函证结果汇总表（CA-8）"。

（4）获取各月银行存款日记账和相关凭证，核对时间与业务内容，编制"银行存款收支情况检查表（CA-7）"。

（5）编制"货币资金审定表（CA-2）"，关注其增减变动情况及原因。

【业务操作】

以审计助理李丽的身份在左侧导航栏依次点击"进一步审计工作底稿""实质性程序""货币资金循环"，进入货币资金实质性程序底稿实训页面，如图 8-34 所示。

图 8-34　货币资金审计操作界面

步骤一：编制"库存现金监盘表（CA-3）"。

点击"库存现金监盘表"标签页，通过"资料查看—其他资料"查询到"库存现金盘点信息"的资料，如图 8-35 所示。

库存现金盘点信息

2020年3月4日，出纳赖洁茹盘点现金，由亨晓莹陪同，审计人员马方监盘。监盘结果如下：

1. 面值100元，共53张；

2. 面值50元，共40张；

3. 面值10元，共128张；

4. 面值5元，共70张；

5. 面值2元，共10张；

6. 面值1元，共208张；

7. 面值5角，共100张；

8. 面值2角，共0张；

9. 面值1角，共0张；

10. 面值1分，共0张。

3月份开始至盘点日尚未发生现金业务。

图 8-35　库存现金盘点信息表

8

根据绵阳有色的具体情况确定监盘的计划和时间,根据相关信息编制"库存现金监盘表(CA-3)",并得出审计结论,如图8-36所示。

检查盘点记录					实有库存现金盘点记录				
项目	项次	人民币	美元		面额	人民币		美元	
						张	金额	张	金额
上一日账面库存余额	①	9208.00							
盘点日未记账传票收入金额	②				1 000元				
盘点日未记账传票支出金额	③				500元				
盘点日账面应有金额	④=①+②-③	9208.00			100元	53	5300.00		
盘点日账面实有库存现金数额	⑤	9208.00			50元	40	2000.00		
盘点日应有与实有差异	⑥=④-⑤	0.00			10元	128	1280.00		
差异原因分析	白条抵库(张)				5元	70	350.00		
					2元	10	20.00		
					1元	208	208.00		
					0.5元	100	50.00		
					0.2元	0	0.00		
					0.1元	0	0.00		
					合计		9208.00		
追溯调整	报表日至审计日库存现金付出总额	39150.00							
	报表日至审计日库存现金收入总额	40000.00							
	报表日库存现金应有余额	8358.00							
	报表日账面汇率								

图8-36 库存现金监盘表

步骤二:编制"银行存款明细表(CA-4)"。

点击"银行存款明细表"标签页,通过"资料查看—账簿—银行存款总账"查询到工行日记账和建行日记账(两个银行账户:中国工商银行绵阳分行高新分理处、中国建设银行绵阳分行高新分理处),如图8-37和8-38所示。

银行存款—工行日记账

2021月	日	凭证字号	摘要	对方科目	借方	贷方	借或贷	余额	核对号
12	1		期初余额				借	1366221318	
	1	记-1	支付社保费,手续费	应付职工薪酬…		26960460	借	1339260858	
	1	记-2	为纳税转账	银行存款—建行		63000000	借	1276260858	
	1		本日合计			89960460	借	1276260858	
	5	记-4	提现	库存现金		500000	借	1275760858	
	5		本日合计			500000	借	1275760858	
	9	记-7	支付运输费	销售费用—运杂费		1308000	借	1274452858	
	9		本日合计			1308000	借	1274452858	

图8-37 银行存款—工行日记账

银行存款—建行日记账

第 1 页

2021		凭证字号	摘 要	对方科目	借 方				贷 方				借或贷	余 额			核对号
月	日				十亿千百十万千百十元角分				十亿千百十万千百十元角分					百十亿千百十万千百十元角分			
12	1		期初余额										借		82300		
	1	记-2	为纳税转账	银行存款-工行	63000000								借		63082300		
	1	记-3	缴纳上月各项税金	应交税金-未交增值税					52131151				借		10951149		
	1		本日合计		63000000				52131151				借		10951149		
	31		本月合计		63000000				52131151				借		10951149		
	31		结转下年														

图 8-38 银行存款—建行日记账

通过"资料查看—其他资料"查询到工行和建行的对账单,如图 8-39 和 8-40 所示。

中国工商银行客户存款对账单

网点号:0887　　　　币种:人民币　　　　单位:元　　　　2022年　　　页号:10

账号:2308413009025226289　户名:绵阳有色金属制造有限公司　　上月余额:15109685.37

日期	业务产品种类	对方户名	摘要	借方发生额	贷方发生额	余额
12-01	转账	国家税务局绵阳市税务局	社会保险费		157519.10	14952167.27
12-01	转账	国家税务局绵阳市税务局	住房公积金		112080.00	14840087.27
12-01	转账	工行绵阳分行高新分理处	手续费		5.50	14840081.77
12-02	转账	绵阳有色金属制造有限公司	为纳税转账		500000.00	14340081.77
12-09	现金	绵阳有色金属制造有限公司	提取现金		15000.00	14325081.77
12-11	转账	绵阳市供电局	批扣11月电费		7712.10	14317369.67
12-11	转账	绵阳市自来水公司	批扣11月水费		357.70	14317011.97
12-12	转账	贵港市潘骏铝材有限责任公司	购买原材料		89835.00	14227176.97
12-13	转账	绵阳弘程科学仪器制造有限公司	收到货款	800000.00		15027176.97
12-14	转账	嘉定潘达钢铁制造有限公司	收到货款	900000.00		15927176.97
12-15	转账	绵阳建筑工程有限公司	支付工程款		67800.00	15859376.97
12-31	转账	绵阳市顺丰货物运输有限公司	支付运费		14170.00	15845206.97
12-31	代发工资	代发	发放12月工资		436143.41	15409063.56

图 8-39 银行存款—工行对账单

8

中国建设银行客户存款对账单

网点号:32　　　　币种:人民币　　　　单位:元　　　　2022年　　　页号:6

账号:4504900422259064015　户名:绵阳有色金属制造有限公司　　上页余额:330429.89

日期	业务产品种类	对方户名	摘要	借方发生额	贷方发生额	余额
12-2	转账	绵阳有色金属制造有限公司	转账	500000.00		830429.89
12-2	转账	绵阳市税务局	转账		450014.50	380415.39

图 8-40 银行存款—建行对账单（部分）

根据银行存款日记账和银行对账单以及相关业务单据进行核对填写"银行存款明细表（CA-4）",如图 8-41 所示。

开户行	账号	是否系质押、冻结等对变现有限制或存在境外的款项	银行日记账原币余额①	银行已收,企业未入账金额②	银行已付,企业未入账金额③	调整后银行日记账余额④=①+②-③	银行对账单余额(原币)⑤	企业已收,银行未入账金额⑥	企业已付,银行未入账金额⑦	调整后银行对账单余额⑧=⑤+⑥-⑦	调整后是否相符
中国工商银行绵阳分行高新分理处	2308413009025226289	否	15409063.56			15409063.56	15409063.56			15409063.56	是
中国建设银行绵阳分行高新分理处	2301232654959286519	否	523674.99			523674.99	523674.99			523674.99	是
合计			15932738.55			15932738.55	15932738.55			15932738.55	

图 8-41　银行存款明细表

步骤三:编制"银行函证结果汇总表(CA-8)"。

点击"银行存款函证结果汇总表"标签页,通过"资料查看—其他资料"查询到"函证结果汇总"资料,如图 8-42 所示。

函证结果汇总

1. 2023年03月04日,中国工商银行四川分行高新分理处回函,信息证明无误,并盖章。经办人王大华。

2. 2023年03月04日,中国建设银行绵阳分行高新分理处回函,信息证明无误,并盖章。经办人秦佳佳。

3. 2023年03月05日,逸莫汽车配件制造有限公司应收账款回函,信息证明无误,并盖章,经办人郑帆。

4. 2023年03月05日,四川金属铸造有限公司应收账款回函,信息证明无误,并盖章,经办人王俐。

5. 2023年03月05日,虹口狄宁汽车配件制造有限公司应收账款回函,信息证明无误,并盖章,经办人王放。

6. 2023年03月05日,贵港市潘骏铝材有限责任公司应付账款回函,信息证明无误,并盖章,经办人林丹琪。

7. 2023年03月05日,绵阳高帝汽车制造有限公司应收账款回函,信息证明无误,并盖章,经办人杨帆。

图 8-42　函证结果汇总

以绵阳有色的名义向中国工商银行绵阳分行高新分理处和中国建设银行绵阳分行高新分理处发函询证,以验证绵阳有色的银行存款的真实、合法、完整。根据函证结果等资料编制"银行存款函证结果汇总表",如图 8-43 所示。

步骤四:编制"银行存款收支情况检查表(CA-9)"。

点击"银行存款收支情况检查表"标签页,"资料查看—账簿"查找各月银行存款日记账和相关凭证业务内容,如图 8-44 至 8-46 所示。

银行存款函证结果汇总表

被审计单位：	绵阳有色金属制造有限公司		索引号：	CA-8
项目：	银行存款函证结果汇总表		财务报表截止日/期间：	2022-12-31
编制：	李丽		复核：	郑和气
日期：	2023-03-05		日期：	2023-03-05

开户银行	账号	币种	函证情况					冻结、质押等事项说明	备注
			对账单余额	函证日期	回函日期	回函金额	金额差异		
中国工商银行绵阳分行高新分理处	2308413009025226289	人民币	15409063.56	2023-03-04	2023-03-04	15409063.56	0.00		
中国建设银行绵阳分行高新分理处	23012326549595286519	人民币	523674.99	2023-03-04	2023-03-04	523674.99	0.00		

审计说明：
经函证，回函与发函信息一致。

图 8-43　银行存款函证结果汇总表

| 会计科目名称：银行存款 | | | | | | | 本户页次 | 1 |

2022		凭证字号	摘要	借方		贷方		借或贷	余额		核对号
月	日			十亿千百十万千百十元角分		十亿千百十万千百十元角分			十亿千百十万千百十元角分		
12	1		期初余额					借	1558337586		
	1	记-1	支付上月五险一金,工行手续费			26960460		借	1531377126		
	2	记-2	为纳税转账	50000000		50000000		借	1531377126		
	3	记-3	缴纳上月各项税金			45001450		借	1486375676		
	9	记-6	提现			1500000		借	1484875676		
	11	记-7	支付上月水电费			806980		借	1484068696		
	12	记-8	购买原材料入库			8983500		借	1475085196		

图 8-44　银行存款日记账

记　账　凭　证

凭证类型：　通用凭证 ▼　　　　　　　　2022 年 12 月 11 日　　　　　　　记　字第　7　号

摘要	科目	借方		贷方	
		亿千百十万千百十元角分		亿千百十万千百十元角分	
支付上月水电费	220212-应付账款-绵阳市自来水公司	32816			
	220204-应付账款-绵阳市供电局	682487			
	22210102-应交税费-应交增值税-进项税额	91677			
	100201-银行存款-工行			806980	

图 8-45　银行存款日记账相应的记账凭证

8

图 8-46 银行存款日记账相应的原始凭证

小贴士:

从"资料查看—账簿"里面查找,找到该笔账后双击,则显示相应记账凭证,再双击记账凭证,则显示相应的原始凭证。

将各月银行存款日记账和相关凭证业务内容以及时间核对无误后,填写"银行存款收支检查情况表(CA-9)"审计工作底稿,如图 8-47 和 8-48 所示。

记账日期	凭证编号	业务内容	对应科目	金额	核对内容(用"√"、"×"表示)				
					1	2	3	4	5
2022-02-13	记12	收到款项	预收账款—咸宁达源电线	1155730.00	√	√	√	√	
2022-02-22	记20	借入短期借款	短期借款	1500000.00	√	√	√	√	
2022-04-06	记6	为纳税转账	银行存款—工行	540000.00	√	√	√	√	
2022-04-11	记11	收回国债款	投资收益、交易性金融资产	519480.00	√	√	√	√	
2022-04-15	记13	借长期借款建立新厂房	长期借款—本金	1500000.00	√	√	√	√	
2022-04-22	记19	收到货款	应收账款—岳阳环复有色	800000.00	√	√	√	√	
2022-05-01	记2	为纳税转账	银行存款—工行	510000.00	√	√	√	√	
2022-05-02	记8	收到货款	预收账款—伟业建筑公司	530000.00	√	√	√	√	
2022-05-26	记23	收到货款	应收账款—肇庆广盛航天	652500.00	√	√	√	√	
2022-05-27	记24	收到货款	预收账款—广州南海维富	737085.00	√	√	√	√	

图 8-47 银行存款收支检查情况表

核对内容说明：

1.原始凭证是否齐全； 2.记账凭证与原始凭证是否相符（如：经济业务内容、发生金额等）； 3.账务处理是否正确； 4.是否记录于恰当的会计期间；
5.……

对不符事项的处理：

【注：当企业业务量不大时可以在一张表格中抽查现金、银行存款、其他货币资金，但需要分别填列，不要混合填列；当企业规模和业务量较大时，可分库存现金、银行存款、其他货币资金科目分别使用该表，应注意修改索引号。】

备注：当企业规模和业务量较大时，可分库存现金、银行存款、其他货币资金科目分别使用该表，应注意修改索引号。

审计说明：

经审计，余额可以确定。

图 8-48　银行存款日记账相应核对内容和审计说明

8

步骤五：编制"货币资金审定表（CA-2）"。

点击"货币资金审定表"标签页，根据"库存现金监盘表""银行存款明细表""2021年绵阳有色金属制造有限公司审计报告"等资料，如图8-49所示。

检查核对上述资料后填写"货币资金审定表（CA-2）"审计工作底稿，如图8-50所示。

四．会计报表重要项目注释

1．货币资金

项　目	期初数	期末数
现金	3588.00	3888.00
银行存款	8083357.56	12207407.44
其他货币资金	–	–
合计	8086945.57	12211295.44

图8-49　相应核对内容和审计说明

货币资金审定表

被审计单位：	绵阳有色金属制造有限公司	索引号：	CA-2
项目：	货币资金审定表	财务报表截止日/期间：	2022-12-31
编制：	李丽	复核：	郑和气
日期：	2023-03-04	日期：	2023-03-04

项目名称	期末未审数	账项调整		重分类调整		期末审定数	上期末审定数	索引号
		借方	贷方	借方	贷方			
库存现金	8358.00					8358.00	3888.00	CA-3
银行存款	15932738.55					15932738.55	12212758.15	CA-4
合计	15941096.55					15941096.55	12216646.15	

审计结论

经审计，余额可以确认。

图8-50　货币资金审定表

项 目 小 结

如图8-51所示，本项目主要对"了解固定资产循环的内部控制""固定资产循环控制测试""固定资产审计"以及"货币资金审计"四个工作任务进行了理论要点的梳理和实操要点的说明。其中，"固定资产监盘""库存现金监盘"以及"银行存款函证"等相关审计程序值得大家重点关注。

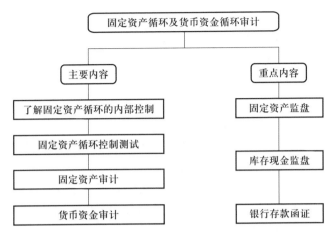

图 8-51 固定资产循环及货币资金循环流程图

项目技能训练

第一部分:练习题

一、单项选择题

1. 为了核查固定资产的真实性,审计人员以下做法恰当的是( )。

A. 对房屋、建筑物重点抽查

B. 对移动的固定资产在小范围内抽查

C. 对安装使用设备在较大范围内抽查

D. 再次审计时,无需进行检查

2. 下列各项中,属于运用分析方法检查固定资产折旧费用合理性的是( )。

A. 核对累计折旧账户明细账与总分类账

B. 计算本年度计提折旧额占固定资产原值的比例,并与上年度相比较

C. 审查折旧费用账务处理的正确性

D. 审查财务报表附注中披露的折旧方法

3. 下列有关监盘库存现金的说法中,错误的是( )。

A. 监盘范围通常仅针对财务部现金,不包括其他部门备用金

B. 监盘金额与库存现金日记账余额如有差异,应要求被审计单位查明原因,必要时应提请被审计单位作出调整

C. 现金出纳员和被审计单位会计主管人员必须参加,并由注册会计师进行监盘

D. 注册会计师应查阅库存现金日记账并同时与现金收付凭证相核对

4. 下列有关监盘库存现金的说法中,不恰当的是( )。

A. 注册会计师可能基于风险评估的结果判断无须对现金盘点实施控制测试,仅实施实质性程序

B. 对库存现金的监盘应当提前与被审计单位会计主管沟通时间

C. 若有冲抵库存现金的借条、未提现支票、未作报销的原始凭证,应在"库存现金监盘表"中注明,必要时应提请被审计单位作出调整

D. 在非资产负债表日进行监盘时,应将监盘金额调整至资产负债表日的金额,并对变动情况实施程序

5. 针对被审计单位银行账户的完整性存有疑虑时,注册会计师实施的下列审计程序中,不恰当的是(　　)。

A. 结合其他相关细节测试,关注交易相关单据中被审计单位的付款银行账户是否包含在注册会计师已获取的开立银行账户清单内

B. 注册会计师在企业人员陪同下到中国人民银行或基本存款账户开户行查询并打印《已开立银行结算账户清单》,观察银行办事人员的查询、打印过程,并检查被审计单位账面记录的银行人民币结算账户是否完整

C. 要求被审计单位出纳到中国人民银行或基本存款账户开户行查询并打印《已开立银行结算账户清单》,以确认被审计单位账面记录的银行人民币结算账户是否完整

D. 结合其他相关细节测试,关注交易相关单据中被审计单位的收款银行账户是否包含在注册会计师已获取的已开立银行账户清单内

6. 下列关于注册会计师针对同一银行账户实施的审计程序的说法中,错误的是(　　)。

A. 对相同金额的一收一付、相同金额的多次转入转出等大额异常货币资金发生额,检查银行存款日记账和相应交易及资金划转的文件资料,关注相关交易及相应资金流转安排是否具有合理的商业理由

B. 选定同一期间的银行存款日记账、银行对账单的发生额合计数(借方及贷方)进行总体核对

C. 对银行对账单及被审计单位银行存款日记账记录进行双向核对

D. 考虑成本效益原则,不能对银行对账单和银行存款日记账的全部项目进行核对

7. 如果被审计单位某银行账户的银行对账单余额与银行存款日记账由于未达账项的原因导致余额不符,最有效的审计程序是(　　)。

A. 重新测试相关的内部控制

B. 检查银行对账单中记录的资产负债表日前后的收付情况

C. 检查银行存款日记账中记录的资产负债表日前后的收付情况

D. 检查该银行账户的银行存款余额调节表

8. 下列针对函证银行存款余额的说法中,不恰当的是(　　)。

A. 银行函证程序是证实资产负债表所列银行存款是否存在的重要程序

B. 如果不对相关项目实施函证程序,注册会计师应当在审计工作底稿中说明理由

C. 在实施银行函证时,注册会计师需要以会计师事务所的名义向银行发函询证

D. 当实施函证程序时,注册会计师应当对询证函保持控制

9. 下列各项中,注册会计师对于存款期限跨越资产负债表日的未质押定期存款应实施的程序是(　　)。

A. 检查定期存单复印件,并与相应的质押合同核对

B. 检查开户证实书原件

C．取得被审计单位的书面声明

D．检查、核对相应的兑付凭证、银行对账单或网银记录

10．下列有关注册会计师对银行存款余额调节表实施的审计程序中，不恰当的是（　　　）。

A．了解并评价银行存款余额调节表的编制和复核过程

B．核对被审计单位银行存款日记账与银行对账单余额是否调节一致

C．核对银行存款余额调节表中银行对账单余额是否与银行询证函回函一致

D．检查被审计单位已收而银行未收的大额款项在资产负债表日后银行存款日记账上的相关记录

二、多项选择题

1．下列各项中，可用于证明被审计单位对某项固定资产所有权的文件有（　　　　）。

A．产权证明书　　　　　　　　B．契约文件

C．财产税单　　　　　　　　　D．采购发票

2．在审查固定资产业务时，发现被审计单位调整了某项设备的入账价值，对此审计人员认为合理的解释有（　　　　）。

A．根据国家规定对设备重新估价

B．增加补充设备和改良装置

C．调整原来固定资产价值的错误

D．根据实际价值调整原来的暂估价值

3．下列各项中，应作为固定资产项目在财务报表中列报的有（　　　　）。

A．经营性租出的固定资产　　　　B．经营性租入的固定资产

C．存放在其他企业的固定资产　　D．抵押的固定资产

4．下列各项工作中，出纳人员不得从事的有（　　　　）。

A．编制银行存款余额调节表

B．会计档案的保管

C．债权债务的账目登记

D．登记库存现金日记账

5．下列有关银行存款的实质性程序的说法中，正确的有（　　　　）。

A．如果对被审计单位银行账户的完整性存有疑虑，注册会计师应取得管理层提供的《已开立银行结算账户清单》

B．如果对被审计单位银行对账单的真实性存有疑虑，注册会计师可以在被审计单位的协助下亲自到银行获取银行对账单

C．注册会计师实施银行函证时，应当以会计师事务所的名义向银行发函询证

D．注册会计师可以取得并检查银行对账单和银行存款余额调节表，以证实银行存款是否存在

6．下列各项中，注册会计师通常应纳入库存现金监盘范围的有（　　　　）。

A．财务部门未存入银行的现金　　B．行政部门经管的备用金

C．业务部的零用金　　　　　　　D．销售部门的找换金

7．下列各项中，注册会计师在实施货币资金审计的过程中需要保持警觉的有（　　　　）。

A．银行存款明细账存在非正常转账

8

B. 被审计单位的现金交易比例较高,并且与其所在的行业常用的结算模式不同

C. 存在大额外币收付记录,而被审计单位并不涉足进出口业务

D. 与实际控制人(或控股股东)、银行(或财务公司)签订集团现金管理账户协议或类似协议

8. 针对库存现金审计,下列程序中与货币资金存在认定直接相关的有(　　　　　)。

A. 核对库存现金日记账与总账的金额是否相符

B. 检查非记账本位币库存现金的折算汇率及折算金额是否正确

C. 监盘库存现金

D. 以库存现金明细账为起点,追查至相关原始凭证

9. 注册会计师在检查银行存款账户发生额,对银行对账单及银行存款日记账进行双向核对时,通常考虑选择的账户有(　　　　　)。

A. 余额较大的银行账户

B. 发生额较大且收付频繁的银行账户

C. 发生额较大但零余额或当期注销的银行账户

D. 募集资金账户

10. 针对被审计单位的银行存款余额调节表,注册会计师实施的下列审计程序中,正确的有(　　　　　)。

A. 如果企业的银行存款余额调节表存在大额或长期未达账项,应追查原因并检查相应的支持文件,判断是否为错报事项,确定是否需要提请被审计单位进行调整

B. 检查调节表中加计数是否正确,调节后银行存款日记账余额与银行对账单余额是否一致

C. 特别关注银付企未付、企付银未付中支付异常的领款事项,包括没有载明收款人、签字不全等支付事项,确认是否存在舞弊

D. 关注长期未达账项,查看是否存在挪用资金等事项

三、综合题

ABC 会计师事务所的 A 注册会计师负责审计甲公司 2022 年度财务报表,与货币资金审计相关的部分事项如下:

(1)因评估认为库存现金重大错报风险很低,A 注册会计师未测试现金盘点相关的内部控制,于 2022 年 12 月 31 日实施了现金监盘,结果满意。

(2)对于甲公司 2022 年度发生额较大且收付频繁的某一银行账户,A 注册会计师运用数据分析技术选择全部项目,对银行对账单及甲公司银行存款日记账记录进行了双向核对,结果满意。

(3)甲公司 2022 年 12 月 31 日银行借款账面余额为零。为确认这一情况,A 注册会计师在询证函中将银行借款项目用斜线划掉。银行回函显示信息相符,结果满意。

(4)对于甲公司 2023 年 1 月 5 日提取的已到期的大额定期存款,A 注册会计师询问了甲公司出纳及财务主管,结果满意。

(5)因甲公司通过某第三方支付平台账户进行零售交易,A 注册会计师获取了开户信息资料、与平台签订的协议,了解了账户的用途和使用情况及相关控制,并获取了账户发生额及余额明细,验证了明细信息的可靠性并与甲公司账面记录进行了核对,对大额交易进行了

检查,结果满意。

　　针对上述第(1)至(5)项,逐项指出 A 注册会计师的做法是否恰当。如不恰当,简要说明理由。

第二部分:实训题

　　以福思特审计人员的身份登录审计之友平台,选择"绵阳有色金属制造有限公司"案例实训,完成该公司固定资产循环及货币资金循环审计的实操任务。

8

项目九　审计报告及底稿归档

◆ **项目引导**

　　2022年,某食品公司根据市场需要新推出了植物油火锅底料和麻辣火锅底料两款产品,其大数据平台"产品经销商分析"模块的监测数据显示:植物油火锅底料在北方市场较受欢迎但配额不足,在西南市场却配额过剩;而麻辣火锅底料反之。

　　调整策略:该食品公司及时对两区域的销售和配额计划进行了调整,实现了互补,最终两款产品销售额月均增长10%以上。

　　案例思考:

　　结合本案例,谈一谈完成审计工作并出具审计报告应该具有哪些思维?

　　提示:

　　随着IT技术、云计算等技术手段的进步,人们处理数据的能力得到了提高,实现了由处理样本数据变成全部数据。审计也将由抽样审计模式向总体审计模式转变,总体审计模式要求分析被审计单位相关的所有数据,要求审计人员具备"总体性思维",对数据进行多角度的深层次分析,发现以前难以发现的审计问题。

◆ **教学目标**

　　1. 知识目标

　　(1)能描述完成阶段审计工作的基本内容,掌握审计完成阶段的基本理论和概念。

　　(2)能够理解并评价错报,进行项目质量复核。

　　(3)能总结掌握审计报告的类型,出具合适的审计意见的审计报告。

　　(4)了解底稿归档的基本步骤。

　　2. 技能目标

　　(1)会使用审计软件进行审计完成阶段的计算机操作和数据处理。

　　(2)会运用审计软件编写审计工作底稿,查询背景资料、账簿报表。

　　(3)会根据汇总审计工作底稿编写审计总结,填写审计报告。

　　(4)会运用审计软件进行审计工作底稿的归档。

　　3. 素养目标

　　(1)能在审计完成工作阶段保持审计人员职业道德和职业素养,树立社会主义核心价值观,严格遵守我国审计人的道德责任。

（2）能把握审计质量意识、做好审计质量复核,解决审计过程中发现的问题,培养审计工匠精神。

（3）能够追求精益求精的审计工匠精神,特别是审计报告体例审美和文字措辞追求"信、达、雅"。

◆　知识导图

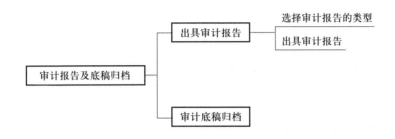

任务一　出具审计报告

【任务引例】

2022年12月1日,福思特会计师事务所了解了绵阳有色金属制造有限公司的基本情况,2022年12月2日副所长李祈福与绵阳公司商谈承接会计报表年度审计业务,由郑和气、李丽、马方、李克、王吉等人组成的项目小组承接该项年报审计业务,并计划2023年3月开始审计工作,并在2023年3月31日之前出具审计报告。

审计准则:
中国注册会
计师审计准
则第1501号

分析:财务报告为何需要会计师事务所的审计? 会计师事务所出具的审计报告有哪些类型呢?

【知识准备】

一、审计报告的定义

审计报告是指注册会计师根据审计准则的规定,在执行审计工作的基础上,对财务报表发表审计意见的书面文件。

二、审计报告的作用

注册会计师签发的审计报告,主要具有鉴证、保护和证明三方面的作用。

三、审计报告的要素

审计报告应当包括下列要素:

（1）标题。

（2）收件人。

（3）审计意见。

9

（4）形成审计意见的基础。

（5）管理层对财务报表的责任。

（6）注册会计师对财务报表审计的责任。

（7）按照相关法律法规的要求报告的事项（如适用）。

（8）注册会计师的签名和盖章。

（9）会计师事务所的名称、地址和盖章。

（10）报告日期。

【任务描述】

本任务主要包括选择审计报告的类型和出具审计报告。

【业务操作】

步骤一：选择审计报告的类型。

点击"切换模板"，李丽作为独立的第三方，结合前期收集的审计证据，选择应当出具的审计报告的类型，具体操作如图 9-1 所示。

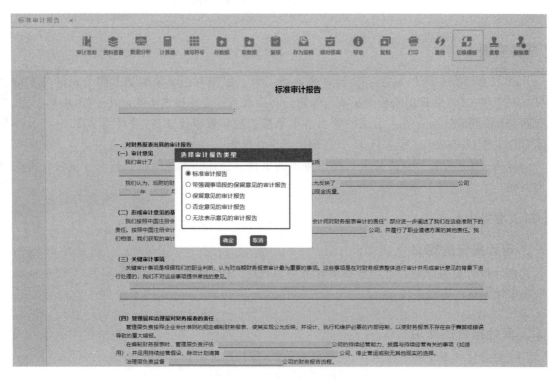

图 9-1　选择审计报告类型

步骤二：出具审计报告。

点击"审计报告"，李丽根据以上控制测试和实质性程序，形成审计意见，并且出具标准审计报告，明确了管理层、治理层以及注册会计师对财务报表的责任，填列对应信息，完成后如图 9-2 所示。

标准审计报告

绵阳有色金属制造有限公司全体股东：

一、对财务报表出具的审计报告

（一）审计意见

我们审计了 绵阳有色金属制造有限 公司财务报表，包括 绵阳有色金属制造有限公司的财务报表，包括2022年12月 31日的资产负债表、2022年的利润表、现金流量表和所有者权益变动表及财务报表附注

我们认为，后附的财务报表在所有重大方面按照企业会计准则的规定编制，公允反映了 绵阳有色金属制造有限 公司 2022 年 12 月 31 日的财务状况以及 2022 年度的经营成果和现金流量。

（二）形成审计意见的基础

我们按照中国注册会计师审计准则的规定执行了审计工作。审计报告的"注册会计师对财务报表审计的责任"部分进一步阐述了我们在这些准则下的责任。按照中国注册会计师职业道德守则，我们独立于 绵阳有色金属制造有限 公司，并履行了职业道德方面的其他责任。我们相信，我们获取的审计证据是充分、适当的，为发表审计意见提供了基础。

（三）关键审计事项

关键审计事项是根据我们的职业判断，认为对当期财务报表审计最为重要的事项。这些事项是在对财务报表整体进行审计并形成审计意见的背景下进行处理的，我们不对这些事项提供单独的意见。

（四）管理层和治理层对财务报表的责任

管理层负责按照企业会计准则的规定编制财务报表，使其实现公允反映，并设计、执行和维护必要的内部控制，以使财务报表不存在由于舞弊或错误导致的重大错报。

在编制财务报表时，管理层负责评估 绵阳有色金属制造有限 公司的持续经营能力、披露与持续经营有关的事项（如适用）。

图 9-2 标准审计报告

任务二 审计底稿归档

【任务引例】

审计工作底稿是审计证据的载体，是注册会计师在审计过程中形成的审计工作记录和获取的资料。审计工作底稿形成于审计过程，反映整个审计过程。

由福思特的郑和气、李丽、马方、李克、王吉等人组成的项目小组，在 2023 年 3 月 31 日出具审计报告，并按照福思特事务所质量控制政策和程序的规定，在审计报告日后 60 天内及时将审计工作底稿归整为最终审计档案。

【知识准备】

一、审计工作底稿归档工作的性质

在出具审计报告前，注册会计师应完成所有必要的审计程序，取得充分、适当的审计证据并得出适当的审计结论。由此，在审计报告日后将审计工作底稿归整为最终审计档案是一项事务性的工作，不涉及实施新的审计程序或得出新的结论。

如果在归档期间对审计工作底稿作出的变动属于事务性工作，注册会计师可以作出变

9

动,主要包括:

（1）删除或废弃被取代的审计工作底稿。

（2）对审计工作底稿进行分类、整理和交叉索引。

（3）对审计档案归整工作的完成在核对表签字表示认可。

（4）记录在审计报告日前获取的、与项目组相关成员进行讨论并达成一致意见的审计证据。

二、审计工作底稿归档的期限

会计师事务所应当制定有关及时完成最终业务档案归整工作的政策和程序。审计工作底稿的归档期限为审计报告日后 60 天内。如果注册会计师未能完成审计业务,审计工作底稿的归档期限为审计业务中止后的 60 天内。

三、审计工作底稿的保存期限

会计师事务所应当自审计报告日起,对审计工作底稿至少保存 10 年。如果注册会计师未能完成审计业务,会计师事务所应当自审计业务中止日起,对审计工作底稿至少保存 10 年。在完成最终审计档案的归整工作后,注册会计师不应在规定的保存期届满前删除或废弃任何性质的审计工作底稿。

【任务描述】

"对审计工作底稿进行归档。"

【业务操作】

点击"审计档案——键归档",根据以上审计程序编制的审计工作底稿进行归档,归档完成之后打印底稿,随后对于纸质底稿编索引号归档入档案室。具体操作如图 9-3 和图 9-4 所示。

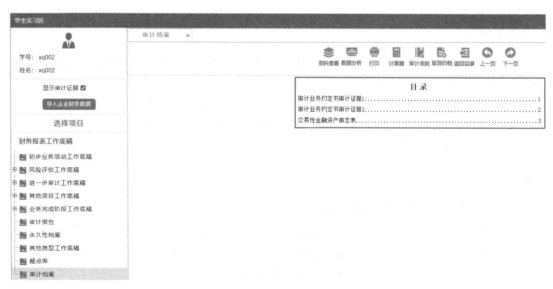

图 9-3　审计底稿归档

图 9-4　归档操作

项 目 小 结

如图 9-5 所示,本项目主要对"出具审计报告""审计底稿归档"两个工作任务进行了理论要点的梳理和实操要点的说明。其中,"填写审计报告""审计底稿归档操作"等相关审计程序值得大家重点关注。

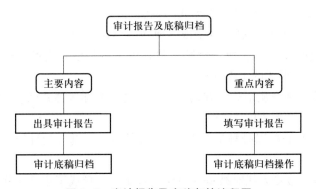

图 9-5　审计报告及底稿归档流程图

9

项目技能训练

第一部分:练习题

一、单项选择题

1. 在确定工作底稿的格式、要素和范围时,注册会计师不需要考虑的因素是( )。

A. 审计工作底稿的归档期限

B. 拟实施审计程序的性质

C. 已获取的审计证据的重要程度

D. 识别的重大错报风险

2. 在某些例外情况下,如果在审计报告日后实施了新的或追加的审计程序,或者得出新的结论,应当形成相应的审计工作底稿。下列各个选项中,无需包括在审计工作底稿中的是( )。

A. 有关例外情况的记录

B. 实施的新的或追加的审计程序、获取的审计证据、得出的结论及对审计报告的影响

C. 对审计工作底稿作出相应变动的时间和人员以及复核的时间和人员

D. 审计报告日后,修改后的被审计单位财务报表草稿

3. 下列不属于审计工作底稿编制目的的是( )。

A. 提供充分、适当的记录,作为出具审计报告的基础

B. 便于后任注册会计师的查阅

C. 提供证据,证明注册会计师按照审计准则和相关法律法规的规定计划和执行了审计工作

D. 有助于项目组计划和执行审计工作

4. 下列有关审计工作底稿的存在形式的说法,错误的是( )。

A. 审计工作底稿可以以纸质、电子或其他介质形式存在

B. 实务中,为便于复核,注册会计师一般将电子或其他介质形式存在的工作底稿通过打印等方式转换成纸质形式的工作底稿

C. 若将电子或其他介质形式存在的工作底稿通过打印等方式转换成纸质形式的工作底稿,归档时只需保存纸质形式的工作底稿

D. 无论审计工作底稿以哪种形式存在,会计师事务所都应当针对审计工作底稿设计和实施适当的控制

9

5. 会计师事务所接受委托对被审计单位进行审计并形成了审计工作底稿,下列各方中,拥有其所有权的是( )。

A. 被审计单位

B. 执行审计工作的注册会计师

C. 会计师事务所

D. 会计师事务所和被审计单位

6. 下列情况中不属于审计范围受到限制的情况是( )。

A. 管理层阻止注册会计师实施存货监盘

B. 被审计单位的会计记录已被损坏

C. 注册会计师由于应收账款函证时间过长,决定不进行函证

D. 注册会计师接受审计委托的时间安排,使注册会计师无法实施存货监盘

7. 下列有关审计报告中发表非无保留意见的说法中,错误的是( )。

A. 当对财务报表发表无法表示意见时,除非法律法规另有规定,否则注册会计师不得在审计报告中包含关键审计事项部分

B. 在承接审计业务后,如果注意到管理层对审计范围施加了限制,且认为这些限制可能导致对财务报表发表保留意见或无法表示意见,注册会计师应当要求管理层消除这些限制

C. 如果管理层拒绝消除可能影响审计意见类型的范围受限情况,除非治理层全部成员参与管理被审计单位,注册会计师应当就此事项与治理层沟通,并确定能否实施替代程序以获取充分、适当的审计证据

D. 当审计范围受到管理层的限制而解除业务约定时,注册会计师应当在解除业务约定前,与管理层沟通在审计过程中发现的、将会导致发表非无保留意见的所有错报事项

8. 如果注册会计师无法就关联方和关联方交易获取充分、适当的审计证据,应视同审计范围受到限制,并根据其对财务报表的影响程度,出具的审计意见类型是( )。

A. 无保留意见或否定意见

B. 否定意见或无法表示意见

C. 保留意见或否定意见

D. 保留意见或无法表示意见

9. 下列有关关键审计事项的说法中,错误的是( )。

A. 在确定重点关注的事项时,可能会考虑对财务报表或审计工作具有重大影响的事项或交易

B. 从需要重点关注的事项中,确定哪些事项以及多少事项对本期财务报表审计最为重要属于职业判断问题

C. 在单项审计业务中,注册会计师确定的"最为重要的事项"只有一个

D. 注册会计师应当从与治理层沟通过的事项中选取关键审计事项

10. 注册会计师对财务报表的责任不包括( )。

A. 相信已获取的审计证据是充分、适当的,为其发表审计意见提供了基础

B. 评价管理层选用会计政策的恰当性和会计估计的合理性

C. 计划和实施审计工作以对财务报表是否不存在重大错报获取有限保证

D. 对财务报表发表审计意见负责

二、多项选择题

1. 下列各项中,属于审计完成阶段工作底稿的有( )。

A. 审计工作完成情况核对表

B. 管理层声明书原件

C. 重大事项概要

D. 错报汇总表

2. 下列关于编制审计工作底稿的说法中,错误的有(　　　　　)。

A. 审计工作底稿可以以纸质、电子或其他介质的形式存在

B. 审计工作底稿的内容仅限于注册会计师所做的记录

C. 在极其特殊的情况下,如果认为有必要偏离某项审计准则的相关要求,注册会计师应当记录实施的替代审计程序如何实现相关要求的目的以及偏离的原因

D. 编制审计工作底稿的文字仅可使用中文

3. 在完成审计工作后,会计师事务所应该及时将审计工作底稿规整为最终审计档案,下列不符合归档期限要求的有(　　　　　)。

A. 2013年3月10日完成了A公司的审计工作,所形成的审计工作底稿于2013年5月1日归档

B. 在审计B公司过程中发现管理层诚信存在严重问题,于2013年1月4日解除业务约定,将相关的审计工作底稿于2013年2月28日归档

C. C公司管理层拒绝提供针对管理层责任的声明书,注册会计师于2013年2月28日解除业务约定,并将之前形成的审计工作底稿作废处理

D. 2013年3月15日完成了D公司的审计工作,所形成的审计工作底稿于2013年6月25日归档

4. 如果在审计报告日后实施了新的或追加的审计程序,或者得出新的结论,下列各项中,注册会计师应当记录在审计工作底稿中的内容有(　　　　　)。

A. 对审计工作底稿作出相应变动的时间和人员

B. 实施追加审计程序时和外部专家的重要的沟通文件

C. 审计过程中遇到的例外的情况

D. 实施的新的或追加的审计程序,获取的审计证据,得出的结论,以及对审计报告的影响

5. 无论业务工作底稿存在于纸质、电子还是其他介质,会计师事务所都应当针对业务工作底稿设计和实施适当的控制,以实现(　　　　　)。

A. 仅允许项目组和其他经授权的人员为适当履行职责而接触业务工作底稿

B. 防止未经授权改动业务工作底稿

C. 在业务的所有阶段,尤其是在项目组成员共享信息或通过互联网将信息传递给其他人员时,保护信息的完整性和安全性

D. 使业务工作底稿清晰地显示其生成、修改及复核的时间和人员

6. 下列有关审计报告的日期的说法中,正确的有(　　　　　)。

A. 审计报告的日期是审计报告的要素之一

B. 管理层签署已审计财务报表的日期通常与注册会计师签署审计报告的日期为同一天,或晚于注册会计师签署审计报告的日期

C. 在确定审计报告日时,注册会计师应当确信构成整套财务报表的所有报表已编制完成

D. 注册会计师对审计报告日后发生的事项和交易的责任,按照期后事项的原则进行处理

7. 如果对财务报表发表非无保留意见,注册会计师的下列做法中正确的有(　　　　　)。

A. 如果财务报表中存在与定性披露相关的重大错报,在形成审计意见的基础部分解释

该错报错在何处

B. 如果财务报表中存在与具体金额(包括定量披露)相关的重大错报,在形成审计意见的基础部分说明并量化该错报的财务影响

C. 如果存货被高估,注册会计师可以在审计报告中形成审计意见的基础部分说明该重大错报的财务影响

D. 如果发表了否定意见或无法表示意见,就无须对于注意到的、将导致发表非无保留意见的其他事项及其影响加以说明

8. 下列关于审计报告的说法中错误的有(   )。

A. 对于业务比较简单的被审计单位而言,注册会计师不执行审计工作也可以出具审计报告

B. 注册会计师应当按照审计准则的规定执行审计工作

C. 注册会计师应当以书面形式出具审计报告

D. 对于非无保留意见的审计报告,注册会计师可以不在审计报告上签名盖章

9. 非无保留意见审计报告包括(   )。

A. 否定意见的审计报告

B. 带强调事项段的无保留意见审计报告

C. 无法表示意见的审计报告

D. 带强调事项段的保留意见审计报告

10. 如果注册会计师认为审计报告日前获取的其他信息存在重大错报,且在与治理层沟通后其他信息仍未得到更正,注册会计师应当采取的措施有(   )。

A. 考虑对审计报告的影响

B. 就注册会计师计划如何在审计报告中处理重大错报与治理层进行沟通

C. 在相关法律法规允许的情况下,解除业务约定

D. 在少数情况下,当拒绝更正其他信息的重大错报导致对管理层和治理层的诚信产生怀疑,对财务报表发表无法表示意见可能是恰当的

三、综合题

甲集团公司 2020 年度财务报表由 EFG 会计师事务所审计,2021 年度甲集团公司更换了会计师事务所,由 ABC 会计师事务所审计其 2021 年度财务报表,并委派 A 注册会计师担任集团项目合伙人。在整个审计的过程中,遇到下列事项:

(1)ABC 会计师事务所不拟信赖 EFG 会计师事务所,因此在接受委托前未与 EFG 会计师事务所进行沟通。

(2)甲集团公司的组成部分乙公司主要从事外汇交易,A 注册会计师拟对该组成部分实施审计,并由组成部分注册会计师确定乙公司财务报表层次重要性水平。

(3)甲集团公司的组成部分丙公司在财务上对甲集团公司不具有重大性,且从事的为常规交易,集团项目组拟对丙公司实施集团层面的分析程序,未对为丙公司执行审计业务的注册会计师进行了解。

(4)甲集团公司 2021 年度财务报表中列报了 2019 年和 2020 年两年的比较财务报表,但集团项目组对 2020 年度财务报表所发表的意见与以前发表的不同,集团项目组在强调事项段中披露了导致不同意见的实质性原因。

9

（5）在审计的过程中,利用了组成部分注册会计师的相关工作,出具了无保留意见的审计报告,A 注册会计师在审计报告中提及了组成部分注册会计师的相关工作,并表明这种提及并不减轻注册会计师对财务报表的责任。

要求:针对上述事项(1)至(5),逐项指出处理是否恰当,如不恰当,简要说明理由。

第二部分:实训题

以福思特审计人员的身份登录审计之友平台,选择"绵阳有色金属制造有限公司"案例实训,完成该公司审计报告及底稿归档的实操任务。

主要参考文献

［1］中国注册会计师协会．审计［M］北京：中国财政经济出版社，2023．

［2］企业内部审计编审委员会．企业内部审计实务详解：审计程序＋实战技法＋案例解析［M］．北京：人民邮电出版社，2019．

［3］王会金．现代企业财务审计［M］．4版．北京：中国财政经济出版社，2018．

［4］郑伟．企业审计实务［M］．2版．北京：机械工业出版社，2021．

［5］宋森，吴煜丽．中小企业审计实务［M］．2版．北京：北京师范大学出版社，2021．

［6］盛永志．企业内部控制审计［M］．2版．北京：清华大学出版社，2017．

［7］梁力军，李卓松，孙龙渊．行为审计学［M］．2版．北京：经济科学出版社．2021．

［8］刘红生，袁小勇．内部审计情景案例：理解审计行为，辨析审计决策［M］．2版．北京：人民邮电出版社，2022．

高等教育出版社　　**教学资源服务指南**

感谢您使用本书。为方便教学，我社为教师提供资源下载、样书申请等服务，如贵校已选用本书，您只要关注微信公众号"高职财经教学研究"，或加入下列教师交流QQ群即可免费获得相关服务。

"高职财经教学研究"公众号

资源下载：点击"**教学服务**"—"**资源下载**"，或直接在浏览器中输入网址（http://101.35.126.6/），
　　　　　注册登录后可搜索相应的资源并下载。（建议用电脑浏览器操作）
样书申请：点击"**教学服务**"—"**样书申请**"，填写相关信息即可申请样书。
试卷下载：点击"**教学服务**"—"**试卷下载**"，填写相关信息即可下载试卷。
样章下载：点击"**教材样章**"，即可下载在供教材的前言、目录和样章。
师资培训：点击"**师资培训**"，获取最新会议信息、直播回放和往期师资培训视频。

📍 联系方式

会计QQ3群：473802328　　　会计QQ2群：370279388　　　会计QQ1群：554729666
（以上3个会计QQ群，加入任何一个即可获取教学服务，请勿重复加入）
联系电话：（021）56961310　　电子邮箱：3076198581@qq.com

📍 在线试题库及组卷系统

我们研发有10余门课程试题库："基础会计""财务会计""成本计算与管理""财务管理""管理会计""税务会计""税法""审计基础与实务"等，平均每个题库近3000题，知识点全覆盖，题型丰富，可自动组卷与批改。如贵校选用了高教社沪版相关课程教材，我们可免费提供给教师每个题库生成的各6套试卷及答案（Word格式难中易三档，索取方式见上述"试卷下载"），教师也可与我们联系咨询更多试题库详情。

软件授权提货单

编号：_____

学校和院系名称：_____　**（需院系盖章）**

联系人：_____　联系方式：_____

　　感谢贵校使用喻竹等编写的《审计技能实训教程（第二版）》。为便于学校统一组织教学，学校可凭本提货单向广州市福思特科技有限公司（简称"福思特"）申请"福思特杯"全国大学生审计精英挑战赛配套实训平台（学校每个二级学院可申请1次、60个站点以内）。

提货方式：

1. 详细填写本提货单第一行学校和院系名称（盖院系章）及相关信息。

2. 把本提货单传真或者拍照发给高等教育出版社相关业务部门审核（联系方式见下），
   获得提货单编号。

3. 凭编号和院系名称，向福思特申请使用。

4. 本提货单最终解释权归福思特所有。

高等教育出版社联系方式：

姓名：胡伟峰　　　　手机：13761157915　　　　座机：021-56718737

传真：021-56718517　　QQ：122803063

福思特联系方式：

客服手机：15915790554　　客服座机：020-84032739　　客服QQ：2393307535

广州市福思特科技有限公司